图1　1958 年作者于北京二中留校任教时

图2　作者在北京二中校园

图4　作者讲授孝道（2009年9月）

图3　作者在北京电视台专题节目做特邀嘉宾

图 5

图 6

7 6 届毕业生相聚师生合影留念 2011.10. 图 7

图 5 作者与钢琴家周广仁 图 7 作者（前左二）与夫人郭玉芹（前左三）和学生合影

图 6 作者与作家刘绍棠

图8　2018年作者撰写从教60周年文集　　　　图9　作者在北京家中

厚积落叶听秋声

——从教六十周年文选

范基公　著

现代教育出版社
Modern Education Press

图书在版编目（CIP）数据

厚积落叶听秋声：从教六十周年文选/范基公著．--
北京：现代教育出版社，2018.9
ISBN 978-7-5106-6486-1

Ⅰ.①厚…Ⅱ.①范…Ⅲ.①散文集—中国—当代②
中学教育—文集 Ⅳ.①I267②G63-53

中国版本图书馆 CIP 数据核字（2018）第 194391 号

厚积落叶听秋声——从教六十周年文选

策　　划	庞　强　高　栋
著　　者	范基公
责任编辑	刘小华
封面设计	宋晓璐·贝壳学术

出版发行	现代教育出版社
地　　址	北京市朝阳区安华里 504 号 E 座
邮　　编	100011
电　　话	010-64246373（编辑部）　010-64256130（发行部）

印　　刷	天津雅泽印刷有限公司
开　　本	710mm×1000mm　1/16
印　　张	19
字　　数	290 千字
版　　次	2018 年 10 月第 1 版
印　　次	2018 年 10 月第 1 次印刷
书　　号	ISBN 978-7-5106-6486-1
定　　价	76.00 元

序

一位富有幸福情怀的资深教师的心路历程

王定华

范基公老师曾长期执教于北京二中。在这所闻名遐迩的重点中学里，范老师度过青春年华，洒下辛勤汗水，发挥聪明才智，做出积极贡献。他曾任北京二中教育科研室主任，系统关注过思维科学、教育艺术的功效以及多元智能理论的应用等。离开一线岗位后，范老师毫不懈怠，勤于思考，笔耕不辍。范老师不单纯为写而写，而是有很强的问题意识和目标导向，不论记人还是叙事，都遵循求索、求真、育人之道，怀有浓厚的"为世人留点'文化记忆'"的使命感，用心思考感悟，现已积累数十篇文章，在朋友们的鼓励下结集成册，即将出版，这的确让人钦佩。

翻阅书稿，仿佛触摸到我国几十年来基础教育改革发展的脉搏，又宛如洞悉了范老师大半生教书育人的心路历程。文集收录的主要是散文、教科研论文、教育随笔，再现了北京二中往事，呈现了这所百年老校鲜明的风格与特色。它既评介了中华人民共和国成立以来北京二中历任六位主要学校领导，又饱含深情地回忆了多位老师和学生的故事，还谈到与学校有关的一些知名教授、学者等。它从独特的视角呈现了往事如珍的校园内外生活的生动画卷，记录了丰富的办学和育人经验。它反映了北京二中从"全面发展，学有特色"，到"个性发展"，再到后来的"可持续发展"的办学理念的发展变化过程，以及学校在不同历史时期育人方面的探索轨迹。

此书同时展现了作者的教育智慧。从校园文化到治校策略，从教学模式到阅读联想，从人才策略到持续发展，从人生规划到信念传承，从学生成果到教育警示，都被一篇篇散文杂记镌刻成一曲曲跳动的音符，最后凝聚成"无为"教育理念、孝道教育实践、主体教育研究、多元智能策略等精华。

此书文风质朴，践行了作者所倡导的"写文章一定要简练，开门见山，使读者一目了然"；文章崇尚言之有物，富有哲思，且情真意切，可读性强。作者视野开阔，如通过比较，归纳出西方思维的特征是分析，东方思维的特征是综合；西方讲逻辑，东方讲悟性。文集还凝练了作者的从教感悟与思考，金句频现，如"道，就是开悟""智慧，就是接地气""思维是人类智慧的花朵""思维品质是可持续发展的核心""宽容就是拥有"。这些令人眼前一亮，有顿悟之感。

虽与范老师相识多年，但怪我太忙，与他见面并不多。好在我们共同的朋友陈海东博士，时常说起范老师并赞不绝口，还拿来范老师精心润笔的散文给我看。每次读后，我都颇受启发，印象深刻。我想，进入新时代的我国教师队伍，更加需要涌现一批又一批像范老师这样富有家国情怀、人文底蕴丰厚、学为人师、行为世范、与时俱进、兢兢业业的优秀教师。教师的本质任务是要做学生锤炼品格的引路人，做学生学习知识的引路人，做学生创新思维的引路人，做学生奉献祖国的引路人。范老师在教研教，慧心育人，终身学习，不断求索，力求与学生达成心灵的交融，是我国众多坚持教书与育人相统一、言传与身教相统一、学术自由与学术规范相统一、潜心问道与关注社会相统一的好教师的一例生动代表。

范老师这部文集，是研究北京二中办学思想的重要史料，也是挖掘校史、校训、校风的教育功能的重要资源。本书可以作为校本教材，也可作为教师、学生学习和传承学校优良传统的读本。同时，本书具有借鉴、示范和推广价值。我相信，将会有更多的百年名校，重视开发这类弥足珍贵的资源，进一步挖掘校史、校训和校风的教育功能。我还相信，今后会有更多钟爱教育、乐于思考、身体健康、善于写作的资深教师，书写回忆那尘封的校园故事，记载过往，启迪来者，增强我们的文化自信和教育自信。

　　我愿意郑重地推荐这本书，相信大家一定会开卷有益。以教师为主体的教育工作者，可以从《"无为"教育艺术初探》等篇目中，学习感悟到教育的真谛和方法；家长可以从《孝道与人生》等论述中，领会家庭教育的科学方法，使孝道教育更接地气；学生们可以通过阅读《启迪悟性》等文章受到教诲，励志力行，健康成长。当然，这本书还可以作为散文写作的参考。进而言之，每一位愿意加强自身素质修养、崇尚不断进步的人士都可从中获益。

　　是为序。

2018 年夏于夜深人静时

(作者系北京外国语大学党委书记、教授、博士生导师，国家督学，曾担任教育部基础教育一司司长、教师工作司司长)

寄语读者

俯首从天意，渠成水自来

十年笔耕，写成了两本书。回首往事，感悟多多。近日偶得自勉楹联："俯首从天意，渠成水自来"。愿与学友交谈，陈述感怀。

首先，我写文章是有感而发，虽多见于报刊，但从未想过出书。

2006年，我参与中国人民大学孔子研究院推广部的工作，感悟到学习国学的第一课应是"孝道"，愿做深入研究。随即得到前东城教委副主任李奕的赞同和支持，当代家庭教育报社社长李国琴决定在报纸上开专栏《范老师谈孝道》。由此，我每月写一篇随笔，不知不觉写了两年半。

2009年年初，我没想到能接到同心出版社的电话，张秉文编辑说要我整理文稿出书，而且很急，要"六一"面世。他们看好这个选题，北京市教委和东城区妇联率先预定，书名定为《人生必修：孝道十八课》。

为尽早向出版社交稿，二中宣传组老师为我紧忙活。朱世云老师是二中71届学生，自学成才，现为北京市中学摄影课教材主编，是书刊编辑全才，她为我录入书稿。刘洋老师赶画插图。

待书稿要三校时，不巧我不在北京。二中76届学生孙国荣是30多年前我教语文课时的课代表，功底很好，便请她逐字校对十余万字的书稿。多亏找她了！即将付印时，彩色封面上的问题，责编和我都没发现。应是"用孝行唤醒良知"，其中"唤"字竟写成"换"字。孙国荣及时打电话来纠正，开印了就损失大了！事后，

— 1 —

我赞誉她为"一字之师"。

随后，出版、发行一帆风顺。张编辑感慨："我们替天行道，贵人相助。"

回首往事，我只是抬头思考，埋头笔耕，从未想过出书之事：恪守"只求耕耘，莫问收获"的人生信条。然而，"天道酬勤"，不负苦心人。

多年来，《人生必修：孝道十八课》一直畅销，我被北京市妇联评为家庭教育公益人物。

因在中学工作几十年，对学校教育、家庭教育、社会教育多有感悟，遂不断写成论文或随笔在多家报刊发表。这些报刊主要有：《民生周刊》《基础教育参考》《中国教育报》《中国青年报》《中国文物报》《语言文字报》《北京教育》《中小学管理》《当代家庭教育报》《北京晨报》等。发表的文章中得到同行赞同和产生一定社会影响力的文章有：写北京市高考文科状元的报告文学《"三连冠"追访记》、回忆50年代和莫言一样经历学到的《受益终生的"文学课"》、科研论文《"无为"教育艺术初探》、教学参考《多元智能与语文教学策略》、阐述"正名"的《告别数字　让校名恢复个性》、提升校园文化建设的《让学校博物馆"建起来""活起来"》。

近年来，我常以感恩怀德之情撰写回忆散文，有一半多和北京二中有关。我写校史、校训、校风，写老师、同学、学生，由于多篇在学生的微信群中转发，得到不少共鸣，不断有热心学友建议将所写汇集成册，其中有59届同窗李宙、刘维杰、陈正瑜，66届初三校友、资深记者胡良骥、王学东，86届校友、现任中国文物报社副总编辑的文博专家王晓等，我对他们心怀感激。

2018年春日，整理文稿，选出80多篇，按初心篇、求真篇、育人篇编排，汇成一集，名曰：《厚积落叶听秋声》——这可视为我从教至今60周年的纪念。

特别荣幸的是，教育部基础教育司前司长王定华垂爱，为本书写序言。为一名普通中学教师出书写序，充分彰显了他的亲民精神和质朴作风，在此表示至诚的敬意和感谢。

抚今追昔，"俯首从天意，渠成水自来"这楹联道出了我的人生感悟。"俯首"即真诚、谦恭的生活态度，当在工作和生活中有灵感时，要有悟性，懂得这是上天在启示，抓住机遇，勤奋耕耘。不能坐等水到渠成，而是要做"挖渠人"，"渠成水自来"。

2018 年 2 月 18 日
于北京西城晶华

目 录

第一部分　初心篇

第二部分　求真篇

第一部分　初心篇

为师的楷模 创新的典范

——纪念陶行知先生诞辰110周年

今年 10 月 18 日是陶行知先生诞辰 110 周年。在素质教育不断深化的进程中，缅怀这位教育现代化的伟大先驱，我们备感亲切。我们崇敬陶先生的品德，更惊叹他创立的教育理论的科学性和前瞻性。以陶先生为楷模，学习和实践他的教育理论，推进教育改革，是新世纪有为的教师所肩负的重任。

陶行知先生 1891 年 10 月 18 日生于安徽歙县。1914 年赴美留学，师从杜威。1917 年回国，历任南京高等师范学校教授、教务主任等职。"五四"运动后，从事平民教育运动，创办晓庄师范。他学贯中西，文通古今，深谙国情，勇于创新。他全身心地致力于探索、研究、改造中国教育这一宏伟事业。抗日战争胜利后，陶行知义无反顾地投入反内战、争民主的斗争。民主战士李公朴、闻一多遭国民党特务暗杀后，陶行知被列为黑名单上的第三名。他一方面做好"等着第三枪"——为民主而牺牲的准备，一方面坚持大义凛然的斗争，1946 年 7 月 25 日因劳累过度患脑溢血而逝世。在葬礼上，他的遗体覆盖着写有"民主魂"三个大字的旗帜。毛泽东同志亲笔题写"痛悼伟大的人民教育家，陶行知先生千古"的挽词。宋庆龄同志题写的挽词是"万世师表"。对此，陶先生是当之无愧的。

陶先生心怀祖国，爱满天下，无私奉献，堪称为师的楷模；陶先生立志改革，不断开拓，善于实践，不愧为创新的典范。

陶行知先生实践着"人生为一大事来，做一大事去""捧着一颗心来，不带半根草去"的伟大誓言，奉行"爱满天下"的信念，认为"国家有一块未开化的土地，有个未受教育的人民，都是由于我们没有尽到责任"。

1927 年，为了探索挽救国家危难的教育理论，他先后辞去了大学教授和系主任的职务，抛弃优越的生活，脱下西装，穿上布衣，到贫困的南京郊区创办晓庄师范。他穿草鞋、挑大粪，与师生共甘苦。陶先生毕生抵制金钱对教育的腐蚀，他说："教师的服务精神，系教育的命脉。金钱主义，最足破坏教师职业的尊贵。"

陶先生深信"'行动'是中国教育的开始，'创造'是中国教育的完成"，指明中国教育的发展，必然要经历改革和实践的艰难过程。

陶行知的教育理论，正是在不断的实践中形成和发展的。早在 1918 年，陶先生就提出把"教授法"改为"教学法"，随后创办了晓庄师范（1927 年）、山海工学团（1932 年）、育才学校（1939 年）、社会大学（1946 年）；同时，创办《生活教育》杂志（1934 年）、《民主教育》杂志（1945 年）。他在办学中形成理论，又用这理论指导办学，同时凭借媒体广为宣传。其中影响最大的是他创立的"生活教育"理论。

1917 年，他结束留学回国，后经过十多年的教育实践，把杜威的"教育即生活""学校即社会""从做中学"改造为"生活即教育""社会即学校""教学做合一"，创立了"生活教育"理论——这是中国现代教育史上的伟大创新。

【一】

陶先生指出："生活是教育的中心。""好生活就是好教育，坏生活就是坏教育；前进的生活就是前进的教育，倒退的生活就是倒退的教育。""没有生活做中心的教育是死的教育，没有生活做中心的学校是死的学校，没有生活做中心的书本是死的书本。"他倡导"健康的生活，劳动的生活，科学的生活，艺术的生活和改造的生活"。他要求学校和教师，要"教会学生学习，教会学生生活，教会学生做人"，"千教万教，教人求真；千学万学，学做真人"。他的这些精辟、透彻的论述，与如今联合国教科文组织提出的 21 世纪的育人要求是多么一致啊!

"生活教育"理论明确了生活是教育的中心和本源,同时也是教育评价的依据。他指出:"以后看学校的标准,不是看校舍如何,设备如何,乃是学生生活力丰富不丰富。"这里,陶先生提出"生活力"的教育概念,是应该引起我们特别重视和深入研究的。我们已研究过观察力、记忆力、思维力等,能否研究研究"生活力"呢?这是否更得算是教育的一个基本元素呢?

历史和实践证明,"生活教育"理论符合中国国情,适应社会主义经济发展和教育现代化的需要。它在基础教育、师范教育、职业教育、农村教育、社区教育等各个领域都显示出旺盛的生命力。

"生活教育"理论是以人为本、以生活为中心、以教育为导向,专门研究人的健康成长和发展的科学。它的基点是正确处理人和自然、人和社会的关系,促进人的全面发展。它是充满生机的教育理论,它指导的是大众的教育,是行动的教育,是前进的教育。它有很强的适应性和广泛性,可以说,凡是有人群生活的地方都能感受到它的指导作用。

近年来,广大教育工作者在推进素质教育的实践中越来越认识到素质教育理论与"生活教育"理论是一脉相承、息息相通的,各地的陶行知研究会蓬勃开展的"学陶活动",不断创造出实施"生活教育"、促进科教兴国的宝贵经验。"生活教育"理论对素质教育的指导意义日益被人们所认识。

【二】

像创立"生活教育"理论一样,陶先生也是中国的"创造教育"理论和实践的开拓者和奠基人。

早在1919年4月,陶先生就在《第一流的教育家》这一著名论文中明确提出:今日的教育家一是要"敢探未发明的真理",一是要"敢入未开化的边疆""敢探未发明的真理,即是创造精神;敢入未开化的边疆,即是开辟精神"。"创造、开辟都是要有胆量","须胆量放大,将试验精神,向那未发明的新理贯射进去:不怕辛苦,不怕疲劳,不怕障碍,不怕失败,一心要把那教育的奥妙新理，一个个发现出来"。

1943 年 10 月，他在《重庆日报》上发表了著名的散文诗《创造宣言》，以激情洋溢的文笔，阐发人人可以投入创造的哲理，认为："处处是创造之地，天天是创造之时，人人是创造之人"。可以说，至今我还没有读到感召创造力超过此文的专题文章。前几年，高考语文试卷中曾选用《创造宣言》，可见此文的典范性和审美价值。

陶先生早就明确指出培养创新精神和实践能力的途径，即"手脑相长"。他指出，"在用脑的时候，同时用手去实验；用手的时候，同时用脑去想"，才有可能创造。"手脑在一块干，是创造教育的开始；手脑双全，是创造教育的目的"。早在 1946 年，陶先生就提出对学生"六大解放"的目标，即解放学生的"头脑、双手、眼睛、嘴、空间、时间"，促使学生能想、能干、能看、能说、能接触大自然和大社会，能发展自己的思维和兴趣，现在这"六大解放"的任务还未完成，新世纪的教师依然任重而道远。

众所周知，陶行知先生在 20 世纪 30 年代把原名"知行"改为"行知"，反映了他在认识论上的飞跃：他坚信"行是知之始，知是行之成"，并生动地比喻"行动是老子，思想是儿子，创造是孙子"。以行动求知，陶先生身体力行，修改了自己的名字。

【三】

陶行知的教育思想是具有鲜明中国特色的教育思想。陶先生创立了科学、全面、系统的教育理论，内容涵盖大、中、小、幼教育，师范教育、职业教育、乡村教育，德、智、体、美、劳，创造教育、学校管理、教育评估等各个方面。可以说，现代教育提出的各种理论和实践问题，都可以从陶行知教育理论宝库中得到正确的、有力的回答。除孔夫子外，陶先生是被尊誉为"万世师表"的第二人，是需要我们世世尊崇、代代学习的。

1985 年，中国陶行知研究会和中国陶行知基金会成立，迎来了学习陶行知教育理论的春天。神州大地数万教育工作者响应江泽民同志的号召——"学习陶行知教育思想，促进教育改革"。大家以前所未有的热情学习它、实践它、研究它，现已硕果累累：全国已有 23 个省市成立了陶行知研究会；中国陶行知研究会已办了 6 期骨干学习班；《陶行知全集》已出版 11 卷；在安徽歙县、南京、上海等地建立了陶行知纪念馆；中国陶行知研究会会长方明已是耄耋之年，仍不辞辛劳赴全国各地宣讲陶行知教育思想，研究会组织的"陶行知教育思想的现代价值研究"科研课题取得显著成果；何国华先生所著的《陶行知教育学》，初版 6000 册，不到两月即销售一空，随即再版又很快售完。何国华在华南师大开选修课，文理科学生都踊跃参加，学习热情极为高涨；在北京东城教育学会举办"陶行知教育思想与素质教育"讲座后，当即有 20 多所学校表示愿意参加陶研会的活动。如今，陶行知教育思想正日益深入人心，师陶、学陶成为广大教育工作者的需求。

江泽民同志曾于 1986 年指出："陶行知先生著作宏富，论述精当，与当前的社会主义教育学息息相通。堪称中国近代教育史上的'一代巨人'。"我们坚信，随着教育改革的不断深化，陶行知教育理论将在素质教育中，在培育创造性人才的世纪伟业中，发挥越来越大的作用。

"死竟无钱是好官"

——李公堤礼赞

由江苏人民出版社出版的《晚清县令李超琼》一书，是符合时代精神的佳作。此书得以出版，既有历史渊源，又有当代机缘。

历史渊源在于李公堤

李公堤是100多年前，由元和县令李超琼主持修建的，当地民众为彰显他的功绩，将之称为李公堤。

李超琼，光绪五年（1879年）举人，后历任溧阳、元和、阳湖、无锡、吴县、南汇、上海、长洲等县的知县。

初任元和县令时，秋雨成灾，洪水为患，庄稼毁坏，时常翻船。他深知民间疾苦，把兴修水利放在首位。他千方百计筹资，并实行"以工代赈"，最终修成了中国最大的内城湖泊——苏州金鸡湖长1400米的长堤。清除了水患，并便利了元和县与金鸡湖东部的交通，堤东的南斜营也因此逐渐繁荣。人们常把李公堤比作西湖的苏堤。当今，李公堤区域是国家认定的国际风情特色商业街，是苏州首席滨水娱乐区。

百姓称誉李超琼是"顾怜老百姓的好官"。对此，苏州工业园区档案馆的学者一直有意愿来为李超琼立传。

当代机缘来自李公塑像

2009年，苏州市纪委和工业园区工委为纪念李超琼逝世100周年，在李公堤上为李超琼树立了大型铜质塑像。李公堤像的两端，原有纪念亭，内竖"李公堤碑"。2007年重修，"籍记历史故实，亦旌李公之德"。新塑像碑亭石柱刻楹联："李公筑堤阻浪蔽风喜看舟楫平安过，黎庶怀德构亭立碣遥望湖水感念多"；横批："沧桑留痕"。

或许是李超琼在天之灵的感召，时过百年，在北京的已年过七旬的孙辈传人李宙先生，偶然从网上看到了苏州人民为李超琼所做的一切，感慨万分。2011年清明，李宙、李逊兄弟前往苏州祭祖，并与其他后代商量，决定将家中多年珍藏的李超琼日记稿本43册、诗文集11册，共计200多万字文献及大量杂著、书信，全部无偿赠给苏州工业园区档案馆——这真应当说是历史机缘的巧合。

翔实的史料，为原来只写过一篇怀念李超琼短文的李巨川（笔名：山长水阔）先生展示了生动的画卷。他经过一年多的努力，完成了这部30余万字的人物传记。

古代的四大清官包拯、海瑞、狄仁杰、刘墉的英名已代代相传，家喻户晓。他们中不乏身居高位以至宰相者，而李超琼为官二十几年，却做的只是"七品芝麻官"县官，但他同样以清正廉洁而流芳千古。

李超琼以民生为大，为官一任，造福一方。除永垂青史的李公堤外，他的爱民事迹举不胜举。

他为民除害。上任伊始，微服私访，以雷霆万钧之势抓捕严惩赌头，为民除害。陆续有人以送"万民伞"来表达对禁赌的拥护。

他特别重视对民众的教化，在溧阳县翻印《弟子规》3000册，用以教民。

他身体力行，每遇财政困难，时常解囊充公，不计其数。他自己掏钱给百姓购麦种。出资助学。政务公开，不接受招待。外出为不扰民，常夜宿船上。

李超琼深得民心，每每调任，民众送"教善得民"匾、"循良继美"匾、"德威法明"碑牌。光绪二十年六月二十七日，烈日当空，他启程赴阳湖任知县。元和乡民"环跪持香"攀留，以致他只得下轿，乡民一拥而上，抢着把县令的两只靴子脱下挽留。此情此景，催人泪下。

鉴定一个官吏是不是好官，可以以一票而定。李超琼曾为宝山县县令窦殿高病故写了一副挽联："老友语即定评，憨而好辩多真气；近人诗可移赠，死竟无钱是好官。"——这也正是他基本品质的写照。他明确提出为官是否廉洁的标准：死后不留余财是矣。这苛刻的标准，他身体力行。

李超琼逝世后，一条消息在上海传得沸沸扬扬，1909 年 4 月 7 日的《申报》称："正任李县令身后萧条，（债务）积累颇重，殊觉惨然。"家里已经不名一钱，连丧葬费都凑不出，"几无以为殓"。幸有上海绅士仗义，筹集白银一千两为李超琼治丧。一个月以后，上海市民一千多人在白云观为李超琼举办追悼大会，寄托民众不尽的哀思。

县官是政府的基石：县官腐败，大厦将倾；县官清廉，国泰民安。笔者想，在为官之道上，焦裕禄的心应是与李超琼相通的。

山长水阔先生矢志为清官立传，可敬可赞。应该说，《晚清县令李超琼》一书，是一份问卷，各层次为官者亦应捧来一读，望能掩卷深思后，扪心自问："见贤思齐"乎？

（李超琼为笔者北京二中同窗李宙之祖父。李宙赠我《晚清县令李超琼》和《李超琼日记》。笔者因仰慕李超琼之为官清廉，遂成此文，以呈敬意。）

游香山追思熊希龄

　　香山是深受广大群众喜爱的人民公园。每到深秋，市民们带着家人、约上好友，登临香山、观赏红叶，堪称一大乐事。可以说，香山是大家熟悉的地方。但是你若随机问问香山的游人："你知道熊希龄吗?"绝大多数人会感到茫然，很多经常来登山锻炼的人也不知道。

　　笔者也曾对各行各业的近百位人士进行调查，80％以上的人不知道熊希龄，知道的也只是略知，对其历史功绩了解不详。由于种种原因，熊希龄淡出了公众的视野。这无疑是教育和文化的悲哀，是难以弥补的损失。

　　北京教育学院资深教授、教育史研究专家梅汝莉在谈到校园文物保护课题时，满怀感慨地向我们讲解了熊希龄在中国教育史上的丰功伟绩。

　　熊希龄，清同治八年六月二十五日（1869 年 7 月 23 日）生于湖南凤凰。天资聪慧，被誉为"湖南神童"。15 岁中秀才，22 岁中举人，25 岁中进士，钦点翰林。可谓学富五车，满腹经纶。

　　熊希龄还是清末维新运动的重要人物。1897 年 9 月他与谭嗣同等在湖南长沙创办时务学堂，任总理；1898 年 2 月他与谭嗣同、唐才常等创办南学会；他还创办《湘报》，宣传"救亡之法"。1898 年 9 月戊戌变法失败，熊希龄险些成为血洒长街的第七位"君子"。1913 年熊希龄出任民国总理兼财政总长。他是杰出的爱国主义者、社会活动家，更是一位坚守中华优秀教育精神的著名教育家、慈善家，是闻名中外的香山慈幼院的创立者。

　　1917 年秋，河北、北京地区发生特大水灾，洪水泛滥，灾民

— 10 —

万众，孤儿遍地，熊希龄受命主持赈灾及善后事宜，遂创立香山慈幼院，专门收养安置灾童、孤儿。推行学校、家庭、社会"三合一"教育体制。

香山是一座具有自然山林特色的皇家园林，始建于金大定二十六年（1186年），距今已有832年的历史。清乾隆皇帝在旧行宫的基础上进行大规模扩建，建成大小园林80余处，赐名"静宜园"。慈幼院选在香山静宜园可不是件容易的事。这里占地千亩，有房舍3000余间。虽年久失修，但背依西山，怀抱幽谷，占尽风光。在熊希龄请求下，时任大总统徐世昌亲自与前清皇室内务府商量，以数百名八旗贫苦子弟免费作为第一批学员为交换条件，永久借用已废弃的静宜园为基址，建立香山慈幼院。遂以千人规模开院。

建院工程于1919年2月动工，1920年10月慈幼院举行开院仪式。熊希龄自任院长。慈幼院经费最初是救灾拨款，以后熊希龄四处募捐，并捐出自己的财产24万银圆作为公益、教育基金。慈幼院初建时分为男女两校：男校即现在香山公园管理处和香山别墅所在地；女校即现在的香山饭店所在地，总院即现在香山公园管理处所在地，管理处档案室所在的"镇芳楼"，背靠香炉峰，俯瞰玉泉山，是熊希龄办公的地方，也是慈幼院董事会、评议会、院务会等开会的地方。当时，香山慈幼院的师资力量和教学设备堪称一流，在国内外享有盛誉。慈幼院所设各院（部）自成体系，占地数百亩，正如院歌里唱的——"大哉本院，香山之下，规模真无比"。

香山慈幼院成立后，熊希龄邀请蒋梦麟、胡适、李大钊、张伯苓、朱经农等知名人士担任评议会委员。1921年他与蔡元培等创立中华教育改进社，胡适、陶行知是该社骨干。同样出生在湖南凤凰的沈从文曾在慈幼院做过图书管理员。雷洁琼曾担任慈幼院理事会理事长。康克清、李德全、史良、谢冰心、林巧稚等担任过理事。熊希龄院长以其渊博学识和人格魅力团结了民国社会的精英，开创了宏伟的慈善事业。

斗转星移，学校后遇巨大困境。1932年熊希龄将全部家产共计银圆27.5余万元、白银6.2万两，捐予学校，继续办学。

1937年12月24日，熊希龄在香港去世。死时身无长物，丧

— 11 —

事全靠继妻毛彦文借贷办理。国民政府为他举行了国葬。一副追思挽联"一生赤诚爱国盼振兴中华；半世慈善办学为民族育才"写出了熊希龄忧国忧民赤诚爱国的伟大胸怀和倾力创办慈善教育的不朽功绩。

毛彦文小熊希龄29岁，"民国名媛"，也是教育专家，曾任暨南大学、复旦大学教育系教授。抗战胜利后，她继承丈夫未竟事业，返回北平接办香山慈幼院，可谓功德无量。

走南路登香山，经过香山寺（也称永安寺）遗址，再往上走过一段"之"字形山路，就到了双清别墅。1949年1月22日，傅作义在《关于北平和平解决问题的协议书》上签字，1月31日，人民解放军入城接管防务，古都北平和平解放。3月5日至13日，中国共产党七届二中全会在河北省平山县西柏坡村召开，会议决定中共中央领导机关迁往北平。3月25日中午，毛泽东等同志抵达北平清华园火车站，下午，在西苑机场检阅了人民解放军驻北平部队，当晚，毛泽东住进了双清别墅，朱德、刘少奇、周恩来、任弼时等四位中央书记处书记住在了邻近双清别墅的来青轩。双清别墅就这样成了中国共产党领导人民解放战争走向全国胜利的指挥部。从3月25日到8月23日，毛主席在双清别墅住了5个月时间。在这里，毛主席指挥人民解放军打过长江、向全国进军，他坐在椅子上看《人民日报》报道"南京解放"号外那张历史性照片，就是在池塘边的六角红亭拍摄的。这里也是筹备建立新中国的历史见证地。周恩来总理曾深情地说："要记住这个地方。"

现在双清别墅是香山南线旅游热点，来自各地的游客很愿意到这里追寻伟人足迹，接受爱国主义和理想信念教育。要知道，双清别墅就是熊希龄创办香山慈幼院时为自己建造的住所（晚年熊希龄自称"双清居士"）。别墅内，两股清泉汇入，形成一个大池塘，泉边石壁上刻着清乾隆皇帝题写的"双清"二字。池塘南边是栖云楼遗址，北边一排平房是熊希龄所建双清别墅的主体建筑，毛泽东住进双清别墅之后，将那排平房正中的大房间作为会议室，将办公室和卧室分别设在会议室两侧。应该说，这是香山慈幼院为新中国成立做出的特殊贡献，国人应该铭记。

自 1920 年至 1948 年，香山慈幼院招收平民子女 6000 余名，其中成绩优异的学生，慈幼院还将他们送入大学深造，负责供给学杂费和生活费，许多学生成为国家有用人才，其中有五人成为新中国部长级干部。

香山慈幼院 1953 年迁入北京市政府划出的位于阜成路白堆子的校址，后改名"立新学校"，至今。

"文革"中，一把大火把所有史料焚烧殆尽。痛哉！惜哉！

现今，老校园大部被拆迁改建，面目全非。园中原来随处可见的院长题词几乎荡然无存。老校友故地探旧，只见杂草丛生，无迹可寻，好不凄凉。多年来，他们呼吁：恢复老校名，修复慈幼院重要遗址。教育界资深人士视香山慈幼院为国家宝贵的文化遗产，提出建议：首先，要深入挖掘和整理慈幼院的史料，提高对慈幼院办学理念和育人经验的认识，整理后传承弘扬。其次，要恢复老校名，最好在 2020 年命名为百年老校。第三，要修复慈幼院重要遗址，修建"熊希龄纪念馆"，保护好位于香山核心景区的熊希龄墓园。

毫无疑问，熊希龄是中国近现代史上一位非常重要的历史人物。毛泽东主席曾这样评价熊希龄："一个人为人民做了好事，人民是不会忘记他的，熊希龄是做过许多好事的。"周恩来总理对熊希龄的评价是："熊希龄是袁世凯时代第一流人才，是内阁总理。……熊希龄的事，我看后就记得很清楚。"1992 年 5 月 17 日，熊希龄的遗骨从香港归葬北京。在归葬仪式上，雷洁琼代表中央作了讲话，充分肯定了熊希龄的历史功绩。

国人应记住熊希龄先生这位伟大的慈善教育家，教育工作者应以他为楷模，传播慈善教育理念，续写仁爱教育新篇章。

熊希龄在慈幼院"蒙养园"大门题写的门联是"幼幼及人之幼；生生如己所生"，横批是"蒙以养正"——这是他的人生信念和办学理念，核心是同胞意识。

古人把刚开始的教育叫"启蒙教育"，亦称"蒙学"。《易经》在乾卦、坤卦、屯卦后紧接的第四卦就是蒙卦，表明我们的祖先认为天下的第一大事就是"蒙以养正"的教育。《易经·蒙卦》"蒙以养正，圣功也"，一语阐明了教育开始的方向、教育最重要的课程、教育的至高目标、教育最高尚的功德。教人向善，以养正气。此外，"蒙以养正"也指明启蒙教育就是养成教育。

同胞指的是同父母所生的同一个国家或同一个民族的人。"幼幼及人之幼；生生如己所生"就是同胞意识的最好注解。

国人熟悉的饱含同胞情怀的歌曲《松花江上》："我的家在东北松花江上，那里有我的同胞，还有那衰老的爹娘"，一曲凄怆地唱出了抗战时期东北人民家破人亡的悲痛。年幼时每听到这首歌往往热泪盈眶。在国家和民族危亡的时刻，同胞的呼唤最具有感召力。

这应该是我们缅怀追思熊希龄，学习他留下的宝贵文化遗产的意义吧。

（与 86 届校友、中国文物报社副总编辑王晓合写）

做人要做"送炭人"

常言道：锦上添花易，雪中送炭难。雪中送炭，是在最需要的时候，送去关爱、温暖。

人间最需"送炭人"，不禁想起先父范立夫。先父祖籍山东，年轻时闯关东，历尽千辛，自学成才。新中国成立后，在交通部担任美编。后勤于笔耕，成为闻名全国的漫画家。创作40余年，画作数千余幅。有《自扫门前雪》《催眠老人》等20余件作品在国内外画展获奖。

在"文革"中，他被遣返回乡，备受摧残，大难不死，20世纪70年代被平反回北京。从此开始他的"送炭"善举。他秉承祖训——"积德前程远，存仁厚地宽"，以此为人生指南，一辈子慈悲为怀，助人为乐。

一是，赞助"希望工程"。他举办了两次个人画展，华君武给题的刊头。先父把画展收入为"救助贫困地区失学少年基金"捐款，救助失学儿童50余人，获得"中国青少年基金会"颁发的荣誉证书。

二是，通过新闻漫画，干预社会，造福百姓。"路见不平，拔笔相助"，急百姓之所难，为百姓办实事。那时，他住在五四大街。街上有一座公厕，电灯坏了很久，一直没人来修，常有人摔跤，居民很有意见。于是，他画了一幅漫画：只见一个年迈老人，举着一根蜡烛上公厕，题为《秉烛夜游》，画的旁边表明是沙滩路口的公厕。漫画在《北京晚报》一登，公厕的灯很快就修好了。还有住所附近有一条流着臭水的"龙须沟"，居委会反映了好几年。他以此为题作画，几天后就有了回音，不久"龙须沟"就不见了。居委会

— 15 —

的大妈乐颠颠地跑来感谢他做了一件大好事。有具体时间、地点、事件的新闻漫画，很有社会影响力。周围的老百姓都愿意找他反映问题，并拥戴已81岁高龄的他当选东城区人民代表。在任代表期间，他共写提案、建议200多条，反映群众呼声，为百姓解决实际问题。

他的资助、他的漫画，都可谓"雪中送炭"。

他自命名书房为"奋蹄斋"。每日潜心作画："夕阳未必逊晨曦，昂首飞鬃奋老蹄"，直至87岁仙逝。他离开我们已有18年了。作为后代，我时时为未能更好地尽孝而遗憾，为未能更好地以先父为楷模、像他那样学习和生活而愧疚。

受先父教诲，退休之后，我也以"送炭"为己任。除关爱家人外，我每天静坐时常想：能为社会做些什么？能为同窗学友做些什么？能为身边朋友做些什么？

当代社会首先需要孝道教育。我陆续写文章并汇集成《人生必修孝道十八课》一书，成为中小学校本教材，并应邀到学校、社区讲课。

我特别珍惜同窗学友的情谊。"唯有晚情恒久远，夕拾朝花忆故人。"我常常写些回忆青春年华的文章来交流，在网上以"致学友"发出，共同分享温馨。其中，写得最多的是感恩老师，一个一个老师来写，寄去我的怀念和祝福。

有的年轻人喜欢文学，我鼓励他写稿，帮助修改并推荐到报纸发表。学生写的书我帮助最后审稿。

现在人们的物质生活好了，大多需要的是精神关爱。人与人之间的交往，首先要想到对方有什么精神需求——"雪中送炭"。

做人要做"送炭人"是先父的教诲，如今我已年过七旬，我要以先父为榜样，老夫愿做"送炭人"。

吴清源之"灵境"探微

　　家住北京市西城区太平桥大街,自然常常走过灵境胡同。这是北京最宽的胡同,除此之外,每次路过并没有其他感觉。

　　前不久,我的学生、现在中国文物报社工作的王晓给我发来他1998年赴日本采访吴清源研究会发表在《人民日报》上的报道《黑白世界　道骨仙风》和2014年吴清源百岁仙逝时写的追思文章。几个月来,我们师生二人一直在切磋校园文化建设,我并未有话头提及围棋,他突然发来以上两文,有何寓意,不禁引发我的思考。

　　年轻时,我曾对围棋有过兴趣,但并未持久。然而,与王晓来文有缘的是,我十分崇拜吴清源先生。几年前,拜读过先生的自传《中的精神》,从中大受益。该书一直珍藏。

　　王晓来文,或许是"心有灵犀",促使我又捧起《中的精神》研读。

　　围棋起源于中国,有着5000年的历史。围棋在古代被称为手谈。弈棋的双方,以平淡的落子交流对棋道、对人生的理解。围棋的好,在于它的简单和包容。方寸之地,布局、征战、防守,有因伐而失,有因弃而获,人生的大智慧都在这里。

　　吴清源是整个日本昭和时代(1926年—1989年)的"棋圣",被誉为"十番棋之王",前无古人、后无来者的"棋圣"。

　　为了进一步探究吴清源常胜不败的"胜经",我突然联想到"灵境"。吴清源达到的人类智慧的顶峰,可以称为心灵的至高境界,美曰"灵境"是也。

　　灵境胡同的冠名源远流长。明永乐十五年(1417年),皇帝朱棣患病，夜间入睡，做梦，梦见两位道士前来授药，不日其病自愈。皇帝甚为感激，于是下令在现在灵境胡同的所在地建宫祀，封其为玉阙真人、金阙真人，赐名灵济宫。每逢节令，焚香祷告。每每道士讲学，听者愈千，盛况空前。民国后取其谐音，原灵济宫所在地被命名灵境胡同。

无巧不成书。吴清源先生在北京的故居——大酱坊胡同，就在灵境胡同附近。

打开《中的精神》扉页，映入眼帘的是：

围棋、人生都是中和

"我的围棋观一言以蔽之——中和"

从拿起棋子的80多年来，吴清源说："我从来不把围棋当作胜负来考虑。无论输赢，只要下出了最善的一手，那就是成功的一局。日本的围棋规则是比较双方围地的大小，而中国的规则却有所不同，在棋盘上活着的棋子多的一方是取胜的一方。我认为比起胜负来，那是生存权的象征。"

要理解这段经典之语，必须理解"中"与"和"二字之真谛。

吴清源说："中"这个字，中间有一个棒子，从形状上分为左右两个部分，表示着阴和阳。取得阴阳平衡的那一点，就是"中"字。对于围棋，我总是在思考"中"的那一点。

这可谓是棋道之魂，但也应是中国人最起码的常识。作为中国人，不言而喻第一位的就应懂得"中"字。

围绕"中"字的阴阳平衡，不是僵死的，而是动态的。

吴清源说，我的理想是"中和"。所谓"中"，在阴阳思想中，既不是阴也不是阳，应是无形的东西。无形的"中"，成形的时候表现出来的就是"和"。"和"存在于天地万物运化之中，天地万物起源于"和"，亦归根于"和"。天地万物只有在"和"中才能生发、运化、返归。古人云："无有和则生阴阳，阴阳和则生天地，天地和则生万物。"

"中和"理念贯穿《中的精神》全书，现只选出一二试解，算是读书的浅见。

1942年，吴清源和中原和子结婚。娶冠名含"和"的女子，或许是天赐良缘。

1949年，30岁的藤泽库之助晋升为九段。这在当年可是围棋界的大事。要知道秀哉去世后，日本就已经没有九段了，九段就意味着成为"当代第一人"了，其身价远非今日可比，其地位是高不可攀的。因为当时吴清源已经是打遍天下无敌手的事实上的天下第一了，于是出现了一种强大的舆论：为什么天下无敌的吴清源只是八段，而"十番棋"擂台战吴清源手下败将的藤泽却成为九段了呢？这样一来，吴清源与藤泽的争棋就不可避免了。可日本棋院又提出，吴清源只是八段，不能与藤泽对决。难道吴清源要永远搁置于八段位上吗？面对舆论压力，日本棋院做出回应，吴清源要晋升九段，先要通过"测试赛"。于是，决定从六段和七段中选拔出10个人来和吴清源下一次对抗赛。这就意味着吴清源要降低身份先与10名年轻的高段位"后起之秀"下10盘"九段升段试验赛"。这是不合理的。过去只有上手测定下手，却从来没有过下手来考核上手的先例。连日本女棋手喜多文子老师等也表示不满："这样的事情太奇怪了。"尽管如此，吴清源依他的"中和"之道，迎接了挑战，取得8胜1败1和的成绩。为此，日本棋院赠授吴清源为"九段"。

1951年，和藤泽的十番棋即将开赛。对于比赛用时，双方发生争执。藤泽坚持主张双方各13小时，而吴清源有理有据，依日本棋院的规定应是每方10小时。因为，作为原则，比赛应在一天内下完。两天以上的比赛，对局中可能会出现接受别人支招的可能。吴清源再次依他的"中和"之道，随了藤野，时间为每方13小时，从容迎战。不料，藤泽又提出附加条件，如果他输了，马上再下一次（复仇赛）十番棋。那个时代受日本历史上传统番棋战影响的用以判分棋力和决定名位的"升降十番棋"，是倾注了棋手全部生命的真刀真枪的比赛，应该是只有一次的事情。藤泽老谋深算，想输了再找回面子。吴清源第三次依"中和"之道，应允，信心满怀出征。结果以7胜2败1和取胜，将藤泽降为先相先。

1953年，吴清源迎战藤泽的"复仇赛"十番棋。结果，进行到第 6 局，吴清源 5 胜 1 败，将藤泽降为定先。藤泽自惭，后改名"朋斋"。

这一段棋坛传奇堪称"中和"精神的"灵境"绝唱。

吴清源先生登峰造极的智慧，源于中国悠久厚重的传统文化。他从 5 岁（虚岁）开始，就学习《大学》《中庸》等四书五经，几十年坚持每天研究《易经》。他 14 岁东渡扶桑，19 岁运用自创的"新布局"开创了围棋史上的新时代。以后二十几年，横扫千军，超迈前贤，雄踞"天下第一"的无冕王位，被金庸尊为最佩服的当代中国人。

1986 年，香港中文大学授予吴清源"荣誉文学博士"称号，赞词中曰："吴清源从少年时代就开始向往灵境"，日日为学，步步探究，孜孜不倦，度百岁乃去，终成正果。

所谓灵境者，可谓寥寂、庄严、雄浑、清明之境地，唐柳宗元曰："灵境不可状，鬼工谅难求。"宋苏轼言："或云灵境归贤者，又恐神功亦偶然。"灵境是人追求的智慧顶峰的代名词。

应该说，吴清源先生向往和追求的灵境就是中和：灵境即中和，中和即灵境。

"中和"精神就是灵境之魂。吴清源先生留给我们的精神财富对于我们的深远意义远远超出围棋。他将原本"争胜负为唯一目标的艺术，提高到了极高的人生境界"。应该说，吴清源献身的"中和"之道，亦应是修身之道、处事之道、治国安邦之道。

再次拜读《中的精神》，掩卷而思，吴清源先生恰好是为灵境胡同增辉的先哲。再走过灵境胡同，自然会浮想起吴清源先生的智慧感召。

王晓或许不会想到，他发来的两文引发我的读书、思考和追寻。这应是"以文会友"的诗意吧！

开慧 "辞典"

——读《季羡林人生漫笔》有感

读《季羡林人生漫笔》（以下简称《人生漫笔》），掩书而思，脑海中浮现四个大字：开慧"辞典"。这部书对人生所能遇到的事业、情感、学术、命运、读书、研究等诸方面的重大问题，都能给以深刻的启迪，称其为开慧"辞典"，当之无愧。

季老是著名的国学大师。半个多世纪在燕园从事教学、研究和写作，成就辉煌。他因国学和"佛教梵语"的研究享誉海内外。

《人生漫笔》是季老在望九之年出版的一本近30万字的随笔集，书中分为"忆君遥在潇湘月""岁时无历叶知秋""逝水流年真情在""晚霞秋色话家常""庭院旧影思故乡""清茶淡话情无涯""静窗常伴读书人""学海无涯勤是岸"等七部分。其中有对恩师饱含热情的思念，有对生活坎坷经历的悟性思考，有对世间美好事物的推崇与赞美，有读书、研究、写作的学术总结，涉及文学、史学、哲学、美学、翻译学诸多领域，贯穿东西方文化的双重智慧，博大精深，文采四溢，令人开卷爱不释手，掩卷回味无穷。

之所以称它为开慧"辞典"，因其确有显著的启迪人生智慧的功能。《人生漫笔》倡导务实的做人准则。在素质教育中，人们谈得最多的就是"以人为本，教人做人"。但在做什么样的人的根本问题上，往往定调过高，要求不切实际，继而实效较小。季老明确提出了一个务实的做人的百分比，他说："我认为，能为国家，为人民，为他人着想而遏制自己的本性的，就是有道德的人。能够百分之六十为他人着想，百分之四十为自己着想，他就是一个及格的好人。为他人着想的百分比越高，道德水平越高。百分之百，所谓

— 21 —

'毫不利己，专门利人'的人是绝无仅有。反之，为自己着想而不为他人着想的百分比，越高越坏。"这段大实话，应该成为我们构建德育体系的基础。

《人生漫笔》推崇辩证的治学方法。季老《还胡适本来面目》一文，读来令人耳目一新。文中推崇的辩证的治学方法，对全面培养人才，特别有指导作用。

季老指出："在中国近百年的学术史上、思想史上、文化史上、文学史上，甚至教育史上，胡适是一个举足轻重的人物，一个矛盾重重的人物，一个物议沸沸扬扬的人物，一个值得研究而又非研究不行的人物。"1917年1月，胡适发表在《新青年》上的文章《文学改良刍议》，是中国近代"文艺复兴"的第一声炮响，影响深远，胡适成为主将和执大旗的人物。季老评价胡适"是推动中国'文艺复兴'的中流砥柱，尽管崇美，他还是一个爱国者"。

然而，从20世纪50年代中期起，胡适在大陆遭到严厉批判，成为著名的"反面教员"，对学术界的正面影响，可以说是一点儿没有。当代的青少年，甚至中年人，对胡适真正了解者甚少，这是令人担忧的。

今天，季老在书中以大无畏的气概，旗帜鲜明地推崇作为思想家的胡适的治学方法，实在是完成着承前启后的历史重任，在一定意义上说，这仍可称为在启蒙，功德是无量的。

季老指出："多少年来，我就认为，'大胆地假设，小心地求证'，这10个字是胡适对思想和治学方法最大、最重要的贡献。""无论是人文社会家，还是自然科学家，真想做学问，都离不开这10个字。在这里，关键是'大胆'和'小心'。"

研究任何一个问题，必先有假设，否则就是抄袭旧论，拾人牙慧，这样学问永远不会有进步。要想创新，必有假设，而假设则是越大胆越好……有了假设，只是解决问题的第一步。这种假设往往是出于怀疑，很多古圣先贤提倡怀疑，但是怀疑了，假设了，千万不要掉以轻心，认为轻而易举就能得到结论，必须求证，而求证则是越小心越好。世界上万事万物都异常复杂，千万不要看到一点儿表面就信以为真，一定要由表及里，多方探索，慎思明辨，期望真正能搔到痒处。到了证据确凿，无懈可击，然后才下结论。做学问一定要掌握考据的研究方法，其精髓就是，"无证不信"。

当前的教育中，提倡培养青少年的创新精神和实践能力，已取得很大成效。读了《人生漫笔》使我悟到，只有这两方面是不够的，还应鲜明地补上一个重要方面，那就是还要培养辩证的治学方法——精神、能力、方法，构成三点的支撑，才立得住，才完整。

新世纪的教育正走向"综合"。要培养学生的"综合"素养，教师必须提高自己的"综合"素养。而素养的提高，应把读书放在首位，特别是精读大师的论著。

《人生漫笔》是难得的开慧"辞典"，它使我们获得审时度势的思维、居高临下的视野、恬淡虚无的胸怀、脚踏实地的作风，更好地做人、做事、做学问。

"民国先生"潘逊皋

20 世纪 50 年代，我在北京二中读书。至今永不忘怀的一位大师是——被尊称为"民国先生"的潘逊皋。

潘先生教语文，他精通古汉语和英语，学贯中西，满腹经纶，亦有"国文台柱"之美誉。就德才学识积于一身而言，在二中，也可以说，整个中学界，他是一座丰碑，至今无人逾越。

潘先生出身书香门第，其兄潘龄皋，光绪年间进士，是大名鼎鼎的书法大家。幼承家教，苦读经书，造就了他"温良恭俭让"的品格。在二中，他既是德高望重的老师，又是和蔼可亲的长者。

笔者认为，今日缅怀潘先生，或许对我们的教育为什么培养不出大师级的人才有所启示。

著名小说家刘绍棠、散文家韩少华，都得益于潘先生的栽培。刘绍棠 1948 年考入二中，从初二时就开始写小说。那时上作文课，是当堂老师命题，两节课内交卷。可刘绍棠，不按老师命的题目作文，而是随性写小说。潘先生不但没有批评和压制他，而是给予鼓励和悉心指导。绍棠进步很快，他上高中时，当时的语文课本中就选入了他的文章。这是空前绝后的教材佳话。

潘先生不拘一格育人才，使作家破土而出，可谓是育人经典。看我们当前的教育，用标准答案捆住学生的手脚，禁锢学生的头脑，怎么能出大师？

作家陈援考入二中时，没能遇上潘先生教。有一次考试，正巧潘先生来监考。那时卷子都是刻板油印的，有一个字不清楚，学生举手问。潘先生看后，在黑板上端端正正一笔一画写出一个"鹤"字。望着这端庄、秀美的粉笔书法，大家目不转睛，赞叹不已，竟忘记答卷，鼓起掌来。多年后，陈援每每讲起此事，仍兴奋不已。真是"一字之师，终生难忘"。

潘先生是书法大家。他的字中和温敦，寓刚于柔，显示着尊贵与儒雅、淡定与平和，行气畅达、爽爽有神，臻以达到"人成一品性，字成一家体"。

潘先生曾任商务印书馆辞书编纂，可谓资深的文史学者。当你请教某一汉字或词语时，老先生会滔滔不绝地讲解。有时会从《说文解字》讲到《古文观止》，以至唐诗宋词。他会透过深度的眼镜，慈祥地望着你，让你感到有如沐春光之温暖。

早在20世纪60年代，他就应邀到罗马尼亚用英语讲授古汉语。应该说，他是我国最早到国外传授中华传统文化的使者。

潘先生头发稀疏，可谓是"聪明绝顶"。虽然，我没能有幸亲自聆听潘先生的语文课，但他的得意门生刘绍棠、韩少华，在读书和写作上都和我多有交往，得到不少指教。最根本的是潘先生的人格感召力，一直是北京二中学子的楷模，引领着我们的人生。

当今的教育，在教学手段上日新月异，但在人品和学识上，教师是否对学生有感召力呢？如果我们只培养"考试机器人"，哪还会出大师呢？

古人云："为天地立心，为生民立命，为往圣继绝学，为万世开太平。"不禁想问："民国先生"潘逊皋，可有后继者来？

周广仁琴声的"休止符"

　　笔者是音乐爱好者，略懂一些乐理，此文不谈节奏，不谈旋律，不谈音色，只谈谈"休止符"。"休止符"在乐曲中有时值，但不发声。应该说，在音符中它的含义是最丰富的。譬如，《国歌》中是空半拍起，这"休止符"引发的是强有力的呼唤，情感激昂。各个乐曲中的"休止符"，都有丰富多彩的含义。

　　人生犹如一首长长的乐曲，也充满"休止符"。

　　笔者日前去拜访著名钢琴家周广仁教授，对"休止符"的寓意深有感悟。周广仁教授依然住在中央音乐学院30多年前的简朴住宅中。她年近九旬，依然思维敏捷，谈吐清晰。特别令人赞叹的是，每天仍然弹琴2小时。那天，专门聆听她弹奏了《陕北民歌主题变奏曲》。我荣幸获得她相赠的两本书：《周广仁的钢琴艺术》和《琴系中华——周广仁的艺术生涯》。

　　周教授十岁开始学琴，应该说，她的钢琴生涯至少有两段"休止符"。一段是在"文革"中受到迫害，一段是在20世纪80年代，手指被砸断。1966年夏天，她的家被抄。和平里的三间房被换成一间，且面目全非，只能堆放杂物。音乐学院的琴房中的乐谱全被贴上封条。丈夫陈子信被押到牛棚隔离。她只好带着两个孩子，暂住学院的宿舍，操心费力地为儿女做饭。她伤心如焚地思念父母，苦心孤诣地牵挂兄姐，她魂不守舍地担心沉默寡言的爱人——唯独没有时间想自己。

　　她时时望着夕阳的余晖发呆，她努力寻求解脱和慰藉。在这人生的"休止符"中，她听到罗曼·罗兰在《约翰·克利斯朵夫》中音乐对灵魂的呼唤：

"整个有形的世界都在消耗——冰冷的、狂乱的日子，纷纷扰扰、无法安定的日子——不朽的音乐，唯有你常在。你是在世界之外的，你自个儿就是一个完整的天地。""音乐，你抚慰了我痛苦的灵魂；音乐，你恢复了我的安静、坚定、欢乐——我从你眼里看到了不可思议的光明，从你缄默的嘴里看到了笑容；我蹲在你的心头听到永恒的生命跳动"。

从此，周广仁在沉默中，坚韧地度日。

依笔者几十年的所见所闻，遇有厄运和突发事件，凡有大志者，往往表现为超乎常人的沉默。人们常说"沉默是金"，正是这样的人生感悟吧！

周广仁从心底到手指孕育着钢琴演奏的新生，直到 1978 年 4 月 28 日，历时十年，以"休止符"为先导，重新谱写钢琴演奏的乐章——她在中央音乐学院举办了个人独奏音乐会。

周广仁琴声的第二次"休止符"，起始于 1982 年 5 月 14 日。学院要搬钢琴，身为教授完全可以不动手。然而周先生历来没架子，往往身先士卒。不幸，在搬一架三角钢琴时，一条琴腿突然折断，钢琴轰然倾斜倒地，刹那间，周广仁的右手无名指被砸断一节，中指和小指也血肉模糊一片……

手指是钢琴家的生命，手指被砸断，有如晴天霹雳、五雷轰顶。剜心刻骨般的疼痛撞击着全身每一根神经，她被卷入巨大疼痛的波涛里。在一瞬间的空白之后，周广仁沉默了。她没有怨天尤人，没有消沉。沉默启示她：要是真弹不了琴，就教学吧。眼下最急迫的是配合医生，争取最好的结果。所幸的是有一位细心的老师把那段砸掉的无名指及时捡起来，送到医院。这或许是上天的安排。周先生以超人的冷静和蔼地对大夫说："不要为难，该怎么治就怎么治吧！"李延妮大夫受到周先生灵魂的感召，几经研究采取了大胆而违背常规的手术，把能接上的都接上了，中指、小指保留到原来的长度，仅无名指无奈短了一小节，三个手指一个都没少，创造了积水潭医院的奇迹。

此后，周广仁怀着一定要重返舞台的坚定信念，开始了艰难的

— 27 —

手指锻炼。她一步步从巴赫的《二部创意曲》、肖邦的《摇篮曲》入手，右手戴着橡皮手套，指尖又垫上棉花一点一点地练习。"十指连心"，每一触键都是针扎似的疼痛，然而日复一日，她坚持用颤抖的手，奏出不同凡响的旋律。

1983 年 5 月 16 日，在北京大学礼堂，举行了周广仁重返舞台的钢琴音乐会。这是她不幸被钢琴砸伤过后的一年零两天。在这整整一年的"休止符"中，周广仁磨炼成了超人。她超越了常人必经的绝望，超越了常人难以忍受的痛苦，创造了键盘上的奇迹。有如贝多芬失聪后又指挥交响乐一样，她竟用残缺的手指奏出了命运的最强音——这是她演奏生涯中最辉煌的乐章。

紧接着，1983 年 10 月周广仁的人生超越又有续篇。为了钢琴教育从青少年抓起，她走出音乐学院的艺术殿堂，和北京钢琴厂、北京二中联合创办"星海青少年钢琴学校"。这是我国最早的，也是规格最高的音乐普及学校。当时她主持编写了钢琴初级教材，尝试用新的方法培养初学钢琴的孩子。"星海"的学生有十几个考上了专业音乐学校，有的出国深造，有的在国际钢琴比赛中获奖，这也是她在"休止符"中孕育而后结出的硕果。

人生有如一首交响乐，有或多或少、或长或短的"休止符"。在"休止符"中蕴含着珍贵的人生感悟和智慧启迪，这或许正是苍天给人的厚爱；是英雄还是懦夫，就看你"休止"后能不能奋起。

播撒教育智慧的良师

——记北京教育学院梅汝莉教授

在北京，许多学校留下她的足迹：在宣讲教育理论的讲台上，在研讨科研课题的会议室，在探索课程改革的教室里……

在北京，许多著名校长做过她的学生：二中校长梁新儒，四中校长邱济隆，五中校长吴长顺，师大二附中校长林福智，十一学校校长李金初，实验二小校长李烈……

无论是对她比较熟悉的校长，还是和她只有过短暂接触的老师，无不怀着敬意，钦佩她的崇高师德、渊博的才华、严谨的学风和远见卓识。

她就是北京教育学院梅汝莉教授。

勤奋的学者

梅教授是勤奋的学者。她早年毕业于北师大中文系，主要的研究领域是中国教育史。孜孜不倦地学习是贯穿她生命的主线。她说："读书、学习是我生命的一部分，它不断改变着我的人生。我为乐教、乐生而学，通过学习尝到读书的快乐，不断打造自己精神的家园。"

博览群书是她学术造诣的基石。她赞赏冯友兰、朱光潜耄耋之年仍在无止境地研究新问题；她钦佩钱钟书的淡泊名利，大家风范，并从中找到做人的标准；她从于光远的著作中获取智慧——"贵""智""强"，即凡做事都要考虑价值、技巧、效果，要做得值、做得巧、做得好。

博览群书构建了她深厚的传统文化的功底。她怀着深厚的兴趣读甲骨文、张仲景的《伤寒论》《黄帝内经》，到厦门去硬要背着南普陀大师的佛经回来……

她酷爱传记文学。她从名人的成功之路中领悟育人经验。她说："如果不读罗曼·罗兰的《贝多芬传》，贝多芬对你来讲，可以说是不存在的。"贝多芬的人格和音乐给了她巨大的精神力量。

谈到学习动力，梅教授说："对人来说，最可怕的摧残莫过于不让你学，不让你干。度过了'文革'的噩梦，真是没时间叹息，最紧迫的就是抓紧时间学习。"她当时虽然已年近40，仍奔波于北大、人大、北师大听课。一天晚上去北大哲学系听美学课，没赶上车，冒着风雪半夜才走到家，真叫"风雪夜归人"啊！

改革开放以后，她特别重视前沿学科的学习，她以"只有求知欲爆炸，才能适应知识爆炸"的信条自勉。在"知识经济""数字化生存""学习型社会"等新概念刚刚问世的时候，她就紧紧抓住，非弄懂不可。北京教育学院管理系主任胡舒云博士说："梅教授的学习是名副其实的与时俱进，她对新事物非常敏感。60多岁的人，操作电脑很熟悉，写作、发邮件都很快。"

梅教授读书有法。她"不动笔墨不读书"，作眉批、写摘记是坚持多年的习惯。她说："学生时代读书是以书为主，看人家写了什么；工作以后读书要以我为主，为我的追求服务。"她追求精品文化，喜欢看电视台的《百家讲坛》。

梅教授读书无止境。她读书孕育写书。从"文革"后期动笔，到1991年，呕心沥血16年，写成了60多万字的《中国科技教育史》。1988年起，花了6年时间主编了《中国教育管理史》。2001年主编了《陶行知教育思想的现代价值》（全国教育科学"九五"规划成果）。2003年主编了《多元智能与教学策略》（中国教育学会"十五"教育规划内重点课题成果之一）。她笔耕不辍，硕果累累。至今，正式出版的学术著作、论文，已逾300万字。

梅教授渊博的学识来自她的读书生活，来自她对未知领域的不断追求探索，她展示给我们的是一个学者丰富、多彩的精神家园，一个需要尽心尽力攀登才能达到的境界。

不倦的"行者"

梅教授是不倦的"行者"。

她信奉伟大的人民教育家陶行知先生所揭示的认知原理——"行是知之始，知是行之成"，并以此为行动指南，不倦地投入教学与教育改革的实践，不断地总结教育规律，进而又指导教育实践。在北京教育学院，她倡议开办了中学校长高级研修班并主讲《中国传统德育的现代价值》《我国传统管理思想的特点和价值》。

2000年，梅教授62岁。按理说，早已超期服役的她，应该喘一喘气了。然而，在这一年她又以前所未有的热情迈上了艰苦的开拓之路。早在40多岁时，她就患有冠心病，医生说她的脑供血不足，相当于60岁的程度。然而，改革开放的春风催动着她的脚步，她一刻不停地奔向一个又一个新的目标。办中学校长高研班时，她时常感到头晕，一次摔倒了，大家把她抬起来，架到讲台上。那一时期，她的脉搏只有三四十次，不得已在1999年安了心脏起搏器。

正是安了起搏器不久，梅教授开始构建多元智能理论本土化的巨大教育工程。在这年暑假的中美教育思想研讨会上，她以敏锐的洞察力发现了"多元智能理论"的价值，从而以极高的热情，投入了引进这一理论并致力于本土化的组织和推广工作。

哈佛大学加德纳教授创立的多元智能理论，认为每个人至少有8种智能，即"语言智能""数理逻辑智能""空间智能""音乐智能""人际智能""内省智能""肢体运动智能""自然观察者智能"。并鲜明地指出："每个孩子都是一个潜在的天才儿童，只是经常表现为不同的形式。"

梅教授认为这一理论是对素质教育的最好诠释，搭建了学校通往"三个方面"的"脊梁"和实施素质教育的切入点并开辟了提高德育实践的新思路。于是，她和陶西平同志一起确定参与这项研究，与哈佛大学建立联系，组成了中国教育学会"十五"重点课题——"借鉴多元智能理论，开发学生潜能的实践研究"。历时三年，现在北京、天津、上海、山东、内蒙古、浙江、湖北等省市，已有99所中小学参加了这一课题的研究和实验。

梅教授主持了在山东诸城和北京的两次国际研讨会，第三次国际研讨会将于今年 5 月在北京举行。

为了实施多元智能理论本土化这一巨大教育工程，梅教授从宣讲理论到培训教师，从学校建设的课程设计，走遍了几十所学校。这些学校围绕"多元智能课程""多元智能教室""多元智能评价"，有力地推进了素质教育。

从 2001 年到 2003 年两年间，梅教授 8 次到和平里第四小学，从讲解理论、解释答疑到课程设计、听课评课，直到与师生个别交谈，全过程、全方位、多层次地指导多元智能课题活动。该校的以"春天"为主题的多学科联动教学和《玩具中的学问》跨学科的课程整合创造了丰富的经验，得到了教育界的好评。

在北京和平里四小，谈到梅教授，教师们有说不完的话。自然老师罗玮说："梅教授总是精力充沛，一看到她就觉得精神抖擞。她知识底蕴丰富、科学素养高，讲解总是深入浅出、有生动的事例，对各个学科都有了解，每次指导都能说到点子上，并且声情并茂、引人入胜。听她讲课总是听不够。"语文老师孔小山说："梅教授待人热情，没架子，她是国家级教授，请她在书上签名时总是要写上'请指正'三个字，让我非常感动。"数学老师马隋群说："梅教授是我们学校的掌舵人。每经过一段时间，我们又有了新的困惑。梅教授一到校，总能介绍新东西，来一次就提升我们一次认识。梅教授不仅以学识提高我们的水平，更以人格魅力感染着我们，使我们懂得了要像她那样为学生服务。"

和平里四小还组织了家庭式小组，培养学生合作意识；设立了智能活动区，如"图书角""我有一双小巧手""小天使园地""123 音乐台"等，营造了多元智能发展空间。

梅教授两年间 6 次到师大二附中指导教科研，学校要开展多元智能公开课，梅教授带两位专家对 19 位教师的 23 节课进行备课指导，让青年教师的备课水平提高了一大块。听课后，梅教授在全体教师会上进行点评，进一步提高了大家的认识。

梅教授参加过多次校长办学思想研讨会。在二附中林福智校长办学思想研讨会上，梅教授提出不要一味赞颂，要更多从研讨的角度来发言，让这次研讨会有了崭新的视角，对人文教育的规律有了很好的总结，梅教授确实起到了专家的导向作用。

二附中教科室主任朱锡民说："梅教授对我校教科研工作的开展起了推广、指导、提高的作用，引导我们为深刻理解而教，对问题导向的教学策略有了深层次的思考。梅教授学术水平高，平易近人，以全部精力投入基础教育科学研究，是我们学习的榜样。"

昌平三中原是名不见经传的基础薄弱校，自 2001 年成立"开发学生多元智能实践研究"课题项目组，就得到了梅教授的潜心指导，仅一年多就实现了跨越式发展。该校以多元智能理论的研究与实践为龙头，走科研兴校之路。2002 年 8 月被确定为国际研讨会的展示学校，得到了美国、加拿大、葡萄牙等国专家和国内 12 个省市项目校好评，被区教委评为"昌平区教科研先进单位"。

这两年，梅教授 4 次到昌平三中，为学校的发展指路引航。该校校长隋彦玲深有感触地说："正是梅教授的'正视差异，善待差异'，提升了我们的多元智能课堂教学。名不见经传的三中能够为世人所瞩目，梅教授的作用是非凡的。她不仅能将'多元智能'阐述得生动、形象，引人入胜，而且能将这一理论恰当地与实际相结合，融入我们的教育教学之中。她的博学睿智，广受老师们敬仰；她的言谈举止，使我们感到和蔼可亲，可以接近；而她为中国基础教育改革探索的热情和忘我的精神，更是深深地激励着每一个人。而她更多的关注，则是通过一次次的电话传来的。她的真挚，她的高瞻远瞩，是我们不断前进的动力。"

昌平三中教科室张慧敏老师说："或许是新奇的'多元智能'，让我领略了梅教授卓尔不群的风采，或许是梅教授抑扬顿挫的语调和深入浅出的阐述，才使我对'多元智能'有了兴趣。是梅教授赋予了'多元智能'以活力，使其成为课堂教学改革的动力。她对三中多元智能课堂教学实践的鼓励，常常令我激动不已。我感到了她的平易，我更敬佩她的正直、她的敏锐。大家都说，她是前驱的猛士，是改革的导师。但我更觉得，梅教授就像一本越读越厚的书，总有让你学不完的东西。"

山东诸城是最早投入多元智能研究的地区，在梅教授的指导下，该校创立了让学生自己评优的多元多维评价制度，深受学生欢迎。

该市初二四班李强写的《第一张奖状》，使很多教师感叹不已。这位学生从小学到初中从来没拿过一张奖状，心理长期受到压抑。多元评价，发现了他的"闪光点"，他终于拿到了有生以来的第一张奖状。这一天，他流泪不止，难以入睡……这篇作文，让老师流泪，让老师深思！我们的教育行为，我们的教育评价，还需要做些什么？多元智能的成果震撼着我们的心灵。

通过三年多的科研实验，梅教授又组织教育学者和一线教师共同编写了《多元智能与教学策略》一书。这本书的编写跨越了惊心动魄的"非典"时期，梅教授策划、撰写、审稿、修改、校对，夜以继日，终于使中国第一本代表多元智能本土化的理论与实践相结合的力作在秋天问世。这本书上编是理论探索，下编是学科举要。理论探索主要论述多元智能理论对教学目标决策的启示以及课程构建、情境化教学、问题导向、多元评价诸方面的策略；下编按语文、数学、英语、物理、化学、生物、综合实践活动多门学科，紧密结合教学实际，介绍实施多元智能教学策略的做法和经验。

从1983年以后，国内翻译和撰写有关多元智能理论的书不下几十种，但这本《多元智能与教学策略》却独具特色，理论性、实践性相融合，很有指导价值。这是梅教授和她的课题组三年多教学、科研实践的结晶。

探索的智者

梅教授是探索的智者。

她说："中国文化有两条命脉：一条是仁义，一条是智慧。钱学森的大成智慧学是很有价值的。"所谓教育智慧，就是善于发现和解决教育改革中提出的难题并能预见教育发展的趋势。

教育智慧是在教育过程中孕育，厚积薄发的。对此，她有深切的体验和精辟的论述："重复是使人厌倦的，讲新的东西令人兴奋。我没有不重备课的，每一节课都有可修改的地方。针对不同的时间、地点、对象，讲课都要变。我是一个题目有多种版本。对学生负责，这样做值得。""教书匠是自己把自己变成的。把教书当成事业，就必然不断更新自己的知识结构，教学是自我塑造、自我更新的过程。教书要有求真的努力，不要完全为求功而努力。只有这样，才能把技能变成智慧"。

梅教授以极大的热情关注新课程改革，从世界教育的发展趋势上，明确提出："问题的解决，将是21世纪课程的核心。"她赞同陶行知先生的论断"发明千千万，起点是一问"。"智者问得巧，愚者问得笨"，她赞同李政道教授的论断"求学问，需学问；只会答，非学问"。她明确提出用问题来激发学习动力，深化知识，培养实践能力和创新能力以及用问题解决作为教学评价的工具，涉及动机、知识、能力评价诸方面的问题系统论。这与美国亚利桑那大学琼·梅克教授创立的以培养和评价学生能力，特别是创新能力为目的的"问题连续体"相互补充，成为新课程改革的一个路标。师大二附中得益于"问题系统论"和"问题连续体"的指导，学校的研究性学习搞得科学、规范、有成效，大大提高了教师的科学素质和教学艺术。

1997年，东城教育学会提出了探讨"无为"教育的研究课题，很多人对此感兴趣，也有人提出质疑。获悉后，梅教授怀着对探索精神的鼓励，抱病到东城参加座谈会，并亲自指导了《"无为"教育艺术初探》的论文写作，使老子哲学中的积极因素得以在今天继续和发扬。"无为"教育艺术得到众多老师的赞同并取得了教育效果。2003年王蒙在《我的人生哲学》中，鲜明阐述了他的无为观："一位编辑要我写下一句有启迪的话，我想到了两个字，只有两个字：无为"，他在书中指出"无为"是一种境界，并在多处论述"无为"的规则。

梅汝莉教授的教育思想与琼·梅克、王蒙在哲学上的共鸣，或许这是一种人类智慧相通的规律吧！

智者的目光总是有前瞻性的，以预见向人们发出警示。

世纪之交，校长和教师都处于更新换代的时期，这里蕴藏着严峻的挑战。梅教授语重心长地说出她的担心："北京涌现了一批优秀的校长，现在他们的职务被年轻人接替。然而不少校长很忙，但不太研究问题。如果热衷于追求眼前的功利，将会变得平庸了。应当清醒地辨明'名校长'与'名校的校长'的区别，才能实现学校文化的重建，实现优秀文化的传承与发展。"这段心语凝聚着她对新校长的殷切关怀和期望。

梅教授的教育智慧来源于她的学习、实践和思考，每一个接触过她的人都敬佩她不懈的追求和过人的精力。在她简朴的居室中，迎门挂着一位书法家题赠的条幅，上写三个秀美的大字"精气神"。是啊，在梅教授身心中蕴含的传统文化的精华、民族精神的正气、教育智慧的神韵，正在感召着教育事业的代代新人。

梅教授说"我们生活在一个期盼教育家的改革时代"，陶西平同志也向我们展示了同样的激动人心的场景："一场漫卷全国基础教育的课程改革正在涌动，它的良好开端，为新世纪中国教育的改革与发展带来了生机，为中华民族新的崛起注入了活力"。

这两位教育家的话是对广大教育工作者事业创新的呼唤。梅教授信奉"教师的人格是最有效的教育"的格言，潜心身体力行。我们相信，梅教授身上所体现的教育学者、行者、智者的魅力，一定在新一代的校长和教师身上得到继承与发扬。

（与《北京教育》记者王雪莉合写）

世上真人何处寻

——王旭明老师印象

2001 年从北京二中退休后，我受聘在中国陶行知研究会任编辑，参与主编《生活教育》杂志。陶行知是伟大的教育家，他创造性地提出"生活教育"的理论，是具有深远意义的育人方针。他的名言是"千教万教，教人求真；千学万学，学做真人"。

在那段日子里，我围绕"真人"学习和思考得最多。"什么是真人?"真人者，即真诚之人，是有真情、说真话、做真事之人。当然，人无完人，我开始在几十年的记忆里搜索，从亲人到朋友，从老师到同学，再到学生，以至接触过留有印象的各种人，能基本称为"真人"者，有几多? 很幸运，在我的父辈和朋友中，确有多位高风亮节的真人，是我的榜样。

随着社会的发展和接触面的扩大，近年来，我发现了一位比较完美的"真人"——前教育部新闻发言人、前语文出版社社长王旭明先生。

他是教师出身，又做过多年记者、编辑，由于经历相近，我对他多有关注。当教育部新闻发言人时，他敢于面对现实说真话，有如"横空出世"，受到关注和赞扬。随后，他打起大旗，冲锋陷阵，为"真语文"呐喊，可称为如鲁迅先生盛誉的"真的猛士"，获得语文老师们普遍的敬重。

我专门写了一封信，表示对他提出的"真语文"事业的支持，并附上一篇稿子《受益终生的文学课》，寄到语文出版社。不久，他在主管的《语言文字报》的第一版上，影印刊登来信并全文发表稿件，同时开辟编读往来的栏目。这是我没有想到的，他可谓礼贤下士。他以文会友，虽尚未谋面，就先给我寄来了他的著作：《为了公开　我当新闻发言人》《王旭明说新闻发言人》《与领导干部谈文风》等三本专著。为回报他的真诚相待和当面求教，我多次前去语文出版社拜访。他的接待亦是真诚和质朴的。无论是在南小街小餐馆啃羊肉串，还是在办公室杂乱的书丛中边聊边吃盒饭，我们坦诚交谈，如多年老友一般。

日后交往增多，他送给我新作诗集《夏雨》，让我进一步感受了他的心灵。

追寻他的足迹，真情故事多多。

在他去湖北采访时，遇见一位湖北师范学院的女大学生陈敬道。该生从小家境贫寒，由养父拉扯成人。她把养父接到学校，一边上学，一边勤工俭学为养父治病。大学毕业后，放弃了留在城市的好工作，毅然选择去农村任教，只为了农村学校可提供她和养父一起生活的条件。国家为陈敬道提供了助学贷款。王旭明关切地问道："贷款还差多少还清？"陈敬道说："学费还差一万元。"王旭明当即说："你的学费我替你还清，但条件是你每周要吃三次肉，每天要吃鸡蛋，下次见到你脸色红润起来。"三言两语，朴实无华，饱含真情。后来，陈敬道勤奋工作，被提拔为副校长，当选为湖北省妇女代表大会的代表，还得到省里资助到英国参加培训。王旭明这个"干爸"，真是有福！

王旭明在教育部任职十年，前五年是新闻处处长，后五年是新闻发言人。十年间，他以真诚，结交了新闻界的众多朋友。因而2008年他工作变动时，参加了一场接一场的告别宴会。最感动人的是《中国青年报》社的欢送会。舞台上有插满蜡烛的三层大蛋糕，寓意是庆祝他职业的"重生"，可谓情深谊长。会议有隆重的致辞、即席发言、一首首深情的朗诵和名曲演唱。席间，每每使人热泪盈眶。其中一首短诗让人的情感再次升华：

旭明，请不要在此时落泪

旭明，千万不要说"离别"这两个字

别说你轻轻地走

正如你轻轻地来
旭明，你就在原地
你始终和我们站在一起

　　主持人最后说了一句哽咽的话："现在可以哭了——"让人们一直抑制的情感闸门瞬间打开，伴随着《朋友》的音乐旋律，泪水纷纷涌出，竟静寂无声了。

　　主持人是中国青年报社副社长谢湘，她是刚从千里之外专程赶回北京的。随后，她又和该报年轻记者李桂杰共同采访，合作发表《一位个性新闻发言人的卸任》，产生了广泛而深远的影响。李桂杰因仰慕王旭明的才华和为人，便请缨担任了王旭明的义务助理。十年来，参与了王旭明多部文集的编辑出版和朗诵会的策划工作，为其诗集《人与土》中175首抒情诗写了精美的评介，堪称珠联璧合。

　　王旭明是幸福的，他以坦诚待人，以文会友，他亦收获真情。可以说，人生在世，只有有过这种情感体验的，才算活过。

　　由于社会的浮躁、急功近利和错误导向，语文课在很多学校上成了政治课、表演课和课件展示课，更有甚者成了闹剧。王旭明老师以天下为己任，提出"真语文"的概念，拨乱反正，致力于恢复、发展和完善语文课工具性与人文性相统一的教学理念。他开讲座、办培训班，足迹遍神州，以致"赤膊上阵"，亲自评课、示范讲课，可谓呕心沥血。他和他的团队经多年努力，拨乱反正已初见成效，"真语文"已成气候。"真语文"可谓是他干的卓有成效的真事。

　　日前，他托人送来新的抒情诗集《人与土》。他选的是包容世界的、永恒的主题——接"地气"。《人与土》承袭着《诗经》"思无邪"的灵魂，字里行间以小见大，蕴含着真情。一首首诗像股股清泉，纯净入心。

　　王旭明以诗"立心"，字里行间接近生命本真之美：

当我老了
如果还能呼吸

喘气
我会仰望星空躺在竹椅
尽情地回忆
那美妙的一瞬
悠扬的歌声和咖啡
以及每一个琐碎的经历
昏昏欲睡，醒来接着开始
用回忆
拉长生命的距离

质朴的诗文源于真诚的人心。

王旭明被尊称过处长、社长，但我更推崇他的返璞归真，将他称为老师。可以说，世上好多事是由返璞归真而成大业的。

有真情、说真话、做真事者，可称为真人。世上真人何处寻？我油然想起著名诗人何其芳的名句："去以自己的火点燃旁人的火，去以心发现心。"如此，真人就在你的身旁和视野中。

北京二中的五位校长

　　人民艺术家焦菊隐（前北京人民艺术剧院院长）曾任北京二中校长。他高深的文学艺术造诣，为学校浓厚的文学艺术氛围的形成奠定了基础。

　　新中国成立后，任二中校长的蔡公期、郭柏年、张觉民、梁新儒为学校办学思想的形成和发展做出很大贡献。

　　蔡校长思维敏捷，才华横溢。他是桥牌国手，有超常的记忆力。他擅长演讲，讲话极有鼓动性。他当校长，平易近人，能和学生打成一片。

　　20 世纪 50 年代二中的文学社团十分活跃。刘绍棠进二中后创办了"雄鸡文学社"，在《雄鸡》和《光明》等壁报和手抄本杂志上发表小说，很有读者。"春柳文学社"拥有了更多的文学爱好者，学生们自己刻蜡版，把习作印刷成册散发。韩少华、尹世霖和我都是该社的成员。

　　在那个充满革命激情的 50 年代，学校朗诵活动蓬勃发展。写诗、诵诗是年轻人抒发自己志向的好形式。学校经常举行诗歌朗诵比赛。韩少华、舒乙、尹世霖等都是积极分子，常是获奖者。韩少华创作的单弦《王小元》在《北京日报》上发表，并获大、中学文艺会演一等奖。尹世霖在高中读书时发表了第一首诗，从此步入文坛，成为儿童朗诵诗作国内的佼佼者。

　　郭柏年是接任蔡公期的学者型校长，他是教历史的。由于眼疾，他成天戴着一副圆圆的墨镜，显得十分威严。常接近他的人，知道他还是和蔼可亲的。

　　他办学治校有一条经验，一直让我牢记，即：到教育局挑大学毕业生来校任教，不仅要看他是哪所大学毕业的，还要看他是哪所中学毕业的。因为高考可以突击考高分，即使分稍差一点，但上的名牌中学，基础打得好，会有后劲。同等情况，他选后者。这可谓独家的宝贵经验。像二中后来的梁新儒校长、二中的名师倪风翰、常康、赵秀春、梁寿山、陈刚、赵庆培、宋芹兰、贾作人等，都是他挑来的。

张觉民校长学识渊博，他不仅能胜任政治、物理课教学，而且听语文、外语课也能评点得头头是道。他具有远见卓识，尤以教育理论指导实践见长。1983 年，他率先在北京明确提出了学生成长的方向是"全面发展，学有特色"。在二中开始，不仅评选"三好生"，而且评选"特长生"，这就为学生的全面成长、个性发展、主体地位开辟了道路。这种办学思想，后来为北京市普教系统所认同。1987 年《北京青年报》开始评选中学生"希望之星"，在某一方面有显著特长的学生亦可入选。韩晓征在高中时即在大型文学刊物《十月》上发表了中篇小说《夏天的素描》，被评为"希望之星"，后进入北京大学中文系。

张校长在理论和实践上主张"课内重基础，课外重特色，多渠道、不拘一格育人才"。学校的课外活动丰富多彩，为学生的特长发展提供了广阔的天地。

二中与中央音乐学院、北京钢琴厂联合创办了"星海青少年钢琴学校"，对北京市普及钢琴教育做出了贡献，对扩大二中师生的审美情趣和能力产生了很大的影响。

二中成立了影视小组，学生自编、自导、自演了我国中学生第一部电视剧《向往大海》。编剧是初一学生李泳。

二中获团中央颁发的"开辟多种渠道，培养新型人才"奖旗。

二中高中生王晓编著的《中国历史地名小词典》（29 万字）出版。

学生杨杉、齐力、刘晓阳分别获 1983—1985 年北京市高考文科桂冠。二中文科状元"三连冠"，引人注目。这三位学生堪称"全面发展，学有特色"的楷模，不仅文科好，而且理科成绩同样优秀。

梁新儒校长多才多艺，宽容豁达。如果说张校长的办学思想明确了二中的育人方向，那么，梁校长的治校则创设了更为浓厚的求知氛围和更为宽松的成长环境。

梁校长是数学教师，但爱好文学。他曾辅导全班学生集体朗诵高尔基的散文诗《海燕》，在市文艺会演中获奖并和八一中学的语文老师陈秋影交流。他曾出色地扮演过《年青的一代》话剧中的林育生，为本校学生演出。在二中学生自编、自导、自演的电视剧中，他出演校长。二中舞蹈队是北京金帆艺术团舞蹈分团，他任团长。当该团在国家级剧院——保利大厦专场演出时，他以诗朗诵作为开场白。

文学艺术修养使梁校长的思维活跃，善于接受新事物，他对师生富有创造精神的思想和做法予以大力扶植。

在二中读书时就出版了个人专集，曾任《北京青年报》学通社社长的王蕤，现为美国旧金山著名的"中国书刊社"国际部副主任。他的一段发自肺腑的话语，是对母校培育的深深怀念。"在我读过书的所有学校中，最令我难忘的不是被保送到人民大学新闻系，不是世界一流的高等学府——美国伯克莱加州大学，而是北京二中。二中的民主、自由的学术气氛，老师对学生的悉心爱护，同学们的前卫的思维方式影响了我的一生……二中给了我一个最充实、最肆意，也是最色彩斑斓的中学时代。我还深深地记得，当时，我因为写作、外出采访及各种课外活动，有时会耽误课程，但二中的老师从来没有批评或阻拦我去追求自己的目标。也正是为了这份信任与爱，我在课业上相当努力，成绩从未落下。二中所教给我的是一种概念、一种意象和一种生活态度。"

王蕤的肺腑之言表达了众多学子的心声，也是二中宽容育人环境的生动写照。在这里，追求得到激励，个性得到尊重，潜能得到开发。

校长是学校的导向人物，他的思想、学识、作风以及人格魅力，有形与无形地发挥着影响。研究"二中作家群"现象，首先应赏析的是校长吟诵的《摇篮曲》吧！

"可持续发展"办学理念
为素质教育注入新的活力

——北京二中钮小桦校长评介

新世纪之初，素质教育逐步走向深化，在闻名遐迩的北京二中，被称作是新中国成立后"第三代"校长的钮小桦，从令人尊敬的前任校长梁新儒肩头接过了一校之长的重任。

世界现代教育的发展史表明，校长是学校中的灵魂人物。校长的办学理念，决定着学校真正意义上的沉浮。钮小桦接任后，他的所思所想是什么？他要带领全校师生如何续写二中的历史呢？

钮小桦非常赞赏这句含义隽永的教育格言——"让教育充满思想，让思想充满智慧"。在他的建议下，学校将这句话制成横幅，悬挂在教学楼上，它鲜明、醒目，引发着师生的思考……

"可持续发展"办学理念是新世纪教育的重大课题

钮小桦作为继往开来的新一代校长，他的使命是在继承的基础上发展，在发展的过程中继承。

首先，面向历史的思考。钮小桦是新中国成立以来二中的第十任校长。纵观学校历史，他认识到办学理念显示出发展的阶段性，即学生的"全面发展""个性发展"和"可持续发展"三个层次，其中"全面发展"是基础，"个性发展"是途径，"可持续发展"是方向。当然，这三个发展无时无刻不在交融，但在不同历史时期，显示出不同的主导倾向。诸多前任校长致力于贯彻党的教育方针，培养学生德、智、体全面发展，强调社会本位，造就了大批以服从祖国需要为己任的建设者，功不可没；但由于历史和观念的局限，在一定程度上限制和阻碍了学生的个性发展。改革开放之后，二中校长张觉民在北京率先提出培养学生的理念为"全面发展，学有特色"，允许和鼓励学生发展个性，既表彰"三好生"，又表彰"特长生"，大大拓宽了育人途径。这是育人理念的一次解放，在北京普教系统产生了积极的影响，自此之后，青少年中评选的"希望之星"层出不穷。继任校长梁新儒坚持社会本位与人本位相结合的育人途径，提出"全面育人，发展特长"的办学理念，从理论和实践的结合上，发展了张觉民的办学思想，积累了丰富的经验。进入新世纪的网络时代，钮小桦校长的办学思想，沿着前任校长教育智慧的轨迹，继而进入"可持续发展"的新阶段——教育应为学生的发展开辟更长远、更广阔的时空。

其次，面向世界的思考。钮小桦从世界的发展中获取信息，来进行关于教育发展的思考。他敏锐地注意到从环境学、经济学中引发出来的"可持续发展"是极富生命力的新概念。20 世纪 90 年代后期，"可持续发展"被引入教育领域，即把社会责任、社会公正、人与环境、人与人之间的相互依存的关系以及生物多样性和文化多样性的重要概念整合在教育中。中国科学院一篇《可持续发展战略研究组研究报告》中阐明："人的素质是可持续发展的关键因素，中国是一个'人力资源'大国，但不是一个'人才资源'的大国，人才数量特别是高素质的人才数量严重不足，据统计，每万名劳动者中有研究开发能力的科学家和工程师只有 11 人，而在一些发达国家均接近或超过 100 人；我国企业界有自主知识产权的产品寥寥无几，创新能力低下，企业的平均寿命只有 6～7 年，而国外跨国公司的平均寿命有 40～50 年……"众多对比鲜明的材料都表明，国民素质是国家可持续发展的关键，而教育正是"可持续发展的核心推动力"。新的教育理念应在这里培育和生发。

最后，面向人才的思考。钮小桦校长常听一些老教师说，再过 20 年校园来相会，哪些学生最有作为？往往不是分数高、循规蹈矩的，而是那些成绩中等、思维活跃、组织能力较强的人。这不能不引起我们的反思，学校教育有哪些不足？从大学来的信息是，他们欢迎那些在学习上有后劲、有潜能、有创造性的学生。这些现象引发了我们对"素质"的深层思考：我们的教育是仅仅对学生在校负责，还是对学生的终生发展负责？显然，应该是后者。钮小桦意识到，"可持续发展"必须有坚实的基础，有再提高的底蕴，有再发展的空间，一句话——要有后劲。国际象棋大师谢军学习外语和心理学、著名作家毕淑敏学习心理学，走的都是可持续发展之路。

通过面向历史、世界、人才的思考和进一步的学习，钮小桦初步对国际上新兴的"可持续发展"教育理念有了一种全新意义上的诠释，即这一理念有两层含义：教育事业本身的不断完善、提高，和教育工作要以形成学生和教师"可持续发展素养"为主要目标，即教育环境的可持续发展和教育主体素养的可持续发展。人的"可持续发展素养"分为三个层次：可持续发展意识（包括伦理、道德、价值观等）是基础核心，可持续发展知识与技能是重要内容，可持续发展应用与创新是目标。

基于对"可持续发展"教育理念的理解，钮小桦提出了二中在新世纪继往开来的新的办学理念，即："学校一切工作，最终都是为了促进人的发展，为人的发展服务。培养学生具有'可持续发展能力'是学校工作的出发点。"

提升学生的在校生活质量，提升教师的生命质量是"可持续发展"的重要支柱

为实现这样的办学理念及其统率下的教育目标，钮小桦校长进一步提出两个"提升"——提升学生的在校生活质量，提升教师的生命质量。这两个"提升"将成为师生共同获得"可持续发展"能力的重要支柱。

为提升学生在校生活质量，二中努力建设人文校园，创设宽松的教育教学环境，为各个层次学生的发展创造条件。研究性学习紧密结合教材，引导学生自主学习、师生互动、资源共享，为发展学生的聪明才智开辟广阔的天地。教育教学方式、表彰机制让各个层次的学生得到激励。选修课和丰富多彩的活动融合在一起，让校园充满浓郁的时代气息。在这样的校园中，学生们自学自励、志向高

远、人格健全、基础扎实、特长明显、勇于创新、善于实践，"可持续发展素养"得到培育和不断提高。

"没有教师的主动发展，就很难有学生的主动发展。因此，我们必须关注教师生命质量的提升。教师精神的解放、教师的教育创造，让教师职业真正成为使教育者和受教育者都变得更完善的职业。"——这是钮小桦建设"学习型"教师队伍的主导思想。

进入网络时代，从一定意义上说，在知识上，教师个体面对学生群体的优势日益削弱。信息渠道广泛，青年人精力充沛，对教师的"传道、授业、解惑"的新鲜感越来越少。学校要有危机感，让"可持续发展"与教师的职业生命息息相关。显然，从"全球信息化"这一大背景去思考，教师的发展与学生的成长必然从简单的知识传授与学习、技能的培养与训练，发展到终身学习并走向教师和学生高级生命活动的"可持续发展"，这必将导致全新的育人理念。所以，现代教师必须具备超前的意识、居高临下的视野和科学与艺术相融合的知识结构以及人文情怀，为职业生命不断注入活力。由此，战略的任务是学习，因而钮小桦校长把"建设学习型教师队伍"放在学校工作的突出位置。

为满足不同教师的需求，二中实施了造就名师的"名师工程"、培养青年教师的"青蓝工程"、培训骨干教师的"现代教师研修班""二中教师周六课堂"。学校鼓励教师进修，组织教师进行结合教材的"文化旅游"。学校承担的国家级、市级、区级教科研项目有10余项，个人课题40余个。

钮小桦校长说得好："我们期望教师能成为自己职业发展的设计者、实施者和自我教育者，使教师自身的发展在其长度上有终身学习的持久动力；在其广度上有较宽的视野，与时代同步；在其深度上有科学与人文的底蕴，真正具备'可持续发展'的能力。"为此，二中为教师发展来构筑可操作的平台和可施展的舞台。教师们构建共同理想，实施资源共享，乐于坦诚交流，勇于开拓创新。他们在浓厚的学习与进取的氛围中，职业生命力得到不断充实，精神生活得到不断丰富，心理需求得到不断满足，个体价值得到充分体现。师生的"可持续发展"能力促使学校办学水平得到不断提高。

用"可持续发展"理念引领"研究性学习"，师生互动，资源共享，问题解决

二中的办学理念在新世纪的发展，使学校焕发出更加强烈的进取心和改革意识。多年来，二中在教育教学改革方面已做出了很多成绩，成为北京市首批普通高中示范校。在这样的基础上，如今二中在课堂教学改革方面又迈出了重要的一步——全面地、积极地开展"研究性学习"。

教师们对现代教育理论的刻苦学习，对教学规律的钻研，使他们对当代国际上兴起的"研究性学习"的根本性质有了较深刻的理解。

"'研究性学习'倡导培养学生掌握、运用科学的思维方法，不断发现问题和不断创新……这种学习洋溢着浓郁的人文精神，体现着鲜明的时代特色。"

"'研究性学习'关注的重点是学生的学习过程，相对于简约化的课堂知识学习的传统教学来说，它更强调学习过程中深刻的、充实的、探究的经历和体验，能够让学生体验丰富而完整的学习过程。"

"进行'研究性学习'的教学目的不是仅仅让学生得出一个答案，而是教会学生一种思考方法，培养学生一种勤于思考的习惯，以促进他们的'可持续发展'。"

…………

理性的认识指导着教师们认真地带领学生去进行对各学科知识的研究与获取，并在这优化的学习过程中培养多种能力。下面举几个例子。

高二年级语文新教材中首次增选了现代文学大师沈从文的代表作《边城》的节选部分。杨柳燕尝试组织学生对这一课进行了"谈话式"的研究学习。课前，她带领学生做了较充分的"案头工作"：找来了中央电视台《东方时空》栏目中专门介绍沈从文及其作品《边城》的特辑《记忆》；找来了北影厂拍摄的电影《边城》的录

像；还找来了一首改编自电影《边城》的歌曲；又从网上下载了许多湘西风光图片和一些评价沈从文及其作品的文章。师生们对这些材料进行了筛选和整合。课上，由5位同学分别担任"主持人"和"嘉宾"，老师和其他同学做"台下观众"，进行了这次"文学沙龙"式的谈话研究活动。四位"嘉宾"侃侃而谈，主持人自然、得体地发挥了应有的"起承转合"作用，观众席上也有代表站起来参加讨论，最后由杨柳燕老师做提升大家认识的总结。在整个学习过程中，学生们的兴趣始终是尚昂的，并提到了提高文学鉴赏能力的训练。

高中历史课中有"我国社会主义建设道路的探索"这一章节，以前学生对此往往缺乏学习兴趣。郝万清老师现在将这一课的教学设计为"研究性学习"。第一步，学生被分为6个小组分别采访家长或社会上的相关人员，了解新中国成立的几十年来我国在农业生产、教育事业以及人们在服装、饮食、就业等方面的变化；第二步，各小组的代表在课上汇报采访情况并畅谈感想；第三步，深入探讨引起人民生活变化的原因和有关历史问题产生的背景、影响等；第四步，归纳总结新中国成立以来的历史线索，回归课本，落实教学提纲；最后，老师启发学生由新中国的历史变迁思考现实热点问题："你如何看待'今天中国的入世和申奥的成功''民主机制的建设和政府机构的改革'"等。这样的学习，果然激发了学生的兴趣，调动了他们的积极性。

化学是一门以实验为基础的学科。常宏老师选取了有机化学中关于"羟基氢原子的活泼性"这一知识，引导高二年级学生在课堂上分成小组，综合运用已学过的知识，当场自主地进行实验方案的设计，并按本组的方案做实验来验证。他对学生强调："对于各组的实验方案，老师不苛求'最好、最佳、最合理'，但要求设计思路的清晰性和设计方案的简约性、可行性、完整性。"于是，学生分小组团结协作，以已有的知识、能力为基础，满怀兴趣地、紧张地动脑、动口、动手……通过这样的过程，学生体会了各种化学知识的内在联系，掌握了实验方案设计的思维方法，锻炼了思维的严密性、完整性和学科动手能力，达到了预期的学习目的。最近，常老师的 10 名学生代表学校参加了中央电视台第 10 套《异想天开》栏目中属于创新大赛的"挑战废干电池"活动，该活动视频已于 2018 年 7 月 6 日播出。

生物课的文淑君老师带领高二年级学生对《环境保护》一课进行"研究性学习"，师生们阅读教材后广泛收集相关资料并制作成网页，课上通过讨论的方式，得出相应的结论。在自主学习的条件下，学生的思维有了拓展，比如有的学生在发言中提出，目前一些草原地区存在对旅游资源过度开发的问题，超出了草原的承载力，这是政府相关部门应予以解决的。而这个问题，课本上并没有涉及，但学生想到了。

音乐课孙书芬老师设计了初二年级的一节音乐欣赏课，引导学生欣赏美国现代作曲家格罗菲的交响组曲《大峡谷》的第一乐章《日出》。课前发动学生寻找有关美洲这座大峡谷的图片和文字资料，而后在课上交流，使之初步领略它的壮美风韵，然后播放这一乐章，要求学生赏听之后将自己的感受写出来交给老师，并且当堂交流。接着，孙老师向学生展示了一幅莫奈的风景画《日出·印象》，鼓励学生尝试比较一下音乐和美术各自的表现手段……课后，许多学生向孙老师借《大峡谷》另外几个乐章的音乐磁带——孩子们接受了这部作品并产生了兴趣。

以上仅是几个较典型的课例。此外，外语、政治、数学、物理、地理、现代信息技术、美术、体育、劳技等学科，教师们也都根据具体教材的特点，引导学生进行了"研究性学习"。

二中的"研究性学习"，注重挖掘教材中那些适宜的内容，既重视学生的学习过程，又重视落实学科本身的知识结构和知识点。

二中的"研究性学习"，在教研组内、各学科之间、师生之间做到了信息和资料的资源共享。

二中的"研究性学习"显示出创新的鲜明特征，它改变了传统教学只留课后作业的模式，重视设计课前研究型作业。课前作业调动了学生搜集资料信息、动脑动手的自主学习积极性，同时丰富了教学资源，成为教学走向生动、活泼的宽阔通道。

教师们的体验和感受是深刻的。他们认为，"研究性学习"是学生的学习过程，更是师生互动、共同进步的过程，"研究性学习"对教师有更高的要求，除了知识广博之外，还要思维敏捷、思路开阔，并有较高的个人修养。思维敏捷才能抓住学生发言的中心并深入引导；思路开阔才能避免讨论走进死胡同陷入僵局；有修养的教师才具有亲和力，才能把学生的思想凝聚在一起，使之对学科知识心驰神往。

"研究性学习"需要教师更加注意对学生热情的鼓励，以唤起学生的自信心和克服困难的勇气；需要教师对学生更加一视同仁，既关注学习水平较高的学生，也关注学习水平一般和学习水平较低的学生。

"研究性学习"需要教师充分了解自己的学生，注意他们的思想、情感和价值取向，在引导他们学习知识、培养能力的同时，时刻不忘"育人"的重任。

"研究性学习"需要教师在课前精心做好各项准备，还要充分估计到学生可能遇到的问题和困难，并有应对这些问题和困难的措施。

"研究性学习"需要因时、因地、因人、因材（教材）制宜。由于一些因素，也许我们不可能对每一课都进行"研究性学习"，但它的精神原则应该不同程度地或整体、或部分地体现在教学中，因为它最终的目的是提高学生的素质。

数字校园——"可持续发展"的环境保障

二中在加强人文校园建设的同时，开创了"数字校园"建设。

"数字校园"从广义上讲就是指学校的信息化，是学校发展的战略目标，包括数字化、网络化、智能化和可视化，实现各种数据的整合，使之便于师生共享和便捷使用。它极大地改变着教育和学习的方式，为学校的"可持续发展"提供解决方法、手段和决策支持。

二中"数字校园"已成规模，学校正在建设和完善多媒体信息网络、校园地理信息系统等基础设施平台，整合学校信息资源，建立了电子校务，电子教务，教育、教学、科研信息网络工程，校园后勤保障信息系统工程，数字班级工程以及诸多的学科教学网站。

二中的多媒体辅助教学网站特别引人注目。网站提供的教学策略，突破了简单的演示型模式，密切了师生的联系，重视问题设计和提高学生参与度，实现超链接结构，启发联想思维，大大有利于因材施教。

在二中的"数字校园"中，还启用了"综合测评系统"。这一系统中的"测评器"，简单、实用。上课时，每个学生手中有一个"测评器"，通过网络，教师能时刻获取学生对进度、难度的反馈，当堂及时进行调整，为实现以学生为主体、提高课堂教学效率提供了保证。这一"测评器"已引起多方关注。

"数字校园"以全新的育人环境，突破了传统的时空和评价教育的思维定式，展示了"可持续发展"的壮美画卷。

"可持续发展"的办学理念，为素质教育注入了新的活力。

在这样的办学理念引领下，学生备受鼓舞，理智和情感的优化状态构成了他们健康成长的内因。

在这样的办学理念引领下，教师的工作主旨更加明确，他们的教育教学行为更加符合教育的科学规律。

我们相信，新的教育思想必然在教育教学改革的实践中产生，新的教育理念必然在教育教学改革的探索中逐步升华。通过不断探索与实践，各个学校都会孕育出更多、更好的教育佳话，催生出更多、更好的教育典范。

（原载《北京教育》2002 年第 7 期，与记者关依兰合写，载入本书时标题略有更改）

文华入心自浩然

——记米桂山老师

周日，去北大燕园看望老师米桂山先生。先生已年过八旬，刚刚做完手术。进门后，见先生气色尚好，已能下床行走，只是略有消瘦，心里宽慰了许多。

我和先生原都是北京二中的学生，算是校友。1953年，他已留校任教，我刚入学，我们是师生。1958年，我留校任教，他是领导，对我关爱有加。这多重关系和对教育事业的共同热爱，使我们半个多世纪以来，联系密切。对他我平时不叫老师，而直呼"老米"，可见感情融洽。

在二中，有口皆碑的是，老师们都认为老米富有人情味。六七十年代，学校教工食堂不大，老师们往往打回饭来到教研室吃。米先生专门在中午端着饭碗分别到一个个教研室去吃，以便多和教师交谈——这是他与众不同的领导联系群众的方式。他没架子，老师们有话都愿意和他说。

给我印象最深的是他来我家"访贫问苦"。那时，我住景山西街。住的是耳房，加上压出来的一间棚子，冬不暖，夏不凉。冬天睡觉醒来，鞋下都是水印。他是唯一到家看望的校级领导。虽然当时马上解决不了，但他能来，就让我们心里感到暖融融的。

他后来调到东城教育局当副局长、到北京教育学院任副教授，并研修法律，出过专著。他无偿为社区有冤者打抱不平。

近十多年来，我们密切联系的就是读书与写作。

2009年，我准备出一本关于孝道的书，请米先生审阅书稿。他逐章、逐句、逐字地看，用蓝笔、红笔，密密麻麻地写了十几篇，让我获益匪浅，从此我称他为"咬文嚼字"先生，他真是一字不苟。我和朋友说，改稿子找米先生，甭想囫囵吞枣。经他审过的稿子，在文字上肯定过关。

他知道我研究的核心，日后凡他看过的报刊，只要有关的，他都剪下来或复印寄给我，有时还有他写的随笔，不断给我新的启示，可谓诲人不倦。

为使北京二中的优良传统得以继承和发扬，从 2004 年起，他密切联系几十年来的各届校友，多易其稿，历时 8 年，编写成《北京二中史略》，我称这是"八年抗战"。他自费一万多元印刷，之后身心劳累病了一场。这可谓是一位老知识分子的肝胆义举，可歌可泣。他总结出具有时空穿透力的"二中精神"——"求真务实，敬业宽容，艰苦奋斗"，代代学子将以心相传。

在一次交谈中，我汇报正在以"二中往事"为选题，撰写回忆文章。已写的有"民国先生"潘逊皋的评介，还有刘绍棠与二中作家群的交往以及赞扬二中教师的"绝活"等。米先生对其中关于教育理念的记忆与传承表示赞同，临走，米先生送给我他出院后抄写的《孟子》集萃，一笔一画抄写在稿纸上的，有 3000 多字。环视着他居住了几十年的普通小三居，回想他一生的简朴生活，耄耋之年依然学而不厌，让我肃然起敬。

手捧集萃，我油然想起孟子"善养浩然之气"以修身的教诲，还有鲁迅对"浩然"的赞扬："洪波浩然，精神亦以振，国民风气，因而一新。"影响了二中校友几十年的米先生，淡泊明志，心怀天下，不正是和"浩然"息息相关的吗？

几十年来，他读经典多少篇，抄写了多少字，难以数计。传统文化的精华在他心中深深扎根，培养了他一身正气，正可谓：文华入心自浩然！

求索永远在路上

——记张觉民校长

2001 年退休以前，我在北京二中负责学校的教育科研工作。这首先要感谢时任校长张觉民的培养，张校长引领我在科研路上不断求索、创新。

当校长自然要向全校教师讲话，但张校长讲话不多。一般每月讲一次。他的讲话像学术报告，不是琐碎事物的啰唆，老师们都很爱听。每次都有一个专题，比如"学生思维能力的调查"。此调查在初高中分别进行，然后对试卷进行分析。针对调查结果，他提出改进教学的意见和建议。20 世纪 80 年代，中学刚刚提出"科研兴校为先导"的理念。景山学校率先成立了教育科研室，二中紧随其后。我协助他搞调查和试卷分析，培养了我科研能力。后来，我做的《初高中学生悟性的调查》，就是受他研究方式的启发而做。

张校长在办学思想和办学模式上的求索、创新令我至今难忘，其中蕴含的理念和开拓精神，是有生命力的，对后来者仍有启示作用。

他突破传统观念，首先提出新的学生评价标准，评价是全部教育工作的导向。从新中国成立以来，中小学一直评选"三好生"，对各门功课的分数有硬性的标准，说是培养全面发展，但鼓励的却是均衡发展。有的学生很有创造性和个性才华，却因某门课分数不达标，不能评上"三好生"，得不到鼓励。多年来，这个问题一直困扰着学校和家长。张校长通过反复学习教育理论和结合教育发展史，认识到：人才是多样化的，学校不能只是培养"标准件"的工厂，要"不拘一格育人才"。因而，创造性提出应鼓励学生"全面

— 55 —

发展，学有特色"，学校不仅要奖励"三好生"，也要奖励"特长生"，二中当即开始实施。这一理念，是北京教育发展史上的阶段性突破。1983 年，他在《光明日报》上发表的文章《全面发展 学有特色》，开创性地论述了培养人才"全面"与"特色"的辩证关系，这一育人理念化为许多学校的办学指导思想。

　　他的求索体现在开放式的办学模式上。1983 年 5 月一天的下午，音乐老师曾福梅找到我，说中央音乐学院钢琴系主任周广仁教授和北京钢琴厂联合，想找一单位为青少年共同办一所业余钢琴学校。钢琴厂无偿提供 10 架钢琴，正在和有关单位商谈。曾老师当然愿意在二中办，她想约我一起找张校长谈，我认为这是音乐教育的好事。基于张校长的教育思想，无疑，会特别重视美育。简单说明以后，张校长立即同意把优质教育资源引入学校，并让我们马不停蹄地去找周教授，阐明二中办校的优势——名校、有管理经验等，周教授欣然同意。于是，二中在暑假改建 10 间琴房，搬进 10 架钢琴，9 月开学面向全市招生。我和曾老师负责管理和教学组织工作。这种开放式的办学模式，在北京是创举。这是中国第一所青少年钢琴学校，受到广大家长和孩子的欢迎。二中的学生都能从中获益，可来琴房学钢琴。在这里，培养了不少钢琴英才。

　　退休之后，因患眼疾，他效仿陶渊明在昌平的农家院过起了"采菊南篱下，悠然见西山"的生活。我和他的好友米桂山、聂影梅前去聚会，建议他把多年从教生涯写的文章汇集成册，用以教育传承。之后，我便收到了他的专著《求索集》，其中还收入了我和他在中秋节互赠的《七绝》。我写："笔走龙蛇三十年，晨钟暮鼓润诗篇。求索上下同心路，先忧后乐思仲淹。"他咏叹道："天马行空心高劲，躬耕于地志在勤。耄耋更思路漫漫，忧乐与共有范君。"这是他抒发几十年教坛生涯的心迹，亦是永远求索在路上的写照。

一本不仅物理教师应该读的书

——评介聂影梅老师的《师生同行　学教共进》

《师生同行　学教共进》是北京二中物理教师聂影梅积 40 余年教育教学和改革经验的总结，是一部凝聚着爱心和教育智慧的专著。读后深深感到这本书不仅物理教师应该读，每一位教师都能从中得到启迪。

聂老师书的题目用"同行""共进"这样的词汇，把"学"放在"教"之先，别具一格，引人入胜。这都体现了她素质教育、民主教学、创新思维的主张，书中的每一章、每一节都渗透体现着教学一体化的宝贵思想。

聂老师 1956 年毕业于江苏师范学院（现苏州大学），从师于物理教育学、物理教学法研究前辈朱正元老先生、周孝谦教授，大学毕业后，到北京二中任教，辛勤耕耘 40 余年，桃李满天下。

这本书 4 章 18 节，整个结构展现了聂老师以人为本的教学观念，这 4 章的题目是：《高中物理教材与教学的特点》《用物理学科自身的魅力启发学生学习》《从学生的"学"出发设计教学过程》《教师应有的素养》。这种以提高教师的素养为前提，以研究学生为起点，发挥学科自身的特点和魅力的教学方式，难道仅仅适用于物理学科吗？答案显然是"不"，它是一本指导教师提高、指导教改的通用教科书。教师素养、学生需求、教材特点、教学魅力，这是教育教学必须研究的一些最基本的问题。

北师大教科所所长、中学物理教材教法研究权威闫金铎教授在"代前言"中指出："'高屋建瓴'是聂影梅老师物理教学的重要特点，她从不为物理教学所局限。她是不断努力站在物理学科的整体、国内外物理教学的发展、大学及大学后与中学物理教学的关系，以及物理教学在学生一生发展中的地位和作用的高度上，来认识和从事高中物理教学的。"

聂老师的教学经验真谛是"与学生同行"，她站在物理学科整体和学科与学生发展的关系的高度，研究教学方法改革，从"学"出发研究教学过程。这一过程应符合学生思维特点和认知规律，使学生学会读书、思考、分析、概括，掌握自己获取知识的学习方法。比如"让学生学会单元总结"就是从"教会学生"到"教学生会学"的一个重要环节。她指导学生从四个方面做单元和章末总结，即：从"知识结构"出发进行总结归纳；从全章、全单元的认识过程出发进行归纳；从全章、全单元的练习内容（包括现象观察、实验操作、解题时的审题和运用数学工具等）出发进行总结；提出某些"专题"进行研究和总结。显然，这种总结是学生主体在进行主动的学习，不仅让学生系统掌握了知识，而且还提高了学生的思维品质。在教学过程中，聂老师采用阅读、讨论、宣讲、答辩、验证等形式，培养学生的创新意识、科学素质，提高自学能力，强化主体性，形成了一条有特色的教书育人之路。实践表明，推进素质教育的关键在于提高教师素养。那么，怎样提高教师素养？聂老师不仅身体力行，而且颇有心得。她在书中不仅讲到热爱、师表、人格，而且谈到广博、创新和对美的追求。她指出："教师必须使自己的教学活动具有美学价值。"她努力挖掘物理学科自身蕴含的美的因素，如哥白尼对天空和谐的生动描绘："一种美妙的音乐，无声的旋律，爱神把它演奏得比乐器声音还悦耳，我们可以尽情欣赏用球面谱写的乐章。"聂老师在教学中揭示运动学公式的韵律、守恒定律的对称性，课堂中洋溢着美的韵律，出神入化。一位即将出国的研究生在给聂老师的信中写道："我现在正等候上飞机，头脑中不时出现您的身影，我为能遇到您这样的老师而深感幸运。您问我中学阶段对我最具有重要意义的是什么？我的回答是：'赋予学生对生活的热爱和对事业的追求比授予知识更重要。'亲爱的老师，是您鼓励我走上了这条生活之路，不管有多大困难，我都将坚持走下去。"多么美啊！教师以自己的言行举止、学识才能以及情操志向，感染着学生的心灵，我想没有比这更崇高、更美丽的了吧！

聂老师曾语重心长地说："教育是面向未来的事业，要造就一代使命型的人才，这就要求执行教育事业的人——教师具有最高的人格。要使青年人在自己身边看到楷模、榜样，看到人类最精英的部分，这也非教师莫属。这一职业的特殊要求，只有教师具有高尚的人格，才能担当。"

当前，不少学校致力造就名师，有的称"跨世纪教师培训学校"，有的叫"现代教师兵团"。读了聂老师这本书，我们深深地懂得：高尚的师德是名师的灵魂。拿破仑曾说过"不想当将军的士兵不是好士兵"，同理，我们也可以认为："不想当名师的教师不是好教师。"这里，名师不是单指知名度，而是指成为教育家。瞻望新世纪，重任在肩，有志的教师应以名师为目标，奋力向前。

聂影梅老师的专著向年轻的教师传递着教育智慧，愿每一位读者都与聂老师"同行""共进"，迈入新的天地！

绍棠风采

1958年，我在北京二中读高二。那时，在教育界大反资产阶级个人主义。刘绍棠作为反面典型，被大批特批。刘绍棠于1948年，以第一的成绩考入二中，人人对他印象很深。

1976年粉碎"四人帮"之后，右派得以平反。二中师生强烈要求在校为刘绍棠恢复名誉，决定做三件事：一是请绍棠回校做报告；二是在学生阅览室举办"刘绍棠作品展"；三是请他出任校友会会长。当时我已留校任教，同时任校友会秘书长，三项工作由我来承办。

那年，绍棠居住在府右街附近的四合院里。生活还不宽裕，他没有书柜，很多书杂乱堆在衣柜里，以至于关不上门。我说明请他回母校做报告的事，他很高兴。当我说当天派车来接他时，他立刻拒绝，说："孩子回母校哪能来接呢？"于是，那天，我们俩就先坐公共汽车，然后步行来到二中。

他在报告中，详细讲了他和农民乡亲的友情。乡里乡亲们家里生了孩子，往往请他给起名字，关系非常密切。"文革"一开始，他预感到风暴，于是，就自行回到老家通县儒林村。历史知识启示他："大难还乡。"老乡们为保护他，专门让他到村边最远最偏僻的地方放牧。这样，让他逃过了"文革"的灾难。绍棠万分感谢乡亲们并幽默地说起这段生活，是"被放逐到乐园里"。

除做被告，我们还在学生阅览室举办了"刘绍棠作品展"。刘绍棠是"神童作家"，13岁开始发表作品。1951年，他初中没毕业，就被调到河北省文联。1952年，他又回通州潞河中学读书。上高中时，他写的小说《青枝绿叶》，就被收入当时的语文课本，成为文坛的佳话。他是"大运河乡土文学体系"的创立者，他的文字乡土色彩浓郁，格调清新纯朴，被誉为"乡土文学之父"。他著作颇丰，小说集有《地火》《春草》《狼烟》《蒲柳人家》《运河的桨声》等。学生们看过展览，佩服不已，为有这样的校友自豪，并学习到真切的写作经验。

此外，召开各届校友联系人开会，校友们一致推举他担任校友会会长。他用他那特用的钢笔写下"二中校友"四个刚劲有力的字，日后印在学校刊物的封面上，至今，已有40年了。

后来，他家搬到和平门附近的一幢高层里。那时他体弱多病，很少对外接待，但只要是二中的事，他都有求必应。为了珍藏校友资料，我专门带学校电教组的老师，对他做了半小时的摄像访谈，还录下了他的全部著作。

我记得，有一次二中校友聚会，吃涮羊肉。大家兴高采烈时，只见绍棠脱掉外衣，只穿背心，大口吃肉，大口喝酒，不时发出爽朗的笑声，就像和农民兄弟在一起一样。这一情景，深深印在我的脑海里。这不就是绍棠的风采吗？质朴而又潇洒，全身透着乡土气息。

"金针"度人忆少华

　　谈起著名作家韩少华，首先想起的自然是绝美散文《序曲》。这是他的成名作。1961年，《人民日报》发表了这篇散文后，中央人民广播电台制作了配乐朗诵，瞬间传遍了全国，广大文学爱好者争相传诵。当时作者只有28岁，是北京二中的男性语文老师，自然引起了特别关注。因为这篇散文写的是一位初次登台的女性舞蹈演员，在大幕拉开前的心理活动。文中有老艺术家对青年人的悉心关爱和指导，有热情观众对新演员的理解和支持。文笔优美、细腻，如诗如画，令人爱不释卷。至今半个多世纪了，仍然口碑相传，谈到散文没有不知道《序曲》的。作者是怎样写出这篇散文经典的呢？

　　为此，我们先从他的语文教学生涯追溯吧。

　　韩少华是北京二中知名的语文教师。20世纪五六十年代，北京有相当多的穷苦人家，由于营养不良多有人患肺结核。二中是穷苦学生的聚集地，自然学生得肺病的不少。由于患肺病，韩少华经常休学，中学六年，竟读了九年。由于才华出众，1956年他留校任教。

　　笔者和他是二中同窗，也是留校生，因工作劳累过度也患了肺结核。因爱好文学，又加上以上的三个"相同"，有更多接触的机会。学校为照顾我们，在偏僻的西小院，把两间紧挨着的平房，分配给我俩住。每间房只有四平方米，只能放下一张床和一张桌子。好在我俩除读书和睡觉外别无所求，也就心满意足了。

　　病缘使我们朝夕相处。他博学多才又是兄长，自然引领着我的学习。他重点指导我读的就是《古文观止》等国学名篇。记得深深受益的有：《爱莲说》《陋室铭》《送东阳马生序》《陈情表》《与陈伯之书》《触詟说赵太后》等。他激励我读书和练笔。我们还常一起去当时的东安市场，在昏暗的灯光下，沉浸在中国书店的古书堆中。受他的感染，我在书桌前挂上楹联："深思立身道，快读有用书"。

对我教师生涯影响最大的是他为我领读金、元之际著名文学家元好问的诗："晕碧裁花点缀匀，一回拈出一回新。鸳鸯绣了从教看，莫把金针度与人。"传说采娘七夕祭织女，得"金针"而刺绣技艺高超。诗意是说掌握了一定技能后，可以让别人反复看你的作品，但不要轻易把技艺的秘法、诀窍、过程传授给别人，不要点破禅机。解读之后少华说，我来改一个字，即把"莫"改为"愿"，我们当教师的应信奉"愿把金针度与人"。他是这样说的，也处处躬行。除课堂教学外，他倾心出板报、开讲座、个别辅导，把一切所知所会毫无保留传授给学生。以他为榜样，"愿把金针度与人"也成为我当教师的座右铭，"传道、授业、解惑"尽心尽力，毫无保留。

"金针"度人贯穿了少华语文教学生涯。

他注重朗诵示范。他极富朗诵才华，上高中时就是全校朗诵比赛第一名。他的嗓音浑厚，字正腔圆，极富魅力。他朗诵的毛主席词《沁园春·雪》，常是演出的压轴节目。他上课的第一步就是范文朗诵。应该说，语文课是把感染力放在第一位的课程。

他以加深阅读引领备课。他备课，首先是反复阅读课文，而不是先看教参。自身的阅读是"原生态"，教参是"别人嚼过的馍"。他讲《苏东坡月夜探石钟》就不知先读了多少遍，反复领悟。受他的影响，笔者在讲授《孔乙己》时，就先捧读原文一遍又一遍，直到确有领悟时，才开始思考怎样教。"学而后知教。"这样的课，才能使学生终生难忘。

他注重锤炼课堂语言。他上课，就像朗诵一篇散文，没有口头语，没有废话，语速适中，语言精练。

他以笔耕作文示范。遇合适的命题时，他做"下水文"，和学生一起交流。这可是老师功底的亮相，一般老师没有这个魄力和

— 63 —

底气。

少华的语文教学理念和经验，对今天的语文教学研究依然有借鉴价值。

少华培养了不少文学界、新闻界的后起之秀，他们都获益于韩老师言传身教和文学底蕴的滋养。作家李培禹在《总有一条小河在心中流淌》文集中深情回忆说，从在二中读书起，到在《北京日报》工作，一直追随韩老师，不断登门求教。从朝内西石槽胡同的小平房到安外兴华路的新楼房，每次都得到韩老师的悉心指导，甚至多次吃过韩老师亲手下厨做的饭菜。

少华的文品和人品，均得到同行的赞扬。北京作家协会主席刘恒评价说："韩公是淡泊而潇洒的人，文章漂亮之至，恰如其貌。人品也好，既与人为善又与世无争，是个优雅而纯粹的文人。"

少华告诉我《序曲》的诞生缘起，那年赵丹的女儿赵青首演民族舞剧《宝莲灯》，轰动了京城。他连夜排队买票，观众的热情和天上的星光点燃了他的激情，在剧场的队伍中获得了灵感。

今日重读《序曲》，我们看到的不仅是艺术的舞台，展现在笔者眼前的是广阔的社会：文中老艺术家对后生的关爱和指导，不正是"金针"度人的楷模吗？接续《序曲》的应是年长的一代向下一代的文化传承和社会上人与人之间真情的相互支撑……

一个教师和他的"立交桥"

两间普通的平房，一套简朴的家具。墙上挂着的镜框里，是著名诗人艾青的题词："教师光荣"。

房子的主人是一对中年夫妇，都是普通中学教师。男的叫尹世霖，女的叫赵贵玉，分别在北京二中和二十二中教历史。

是什么促使我们的大诗人给普通的教师题词呢？

让我们来追寻主人公的足迹吧！

【一】

1961 年的夏天，大学毕业生的足迹印在青岛的海滩上。

尹世霖是在海边长大的。他和赵贵玉在北京师范学院四载同窗，此时将结为终身伴侣。

湛蓝的天、辽阔的海，带来无限的遐想，他们的心中充满对美好生活的憧憬。

"贵玉，你说世界上什么职业最光荣？"尹世霖问。

"世界上最光荣的职业有两个：教师和医生。几乎所有的工作都是和物体打交道，只有教师和医生是直接使人生活得更美好的。"

"要我说，最崇高的还是教师，乐趣也最大。我们是和朝气蓬勃的青少年在一起，永远生活在芬芳的花园里。还记得吗？一位教育家说过，太阳底下没有比教师更光荣的职业！"尹世霖用诗的语言来倾诉他对自己职业的热爱。

尹世霖爱诗。上高中时，就在《辅导员》杂志上发表了第一首儿童朗诵诗《夜空飞游记》，诗中充满了神奇的幻想。

如今，生活又一次向他展示了绚丽的霞光。在浪花里，在礁石旁，他确定了自己的三个志愿，并书面上交给领导：当一名优秀班主任、好的历史教师、业余儿童文学爱好者。这是他起飞的三度空间。

人们往往习惯把生活道路看成一条线，而我们的富有想象力的诗人，早在 20 世纪 60 年代初，就设计了自己生活的"立交桥"，有了"立交桥"，才能高速度地驰向未来。

【二】

尹老师做过许多班的班主任，但最使他难忘的，是在那动乱年代里和他朝夕与共、风雨同舟的学生们。

还是在 1970 年的夏天，在一次下乡劳动途中，班里以"革命好比浪中船"为题，开赛诗会。谁料到，这竟使"工宣队"震怒了："怎么能把革命比作浪中船呢？我们的革命是必胜的，浪中船？翻了怎么办？这是对革命的污蔑，必须批判！"

同学们众志成城，写诗给老师："革命好比浪中船，船在浪中必有难。愿君冲破千重浪，师生团结勇向前！"批判会在"团部"召开。出发前，同学们对老师说："尹老师，换一件新衣服！""梳梳头发！"同学们把老师送出村口，又聚在那里，一直等到深夜老师回来才去睡觉。

工宣队搜集尹老师的"罪证"，同学们不揭发。"顽固派"的首领是排长朱世云。这个朴实、倔强的十四岁的女孩子，面临着严峻的选择：

"揭发尹世霖，就批准你入团……"

孩子是纯真的，孩子的眼睛是明亮的。她怎么也想象不出，为他们的成长日夜辛劳、和蔼可亲的老师会是"反革命"。她沉默着。记不清在哪儿读过一句话：沉默就是反抗。

全班同学都在沉默。由于"立场不稳"，整整半年，五连二排没有一个人入团，没有一个人加入红卫兵。

几年后，尹世霖又接了一个新班，班里有一个学生叫刘耀光，从小既缺少母爱，又失去了父爱，性格粗暴，犯了错误。为了使他得到集体的温暖，一天尹老师把班里天天吃"甲菜"的干部们叫到身边说："你们去看看刘耀光吃什么。"干部们一看都愣住了：原来是窝头抹黄酱。随后，尹老师又让同学们发现刘耀光的优点：劳动好，热情向上，有组织能力。当时班级正在工厂学工劳动，经过尹老师的细致工作，刘耀光当了领导小组副组长。由于他表现出色，一个月后被选为班长，不久又入了团。直到今天，无论是小刘找到了对象，还是要参加比赛，都忘不了来向尹老师请教。

教师是人类灵魂的工程师。班主任和学生接触最多，对学生影响更大。一个优秀的教师，首先应是一名优秀的班主任。育人教书，这是尹老师事业"立交桥"的第一条通道。

【三】

二中的学生公认，尹老师的历史课讲得好，生动、有趣、幽默。同学们听得入神了，常常是张着嘴、瞪着眼地听，忘记了下课。

尹老师特别注意"精讲"。他的课，不仅有知识性、思想性，而且富有艺术性。一堂课，像一篇精彩的散文，课堂气氛活跃又融洽。他从来没有从教室往外轰过学生。他说："如果学生不爱听历史课，只能说明教师无能。"尹老师的历史教学取得了显著的成绩。1984年，他教的文科班学生参加北京市高考，历史及格率达到100%，全班平均分是83.74，占全市第一名。其中齐力同学的历史成绩是96分，是全市最高分。

尹老师不仅在校内教好课，而且热心在社会上普及历史知识。1982年，他应北京市总工会和团市委的邀请，为北京市的团干部和工会干部讲中国近代史，受到欢迎。随后，他和赵贵玉一起编写、出版了《中国近代史自学读本》。

他还以亲身经历、见闻为基础，紧密结合历史，到一些中小学做《祖国的昨天、今天和明天》的爱国主义报告，拨动了千百名少年儿童的心弦。

是的，他修建的"立交桥"的第二条通道——好的历史教师——伸向远方……

【四】

现在，我们来到了"立交桥"的桥头。在两条通道的汇聚处，我们看到了壮观的美景。青岛沙滩的足迹，曲曲折折延伸到天安门广场。少先队员们正在纪念碑前朗诵尹老师的诗《红旗一角的故事》。这"红旗一角"，正是他"立交桥"的旗帜。

他永远不会忘记大地回春的 1972 年 4 月。个别地区的孩子要恢复佩戴红领巾了，他把自己曾经戴过的那条珍藏多年的红领巾给 9 岁儿子戴上，深情地说："记住！红领巾是烈士鲜血染成的，它是红旗的一角！"

当晚，他心潮澎湃，写成了朗诵诗《红旗一角的故事》：

百万雄师过大江中的勇士，
中弹牺牲的烈士，
高擎红旗的英雄……
望着天安门高高飘扬的五星红旗，
望着伟大祖国瓦蓝瓦蓝的天空，
红旗呀红旗，
今天我才知道你为什么这样鲜红。

诗写成了，他读给学生们听，引起了强烈的共鸣，有的当场流下眼泪。手抄本、油印本，在北京铺天盖地，后来成为剧作家的欧阳逸冰老师先后五次组织他的学生排演《红旗一角的故事》。

1976 年 10 月，尹老师在他的诗《丁丁要参加盛大的游行》中，又勇敢地宣称"老师是辛勤的园丁"，为教师扬眉吐气。这是"十年动乱"后的第一声呼唤，赢得了北展剧场满场的掌声。两个月以后，1977 年 1 月 6 日的电视屏幕上，他歌颂周总理的诗《一件军大衣》又第一次出现了当时还未被平反的"天安门事件"中的诗句："人民的总理人民爱，人民的总理爱人民。"

从 1979 年起，每年暑假，他都参加孩子们的夏令营活动。正是孩子们生活的欢快旋律，激发了他的诗情。他的诗像大海边的浪花、山峦上的云霞，一朵朵，一片片，五彩缤纷。

在全国少数民族科技夏令营和云南测绘夏令营里，尹老师认识了达斡尔族少年开牡花、苗族少年吴正兰。他以这两个孩子的名字为题，写了两首优美的诗。后来，开牡花从新疆寄来了感谢信，尹老师寄给她色彩鲜艳的小画册。幸福的孩子，像牡丹，像兰花，承受着诗的雨露、歌的清泉，茁壮成长。

艾青在给他的另一篇题词中写道："懒惰的人等待幸运，聪明的人依靠勤奋。"这是对他二十多年来辛勤劳动的赞誉。

尹老师已出版和编辑的诗集有《红旗一角的故事》《尹世霖儿童朗诵诗选》《少年儿童朗诵诗选》《幼儿朗诵诗选》。现在他是中国作家协会会员、北京作协儿童文学委员会委员、北京市科技辅导员协会副秘书长。

他的《夏令营朗诵诗集》即将问世，文化部少儿司司长罗英同志为诗集写了序："我认识尹世霖同志已有多年，每次见面都要问他：你还在学校吗？他总是微笑着点点头。我为他扎根在孩子的园地而感到高兴。"

朋友的高兴完全是从事业出发的，而尹老师却经过多次的选择。从 1977 年开始，北京师范学院、中国少年儿童出版社、《新观察》杂志社等许多单位先后要调他。他明明知道，如果调到大学教书，调到出版部门，在社会地位、工资待遇、居住条件等方面，都能比中小学迅速得多地得到改善。一个又一个的朋友从中小学调走，一次又一次机会来临，而他却始终坚守着自己的岗位。他懂得，学校是儿童文学创作的丰富源泉，他离不开给了他欢乐、激励他追求的孩子们。

最近，艾青同志再次给尹世霖老师题词："耕耘者也是收获者。"这题词将印在他新出版的《夏令营朗诵诗集》扉页上。

是的，教师是辛勤的耕耘者。教师的光荣不是炫目耀眼的。他们的事业是绿色的。

绿色，在阳光的照耀下，闪耀着永恒的、春天的光彩。

（本文获《中国教育报》庆祝建国 35 周年征文报告文学奖）

诗化人生度年华

今悉《尹世霖评传》出版，不胜欣喜。这是儿童文学园地耕耘60年长成的参天大树，枝叶繁茂，硕果累累。

20世纪50年代，尹世霖和笔者是北京二中的同窗。他上高一，我上初一；他是辅导员，我是少先队员；他是高中诗歌朗诵获奖者，我是初中朗诵获奖者。后来都在北京二中任教。共同的爱好使我们成为教坛、文苑至交。风雨同舟地经过"文革"，肝胆相照，铸就了我们至今半个世纪以上的至诚友谊。

60年的诗歌创作，营造了他诗化的生活。这像一首长诗，亦像一首交响乐。第一乐章，是高中时步入文坛的《夜空飞游记》，处女作。这首充满梦幻色彩的诗作，发表在1956年的《辅导员》杂志上。

第二乐章，是1972年发表的朗诵诗《红旗一角的故事》，成名作。在那文化一片荒漠化的年代，它像一股清泉滋润青少年的心田。这首诗不断在一所所学校的舞台演出，历时20年。1997年在中央电视台以诗雕塑的创新形式播出，传向神州大地。一首朗诵诗有如此持续的生命力，受到一代又一代青少年的喜爱，是诗坛上一奇迹。

第三乐章，是"诗的飞翔"，诗集接二连三地出版。

他的诗多发于校园，纵贯学生儿童、少年、青年的各个时期。他的诗可以说是校园生活的全覆盖。教学生活、课外活动、文艺会演、体育比赛乃至夏令营等都有他的诗作。有抒发青少年的爱国情怀的，有赞美纯真的师生情谊的。60年来，他用心血和智慧相凝结的诗篇，是洒向童心世界的甘霖，滋润着祖国的花朵。

设想，把尹世霖的诗作以字母为序，编排成一个索引，我相信，读者大都可以从有关校园和青少年生活的某一方面的需求，找到相应的诗篇。不妨一试，这或许是很有情趣的一件事。他被誉为"中国儿童朗诵诗第一人"，是儿童文学创作领域的一面旗帜。

诗界泰斗艾青赠他条幅，赞扬他的诗是"诗的飞翔"。这是对诗作者很高的褒奖。

1984 年，笔者以尹世霖为对象撰写的报告文学《一个教师和他的"立交桥"》，获得《中国教育报》庆祝建国 35 周年报告文学征文奖。

1996 年，他创作 40 周年出版了《让诗长上翅膀》朗诵诗集。2006 年，他创作 50 周年出版了《字字春风——尹世霖五十年诗文藏本》。

2000 年，为表彰他在教学和儿童文学创作的业绩，东城教委为他颁发了铜匾，上篆刻"教师作家"美誉。1961 年，他大学毕业到北京二中任教，教学成果显著，直至退休，是唯一成名后没有离开普教的教师。

早年，笔者曾为尹世霖写过一篇人物通讯，题为《他为孩子酿造香甜的蜜》。如今经过 60 年呕心沥血的酿造，呈现在我们面前的枣花蜜、槐花蜜、桂花蜜、荔枝蜜——美不胜收，散发着浓郁的芳香，并将飘散到久远——

第四乐章，是诗作的返璞归真。2016 年，他把节奏、格式的要求相对严谨的儿歌和也是面向幼儿，节奏、音韵更加自由的童诗，集拢一起，精选出 100 首，分成《童话诗豆豆》《珍珠儿歌》《和爸妈说心里话》《太阳、月亮、星》《小弟弟和小妹妹》共五集，每集 20 首，合集名《手拉手——尹世霖儿歌童诗精选》。这诗集与时俱进，装帧大方，配图精美，印有二维码，有名家配乐朗诵。他风趣地说："我年龄越来越大，头发越来越白，可我的创作对象，却越来越小。半世纪前，给少年写；二三十年前，给儿童写；近些年来，却总给幼儿小朋友写。"这段道白，阐述的是诗人历经 60 年的终极感悟。中国是诗教古国，抚今追昔，应该说，真正能流传下来的正是蕴含人性的童谣和儿歌，好多文字是过眼烟云。尹世霖追

— 71 —

求 60 年，悟到的是永恒的诗道。这是极为珍贵的。

　　人生，无论壮美，还是苍凉，对奋进者而言都是一首诗。像尹世霖那样，诗化人生度年华，该是很有感召力的吧！

清风华年书自真

——记书法家韩铁城

国庆期间，从电话中获悉，韩铁城先生敬录的蝇头小楷《金刚经》已逾 400 幅，高山仰止之敬意不禁油然而生。《金刚经》为佛教经典，古往今来，多有人敬录，然而，达此数量的并未闻说，我想可谓吉尼斯纪录也。他所敬录的《金刚经》，已逾 200 多万字，按长篇小说计，可谓用毛笔手书了 10 部长篇小说了，让人叹为观止。

敬录经书，必须一字不错、一笔不苟，凡有错，必须重写。有如此之业绩，可见韩先生之定力、耐力，最根本是来源于他的超乎凡人的动力。

不忘初心度晚年

韩铁城先生并非出身书香门第，他是从五十多岁后才开始习练书法的。他的基础和灵气，得益于百年老校北京二中的教育和熏陶。北京二中"敬业乐群"的校训，滋养着有理想、有追求的莘莘学子。学校拥有"民国先生"潘逊皋等一批学识渊博和书法堪称大家的老师。

有幸的是，他今日的成就得益于在高中时上的《文学》和《制图》课。从 1956 年起，高中的《语文》改为《文学》和《语法》两门。《文学》从《诗经》讲起，按文学史讲述，直至"五四"。《文学》课为他奠定了中华传统文化的基础。可惜，这套教材在中学只用了一轮，就停止了。他和我谈起，书法的功底得益于《制图》课，画好图后，必须要用仿宋体写字注明，字不好，不会得好分，逼着自己练字。《制图》课可谓是书法的起步。

从清华大学毕业之后，他在北京工业大学当了 25 年教师。后在北京市委组织部任职，从领导岗位退休之后，他不忘初心，不忘教师情怀，他说："用书法艺术选写国学精要，弘扬中国传统文化，是我退休生活的最大理想。"从此，开始了日复一日、夜以继日的翰墨生活。

珠联璧合上笔端

韩铁城先生的书法艺术追求开创了一个新的天地。

国学和书法是两个文化艺术领域。为了中华优秀传统文化的传承，他倾心于在国学和书法紧密结合的道路上推陈出新。他在两个学术领域双管齐下，把二者融为一体，提出了独特的传承经典文化的思路。他倡导传统文化与网络文化平行发展的二元文化理念，推出了用毛笔书法书写繁体国学精要的模式。这有利于年轻一代亲近国学、亲近书法，缩短青少年与国学、书法渐行渐远的距离，让优秀传统文化在年轻一代心中生根、发芽、开花、结果，世代相传。为此，称他为教育书法家是名副其实的。

应该说，这一珠联璧合的创造是极具推广价值的。

笔者案头，有四本书法集：一是《飞毫蛇舞——韩铁城国学文苑书法精选》，另三本是《笔林春晖》——韩铁城国学文苑书法精选子集、辞集、记集。四集的手书，已近 50 万字，堪称书法巨作。这四本墨宝，收入了他精心选编的国学名篇，立意高远，堪称现代版的翰墨《古文观止》。读此文集，既可学到经典名篇，又可鉴赏、习练书法，一举两得，不亦乐乎！

现在中小学都开设了书法课。如能选取韩先生的名篇作品作为教材，学语文和学书法可一举两得，可谓好事。

翰墨留香传后世

评价一位书法家的作品价值，往往要看他的作品在何处！他书写的八尺的《为人民服务》、丈二巨幅的《岳阳楼记》已为人民大会堂收藏。一幅七米长、一米高的《实践论》，已为国家发改委收藏。

百岁老人孙菊生为韩铁城书法集作序，序曰：

"韩公以不羁之才，抱有为之志，悯国学之沉沦，惧民风之不振，而思钧沉于沧海，致力于移山；更赖其博通文史，擅长书法，笔运三毫，书通四体；人书俱老，小大由之。于是大则擘窠，小至蝇头，以胸中之造化，运指上之神机，于是总揽经史子集，广集诗词歌赋，搜而成集，笔之于书。"

此序将韩铁城的人生追求、学识和业绩做了名副其实的评价，亦应成为后人学习的楷模。

韩先生曾和我专门谈起清华大学校名的由来。

"清华园"之名乃清代咸丰皇帝所赐。一般认为"清华"与"水木清华"息息相关。清华园的工字厅后面的匾额为"水木清华"。这四字典出晋代谢混的《游西池》诗："景昃鸣禽集，水木湛清华。"因厅后面有水池，取了上面的诗句题匾"水木清华"。韩先生以书帖为据，认为"清华"取自唐太宗的《圣教序》，更为久远和高超。《圣教序》曰："松风水月，未足比其清华；仙露明珠，讵能方其朗润。"这是唐太宗盛赞玄奘大师的名句。玄奘的人品和文品都堪称清美的华章。"清华"取自《圣教序》是蕴含深远意义和韵味无穷的。

清华，胜于松风明月、仙露明珠，这是高尚的灵魂在感召。清风华年书自真。愿有志于教育书法的国人与韩公同行。

胡琦的翰墨情怀

家父范立夫是书法家。老人仙逝之后，儿女们分别珍藏他的墨宝。我得到了两幅，一幅是苏轼的《题西林壁》："横看成岭侧成峰，远近高低各不同。不识庐山真面目，只缘身在此山中。"隶书。一幅是《江山多娇》，行书。

受家教熏陶，笔者自幼喜爱书法，颇爱看书画展览。前不久，我参加了"翰承书院"举办的少年儿童书法展，在留言时，我题赠"翰墨留香，承传经典"，寓意是书法教学的宗旨是传承经典文化。

谈到翰墨传承，不由想到著名书法家胡琦。他是我在北京二中任教时的学生，社会活动能力很强。"文革"后，在《中国少年报》担任22年编辑、记者。那时，我在学校负责新闻宣传，经常在该报多个栏目发表文章，常受邀参加报社的活动。他博学多才，乐于助人，我们交往甚密。

他出身书香门第，祖父胡浚是前清翰林，家学渊源，一脉相承，五十年笔耕不辍，终成书法大家。他的书法，笔力超凡，融雄健与华美于一体，自成一格。他的作品十余次在中日书法大赛、全国书法大赛获奖、参展。多幅作品被中国港澳台及日本、泰国、瑞士等国家和地区的机构或个人收藏，并出版《读帖与写字》等文集。

近年，他搜集到的颐和园抱柱楹联和牌匾近千件。这些楹联匾文，字字有来由、有讲究，可谓是中华传统文化的精髓。

如"禳福申猷"，讲的是"上苍必赐福于申扬光明正气者"。如悬于厅堂，可激励主人坚持光明正道。他书赠我的这一条幅，我转赠给一个民族企业家范长伟。他创办灸疗店八年，在全国已有十几家分店，能热心参与社会公益活动。我把胡琦书写的这一条幅，镶上镜框赠予他，悬挂在店堂，寄希望他能成为"儒商"。

胡琦在报社和我在学校工作的共同点，即都是从事少年儿童的教育工作。因而，他不断挖掘颐和园楹联的教育内涵。如"海涵春育"，释意是"像大海一样广阔包容，像春风一样养育万物"。这四字足以表达学生对母校和恩师的感念。他曾将此文写成条幅敬赠给一位即将退休的教授，并相邀38位学者和弟子在上面钢笔签名，教授本人，感动不已，含泪受赠。

他赞赏的还有"凤翔云应""寿恺是康""澄莹心神""文思光被""萝径因幽偏得趣，云峰含润独超群"，一一读来让人心旷神怡。他说，从已收集到的485件匾文和145幅楹联看，多数可以为家庭增添吉祥喜悦的色彩，可以烘托古朴高雅的氛围。

他想把这些饱浸"仁义礼智信"的颐和园文萃编成文集，越出宫墙，飞入寻常百姓家。这一文化经典的传承，可以给生活添一些高雅，加一抹文采，增一分乐趣。从2011年起，他就为实现这一夙愿忙碌。对他的这一编辑智慧，我非常赞赏。

为传承经典，他还有一个意向：将激励过自己闯过人生沟坎的一批名诗、名句，认真写成条幅，办个展览，或印出留给后代。为此，他正在潜心选文、临帖和寻找志同道合者。

多年来，笔者就有感慨：书法家多是起于"笔端"，终于"展览"，而已，而已。而书法家胡琦却是传承经典行天道，翰墨情怀系民生。可敬，可敬！

不再觉得自己渺小

——读王蕤新作《从北京到加州》

透过饰满发珠的细细的发辫，王蕤在彩色的封面上望着我，望着每一个读者。她那探寻的目光似乎在自问，读者自然也在发问：到美国漂泊"寻找的到底是些什么？"几年来，追寻到的最有价值的是什么？

"从良好的家庭出身变成了一个彻底的穷光蛋。

从高朋满座的生活变成了异乡的孤客。

从一种优越走向一种赤贫。"

从金字塔的最底层做起，靠自己的双手换来一切，用人家的语言与游戏规则与人家竞争，从一无所有的逆境开始。

然而，这个20多岁的姑娘成功了，成为世界一流学校的一流学生。

王蕤中学时代就读于被誉为"作家摇篮"的北京二中。她曾是北京"学通社"社长，独家采访过费翔、琼瑶、苏芮、童安格、陶金等明星。16岁时即出版了个人专集《寻找的欢歌》。在人民大学新闻系学习后，转入美国伯克莱加州大学，1996年以最高荣誉从该校毕业。

《从北京到加州》记录了她从14岁到24岁的作品，包括散文、随笔、杂论、小说、诗、抽象画等，共35万字。作家尹世霖在充满激情的序言中称王蕤为"追赶太阳的女孩"。

伴随着王蕤的足迹，在本书的字里行间中我们感受到的最耀眼的两个字就是：自信。

在国内，她是一个既有自信又没自信的人。自信，一帆风顺：保送上中学、大学，17 岁入北京作协，20 岁入中国作协。但内心又有自卑的一面，比如觉得自己不够漂亮，尽管可以左手弹古筝，右手画抽象画，却始终不敢有学舞蹈的"贼念"。

美国的文化强调个性的张扬及对自我的尊重，有比较宽松的教育氛围。"我们学校里有不少权贵之子，如外国皇储、石油大王之子，但我们一起上学，谁也不会因此多看一眼。你走你的阳关道，我行我的独木桥。我们在阳光下一样平等。在这里，特权没有什么市场。谁也不比谁高贵！"

"当大家自信的时候，每个人都可以变得很美。"王薇选学了现代舞课，在课上，胖人、残疾人都一脸快乐地随着音乐把动作做得优雅，这里舞蹈不再是美女的专利。她终于迈入了这神秘而高贵的殿堂。

"以往的自卑其实是对于权威的恐惧，对自己的否认。"

她在美国还学会了蝶泳、自由泳、潜水、滑雪。在网球课上，她能直落 6 局击败班里最壮的男生。

在美国，她不仅走出阴影，而且勇于向权威挑战。她可以平等地和诺贝尔文学奖获得者探讨拉美文学，她可以有机会结识美国商务部长、州长、市长，会见奥斯卡奖获得者、名牌主持人、导演。她拥有了一种比金子还贵重的心态：

"当我内心对自己充满信心时，不管是天皇老子，还是街头乞丐在我面前，我都可以用平常心对待，做到不以物喜，不以己悲。"

"今天的我，在经过美国留学的锻炼之后，不管身在中国还是美国，不管我是在做什么，都不再是一个可以轻易被打倒的人，更不会轻易背叛自己。因为我找到了生命最坚实的同盟——自信。"

"我的智力与体力可以有一个极限，但我的意志却不会被打倒。"

　　读着王蕤对自信的深切感悟，联想国内的教育，不无许多启示，只有给人以自信的教育，才是真正的教育。自信心是人生征途上的指路明灯。人，只有"不再觉得自己渺小"的时候，才算开悟。我们的教育观念、体制、方法，应从东西方教育的比较中去发现创新之路。

　　王蕤的文笔是中国式的天马行空与西方式的思辨剖析相融合，蕴含着对社会、对文化深刻而凝重的思索，同时散发着灵气与幽默。读一个中国女孩《从北京到加州》的东西方历程，可以有多方面的获益。

背影远去情相随

凡上过中学的，都会铭记着朱自清的散文《背影》。

这是一篇车站送别的文章，饱含父子情深，读后久久不能忘怀。父亲送儿子上火车后，要专门去给他买橘子又送回来。这一过程，使儿子感动得两次落泪。先是看父亲穿过铁道，爬上月台："他用两手攀着上面，两脚再向上缩，他肥胖的身子向左微倾，显出努力的样子。这时我看到他的背影，我的眼泪很快地流下来了。"待送完橘子，告别，"等他的背影混入来来往往的人里，再找不着了，我便进来坐下，我的眼泪又来了。"几年后，收到家书，知父亲身体欠佳，"在晶莹的泪光中，又看见那肥胖的、青布棉袍黑布马褂的背影。"

20 世纪二三十年代，民风着实质朴，作为父亲往往少言寡语，但行为却感人至深。

读朱自清的《背影》，自然想到先父范立夫。

先父祖籍烟台，早年闯关东，自学成才，成为画家。"文革"中，被遣返，大难不死，有幸平反回京。他自强不息，举办过两次个人画展，收入均捐"希望工程"。他潜心"世象漫画"，以画笔为百姓排忧解难，83 岁被选为东城区人民代表。

老人为了能就近去中国美术馆看展览，选取了沙滩一间简陋的平房独居，且每天作画，从不间断。每每在美术馆分手，目送先父西行。只见他手挂拐杖，步履稳健，夕阳的余晖映照在他的秃顶上，泛出红光，瞬间觉得他的背影变得高大，需仰视才见。

忆人生，念背影，感慨多多。当今社会，民风浮躁，功利意识浓厚，人情淡薄，人们往往不易被感动，年龄越低，被感动"指数"越高，不能不让人忧虑。当今的教育任务，归根到底应该说，就是呼唤人性。

几年前，读龙应台的《目送》，另有一番背影的感慨。文中讲的是父母送儿女："我慢慢地、慢慢地了解到，所谓父子母子一场，只不过意味着，你和他的缘分就是今生今世不断地在目送他的背影渐行渐远。你站在小路的这一端，看着他逐渐消失在小路转弯的地方，而且，他用背影默默告诉你：不必追。"

确实，时常有这样的情景留在脑海：在机场的国际航班入口处，白发老人望着远去的背影挥手，拖着拉杆箱的年轻人逐渐消失。仿佛一瞬间明白了：我们已成了"空巢老人"。

近日，听说一位画家要致力于画人的背影，我极为赞赏：孩童稚嫩的背影，少女清秀的背影，老妪弯曲的背影，老夫沧桑的背影……这分明是人生年华的写照，会带给我们多少回忆和感悟。

人生仿佛就是这样：望着父母的背影长大，望着子女的背影变老。

背影远去情相随。

人生，或许该透过背影看见前面的路……

姥爷的美丽心灵

蒋雯丽写了一本回忆录，书名为《姥爷》。

"姥爷和我，一个九十岁，一个七八岁，在七十年代末，那个风雨飘摇的年代，他扶持我长大，我陪他走完人生的路。一个生命像小树长高，长壮实，一个生命却像老树，慢慢倒下了，无声无息。"

书中字里行间饱含着祖孙隔代人的深情。

姥爷想让小雯丽帮助邻居张奶奶，但没有直接吩咐。他教育外孙女，很有艺术：

有一天，姥爷把雯丽叫到面前，问她：

"你想不想越长越美丽？"

"想，当然想，可怎么才能越长越美丽呢？"

"我告诉你一个办法，就是多帮人做好事，你就会越长越美丽了。"

此后，邻居的张奶奶就成为她"美丽"的目标。放了学，她就直奔张奶奶家，提水、扫地、擦窗户，好像有使不完的劲儿。她说："我发现帮别人家干活，比帮自己家干活带劲多了，更何况越干越美丽！我热切地盼望着早一点美丽起来。"

这段故事多么地有趣：姥爷因势利导，外孙女童心无瑕。

姥爷好客、热心助人，村里各个年龄段的邻居都爱来这里聚会，有的人常在这里蹭饭，小雯丽对此反感，姥爷却常常笑着说：

"己所不欲，勿施于人。谁都有困难的时候，添双筷子，我们饿不死的。"

姥爷从来不白收东西。如果对方一定要送，姥爷会反过来回赠他更昂贵的东西。姥爷常说："人敬你一尺，你要敬人一丈。"这样待人处事的原则，成了雯丽的信念，牢记在心。

蒋雯丽就是在姥爷的美丽情怀中长大的，几十年过去了，她深有感触地说："直到今天，我开始教我的孩子们学习《弟子规》，发现姥爷对我的教育，都是从那上面来的，毫不含糊。"

姥爷和雯丽之间完善着朴实而高尚的灵魂传承。

她以姥爷和她的故事，拍摄了电影《我们天上见》，感情至深，催人泪下，也给今天的隔代教育留下了深深的思考……

亲情恒久远，家书永流传。

电脑和手机的普及，相当多的人不常写汉字了，人们之间的联系亦多用手机。有识之士指出："文化被忽视了，亲情被淡漠了。"

"烽火连三月，家书抵万金"的感慨，早已成久远的往事，现在人们很少手写书信了。对此，我们不能不想起承载着语重心长亲情的《曾国藩家书》和《傅雷家书》。

作为教育工作者该是重新认识和研究家书的教育功能的时候了。

我们高兴地看到，北京二中等学校多年来重视发挥家书的教育功能。在学生满14岁、18岁时，学校举行生动的班会和庄严的成人仪式。在活动中，父母和儿女都要向对方写一封信，难能可贵的是相当多的人亲笔手写。父母在信中语重心长地讲述生儿育女的往日，那些孩子不曾知道的艰辛和对后代成才的殷切期望，儿女则向父母表达那些在家往往用言语不曾，特别是不便表达的感恩之情和报恩之志。这封封书信感人肺腑，催人泪下，给人留下了终生难忘的记忆。

汉语之所以有口头语言和书面语言，是因为各有所长，善用者是用以互补。在讲道理和情感交流时，口头语言往往有所不便，则用书面语言更好。因此，家书作为情感沟通的渠道、传承文化的载体，它的作用是永恒的、不可替代的。

我们高兴地看到，社会的有识之士懂得：留给后代的不应是金银财宝，而应是文化。家书堪称是非常有价值的文化遗产。笔者的老师——北京教育学院副教授米桂山把和在美国留学的儿子往来的家书一直保留着，足足有一纸箱。对此，他在给我的信中写道："儿子 1989 年赴美留学，当时他个人和家里都没有电脑，也打不起电话，通讯全靠书信往来——差不多每周给我们写比较长的信，信中详细说到他的生活、学习、打工、观感、见闻——我们收到这些信，觉得很宝贵，看后就一一攒下了，积了一纸箱——几年前，他回国时，见到这些信保存得如此完整，很高兴。其中的内容，他早已不记得。有这些材料，可以编写他在美国初始创业时期的传记，对于教育他的孩子很有意义。因此，他就把这些信件资料都带回美国了。"米老师深有感触地说："当年，这些家书对慰藉父母起了很大的作用。"这一事例生动显示了家书文化传承的教育功能，也表达了祖辈对儿孙辈教育的良苦用心。

不由想起了一句耳熟能详的广告词，并把它改为：亲情恒久远，家书永流传。作为在隔代教育中，倡导家书文化的呼唤吧！

诗教入心育真人

1956年上高中，从《文学》课上始读《诗经》："关关雎鸠，在河之洲。窈窕淑女，君子好逑。"第一次懂得：男人要做君子，女人要做淑女。老师讲《论语》，为我们树立了君子的典范：颜渊。孔子赞美颜渊："一箪食，一瓢饮，在陋巷。人不堪其忧，回也不改其乐。"倡导君子"食无求饱，居无求安"的清廉精神。颜渊一直是我们学习的楷模。

应该说，中国的教育始于诗教。"诗三百，思无邪"，《诗经》是中国诗教的源头。后来深入学国学，得知《论语》中讲君子最多。多年来，深入人心的有"君子有九思：视思明，听思聪，色思温，貌思恭，言思忠，事思敏，疑思问，忿思难，见得思义""君子有三戒：少之时，血气未定，戒之在色；及其壮也，血气方刚，戒之在斗；及其老也，血气既衰，戒之在得""君子有三畏：畏天命，畏大人，畏圣人言""天行健，君子以自强不息"。

在中国学做人，首先要懂得"君子"与"小人"的区别："君子坦荡荡，小人长戚戚"。在商品社会中，一定要铭记："君子爱财，取之有道。"——这些语录，成了我们那一代人的座右铭，引领我们的人生。

续读国学名篇，我们对君子品位的认识不断提升：莲花是君子的象征，陋室是君子的风采，岳阳楼是君子的情怀和精神支柱。《爱莲说》《陋室铭》《岳阳楼记》是相伴我们终生的诗文。

后来读了臧克家纪念鲁迅写的诗《有的人》，对如何做真人君子有了新的提升。

有的人活着，他已经死了；有的人死了，他还活着。

有的人，骑在人民头上："呵，我多伟大！"

有的人，俯下身子给人民做牛马。

有的人，把名字刻入石头想"不朽"，

有的人，情愿做野草，等着地下的火烧。

有的人，他活着别人就不能活；

有的人，他活着为了多数人更好地活。

骑在人民头上的，人民把他摔垮；

给人民做牛马的，人民永远记住他！

把名字刻入石头的，名字比尸首烂得更早；

只要春风吹到的地方，到处是青青的野草。

他活着别人就不能活的人，他的下场可以看到；

他活着为了多数人更好地活的人，群众把他抬举得很高，很高。

这首诗通俗易懂，但深入浅出地阐明了如何做人的大道理，堪称诗教的经典。我们这一代人一直把这首诗铭记在心，即人生的座右铭是"横眉冷对千夫指，俯首甘为孺子牛"。

今年春节期间，在微信中看到边远山区的老师和孩子们一起动情吟唱《苔》，我感动得泪流不止。

《苔》是清朝诗人袁枚写的一首励志小诗：

白日不到处，青春恰自来。苔花如米小，也学牡丹开。

这首孤独了 300 年的小诗，一夜间，被亿万中国人记住了，很多人感动不已。在中国最穷的地方之一的几个吉他手，通过歌唱把孩子们都教成了诗人。乡村教师梁俊以此诗唤醒了孩子的自信，孩子以最朴实无华的天籁之音唱哭了评委，也让亿万中国人在这一刻被感动。

群山里孩子身边的资源很少，但有最纯真的爱。老师教育孩子不要小看自己，要像如米小的苔花一样，立志像牡丹一样绽放。

这首小诗可谓是诗教精品，流芳千古的励志大作。"苔花如米小，也学牡丹开。"诗文启示我们：君子即是胸怀大志之人。

伟大的人民教育家陶行知说:"千教万教教人求真,千学万学学做真人。"在中国传统文化中,可以说,君子即真人也。诗教是中华优秀传统文化的瑰宝,发挥诗教的教育功能和展现诗教的培育真人的魅力,诗教入心育真人,可以说是对有志向的教育工作者心灵的呼唤。

上坡路时要拼搏

　　近年来，我多写些散文。选题自然常成为家中的话题。老伴年轻时曾做过《北京日报》通讯员，她爱读书、善思考，常像老师一样为我出"命题作文"，随后我写成文章，获益匪浅。

　　去年的一天晚饭时，我谈起学生要给我送点心渣儿的往事。那是 20 世纪 60 年代困难时期，买什么都凭票。在南小街副食店工作的学生，不知送老师什么东西好。因为他是卖点心的，就想起可以把卖点心剩下的点心渣儿攒起来，送给老师补养身体。他打来电话商量，我感谢他的关心，当然谢绝了。老伴听后即说，可以以此为题写一篇文章。

　　接命题后，我又想起一件事。夏天时节，我过去的女学生孙国荣现已年过六旬，冒着酷暑，骑车从安定门外到白塔寺，为我送来她画的牡丹扇面，令我十分感动。

　　经过构思，我把两件都是师生情谊的事连在一起，写出《牡丹扇面和点心渣儿》，此文得到报社编辑的赞赏。

　　再如，关于 20 世纪 80 年代买钢琴的事，也是由她提出命题。那时，有钢琴的人家很少。我女儿在"星海青少年钢琴学校"学琴，我们借钱为她买钢琴。老伴说应把这事写出来教育后代。

　　她从 15 岁参加工作，先后做过出纳、会计、主管会计，经过 25 年的学习、奋斗，在 1987 年评上会计师。这是每一个财务人员追求的目标。实现它，说明没白干，在心理上得到欣慰。这条路是上坡路，她的人生信念就是：上坡路时要拼搏！

　　1978 年，她调到北京市机械局一所重点企业，人才济济。她先后在供销科、行政科工作，但都不是她的专业，总得想办法去搞专业才行。

第一步，从工人转成干部。"文革"前，好多单位有许多工人承担着干部的工作，被称作"以工代干"，她就是其中的一员。"文革"后落实政策，要转正，但必须通过考试。当时要考哲学、政经、历史等6门课。她每天捧着砖头录音机复习。考卷有八开纸大，两面用，考90分钟。她都通过了，从此成了正式干部。

第二步是归队，她调入财务科，成为财务人员。

第三步是职称考试。要参加考前的辅导班。那时，她已患类风湿多年，腿脚疼。但要到骑河楼、西直门外等地听课，坐公共汽车、上下地铁都很艰难。回家还要为老公和孩子做饭。老公是教师，全身心都投到学校了，顾不了家。艰难的学习和繁重的家务，她都咬牙挺过来了。

1987年，论文答辩。这是有史以来的第一次职称评定，非常隆重。市科技干部局、机械局、院部的领导、专家纷纷到场。这些考官在前面围成一个圆圈，很是威严。她临场沉得住气，宣布的论文是《会计管理和班组核算》。然后是答辩。由于她有二十多年实践经验，有底气，对答如流，获得好评。这真是闯关啊！

十几个中专以上的在职会计，只有她一个人通过了。这事轰动了全院。有的会计找她要论文看，找她取经。

她被评为会计师，任主管会计。

她记得，我国第一个世界冠军乒乓球运动员容国团说过："人生能有几次搏？"这一直是她的座右铭，激励她奋进。在上坡路上，她拼搏了，实现了人生的梦想。

当她拿到会计师的证书时，幸福感在心中升起。

蹬三轮车拉钢琴的回忆

20世纪80年代，我家借钱为九岁的女儿买了一架"星海"牌钢琴。当时是我和爱人、女儿一起去钢琴厂，我蹬着平板三轮车把钢琴拉回家的。我蹬车，钢琴在平板车上，爱人带孩子骑自行车跟着。从大北窑往北，有一个大上坡，她们娘俩在后边拼命推，我蹬出了一身汗。

说起蹬三轮，又要往前追溯十年。"文革"期间，学校实行拉练。我在北京二中当老师，要带着学生行军，从朝阳门日行夜宿走到平谷。在拉练期间，有一次学生生病，就是因为不会蹬三轮，望着车干着急，耽误了很多时间，多亏没有出大事。当时，我就下决心：一定要学会蹬三轮。这不，现在终于用上了。

从大北窑蹬车到三里屯，进单位宿舍，已经呼哧带喘了。不过，心里特别高兴。在那个年代，很少有人家有钢琴。我们运来了院里宿舍区第一架钢琴，邻居都走出来看。身强力壮的师傅热心走上前来，帮助把钢琴从车上抬下来，又从楼道推到家中。好奇的孩子们挤上前来抚摸那发亮的琴体，露出好奇羡慕的目光。

从那天起，我们居住的筒子楼就飘荡起悠扬的钢琴声。我家门口常常聚集一些孩子聆听。

女儿是在"星海青少年钢琴学校"学琴。这是由中央音乐学院、北京钢琴厂、北京二中联合举办的国内第一所业余音乐普及学校。钢琴教育家周广仁教授带领一批国内优秀的钢琴老师，每周日放弃休息来教孩子。

我参与学校管理，每周日必去二中。女儿的老师是北京舞蹈学院的王鼎藩教授，往往要到西郊去学琴。爱人患有类风湿关节炎，行动不便，她还带着孩子去。周日一早，娘俩要乘公交车从三环绕过大半个北京城，到民族学院后还要走一大段路，步履艰难。女儿能坚持学琴，妈妈是第一功。

学钢琴大大开发了孩子的智慧。女儿学英文打字只用了一个晚上。她因品学兼优被保送到中国人民大学。在大学担任了学校合唱团的钢琴伴奏。今年，她的女儿已经 12 岁了，她能指导自己的女儿弹钢琴。学钢琴使她终身受益。

30 年转瞬已过。现在我家已有了宽敞的住房，有了汽车，再回想起筒子楼和三轮车，不禁感慨万端。然而，蹬三轮车拉钢琴留给我们的记忆，是不可磨灭的。应该说，是"蹬三轮"的精神，孕育了我们今天的精神财富。如果有条件的话，再蹬蹬三轮车，或许有助于唤起珍贵的初心。

外孙女的经典诵读

2006年外孙女同同降生，我当了姥爷。满月的时候，父母和全家的老人围着她，我唤了一声："同同！""哎！"没想到她竟然答应了。或许这是巧合，不过，从这时起全家人都认为同同和姥爷最好。

说最好，不久就得到验证了。换了好几个保姆，同同哭闹都不跟，我一抱过来就好了。半夜里，同同一哭，保姆赶快躲到一边，怕孩子看见。我赶紧抱起来，边悠着，边念着口诀："姥爷爱同同，同同睡觉觉。"一会儿，她就安静了。保姆再接过去，看着孩子睡。

同同六个月能坐了，我每天一边看着他，一边念《三字经》："人之初，性本善，性相近，习相远……"后来又朗诵苏东坡的《念奴娇·赤壁怀古》："大江东去，浪淘尽千古风流人物……"几乎天天如此，我读她听。

没想到一岁多的时候，她刚会说话，一天自己玩玩具，脱口而出，背起了《三字经》："人之初，性本善，性相近，习相远……"她妈妈喜出望外。后来，她又背出了《念奴娇·赤壁怀古》。稍大后，能和我一人一句接着背。我读"故垒西边"她接"人道是三国周郎赤壁"……我一句，她一句，直到"人生如梦，一樽还酹江月"，难能可贵。

这可以说是早期教育的一个范例。我做了几十年的教师，退休后着重研究国学和家庭教育。2004年开始的一段时间，参与了中国人民大学孔子研究院推广部的工作，其中着力在儿童少年中推广经典诵读，如《三字经》《弟子规》《千字文》。我们可带领孩子，先诵读、记忆，后理解、践行。经验表明，完全可以在幼儿时期开始，在孩子 12 岁之前记忆力最好的时期大量诵读，记忆经典，以受用终生。

应选择适合儿童特点的诗文，如三字、五字、七字的诗文，节奏鲜明，朗朗上口，孩子喜闻乐读。起初，长辈读，晚辈听。随后，可跟读，再后则背诵。这种诵读的诗文节奏，富有音乐的特色，感染力很强。这就是中国传统文化熏陶的起点。

笔者曾看到一则报道，东莞市一大型人才招聘会上，某公司年薪 18 万的职位却无人能符合应聘条件。什么条件这么高呢？出乎人们的意料，招聘海报对应聘者要求的第一条是："熟背《弟子规》"；第二条是："待人接物彬彬有礼。"原来该公司员工每天晨读国学经典，公司所有员工都能熟练朗读甚至背诵《弟子规》等经典名著，并以此指导行动。国学经典是他们企业文化的灵魂。他们认为只有做好人，才能做好事。

祖孙一起学国学、诵经典，会有深远的影响，或许当下意想不到。

第二部分　求真篇

笔端思绪

夜深人静。书桌前，铺开纸，握起笔，任由思绪上笔端。

油然想起的，首先是鲁迅诗作的名句"曾经秋肃临天下，敢遣春温上笔端"。读中学时，这句诗就深深印在心中。我们理解的是它的引申义，即面临萧瑟秋风的厄境，仍敢于用向往春天的笔抒发情怀。这始终是激励我们的座右铭。当今"敢遣春温上笔端"，多被人称为报告文学的时代精神。

望笔端，随即我又想到邓拓的诗："笔走龙蛇二十年，分明非梦亦非烟。文章满纸书生累，风雨同舟战友贤。屈指当知功与过，关心最是后争先。平生赢得豪情在，举国高潮望接天。"

有幸，在我年轻时，与邓拓同志有过个人交往。那个年代，兴称同志，即使高级干部也一样。当时邓拓是北京市委书记，我在北京二中当老师，恰巧是他孩子的班主任。男孩子淘气，自然我常常家访。他的寓所在朝阳门内南小街遂安伯胡同，四合院内有一间很大的书房。他身居高位，学识渊博，每次都平易地接待我，当时我是不到二十岁的年轻人。探讨问题，他还给我回过信。他的书法堪称高品，流畅、潇洒，自然我要珍藏。没承想，在"文革"中这竟成了"黑信"，怕有不测的风险，巨大精神压力迫使我烧掉了，真是终生遗憾。

我们的后代应记住邓拓。他名垂青史有"三个第一"：1944年他主持编辑了中国共产党历史上第一部《毛泽东选集》，五卷本；新中国成立后，他是《人民日报》第一任总编辑；1966年5月18日，他含冤离世，中国新闻界一颗巨星陨落。

那首广为流传的"笔走龙蛇"的诗，是1959年2月12日，他在《人民日报》全体社员大会送别时，当场吟诵的。被调离，依然豁达，豪情接天。

邓拓是当代杰出的新闻工作者、政论家、历史学家、诗人和杂文家。

他的杂文爱憎分明，切中时弊而又短小精悍，妙趣横生，富有寓意。1961年，他在《北京晚报》开设专栏"燕山夜话"，共发稿153篇，人们争相传诵。我对《自学与家传》最为推崇，这篇短文凝练地总结出中华民族人才培养的根本经验，现在读来仍感清新。书画大师、京剧大师的传承不是给了我们启迪吗？瞻前顾后，或许"自学"与"家传"，有助于回答钱学森之问吧？

他的古诗词功底深厚，在国内屈指可数："当年风雨读书声，血火文章意不平。生欲济人应碌碌，心为革命自明明。艰辛化作他山石，赴蹈从知壮士情。岁月有情愿无尽，四时检点听鸡鸣。"至今听来依然激励人心。

望笔端，进而想起我的同窗好友韩铁城，他堪称当代小楷书法大师。他的书法作品被天安门城楼收藏。

清华大学毕业后他在大学任教二十余年，后任政府官员十余年。

五十多岁后，他潜心书法，二十多年来笔耕不辍。他说："用书法艺术选写国学精要，弘扬中华传统文化，是我退休生活的最大理想"。他将国学经典分为《辞》《记》《序》《传》《表》《书》《疏》《说》《经》等十几本，逐一抄写成书法体的儒、释、道经典。已出版的有《书林春晖》（辞、记、序）三本和《飞毫蛇舞》（国学文苑书法精选）。

韩铁城擅长隶书、楷书。隶书清正洒脱，尽显流美之风而犹存庙堂之气。线条生动，运笔圆润，墨韵婉转，流畅通达，神采飞扬，独辟蹊径。令人敬佩不已的是坚持多年，他用蝇头小楷，工整抄写了《金刚经》290多遍，达150多万字。抄经文，必须一笔不苟，因而，非有惊天之力，不能完成。这一功德，恐难有人超越！他被誉为当今稀缺而又无法复制的"老年超人"。

在笔端流出的文字，无论是诗词，还是散文，乃至墨迹，都是文字的河，愿它激起的浪花，在阳光下泛起闪亮的光，映照人的心灵……

回　头

　　假日，去饭店。正巧遇经理培训服务员，只听她斩钉截铁地大声道："你们的任务就是一条：让客人回头！"我一听"回头"，不禁赞叹：太扼要了，太精辟了！这就是商业经啊！抓住回头客，纲举目张。

　　自然，我首先想到大街上，漂亮女人不就是自我欣赏"回头率"吗？

　　在回家的林荫路上，我不断"回头"：往事涌上心头。

　　小时候，家里没有收音机，晚上最爱听姥姥讲故事。什么《狼来了》呀，教育我们要诚实，不说谎话。记得特深的还有一句"败子回头金不换"，指的是不干正事的败家子若能改邪归正，这比金子还可贵。这一"回头"，赢得了重新做人的出路。

　　上中学，读了陶渊明的《归去来兮辞》，牢牢记住其中的名句："悟以往之不谏，知来者之可追。实迷途其未远，觉今是而昨非。"意思是：觉悟到过去做错了的事，知道未来的事，还可以挽救。陶渊明"悟往"即是"回头"，决心脱离仕途，回归田园，即是觉悟，直追来者。这一哲理一直伴随着我的人生沉浮。

　　谈"回头"，必然应想到鲁迅先生的《为了忘却的纪念》。这是鲁迅先生 1933 年为纪念"左联"五烈士写的杂文。他说是为了"将悲哀摆脱"，为了"忘却"，实则是为了"将来总会记起他们，再说他们的时候"。他的"回头"追思，正是为了永恒的纪念。

　　人们常说"往事不堪回首"，这里有"回头"的难言之痛。人生不如意处十之八九。我们这代人经历了多少苦难、挫折、冤屈、不幸，大多不愿再想起。所以，多年来，我总想写一篇《为了纪念的忘却》，把让我们辛酸苦楚的往事统统忘却，平静地活在当下，这最好。或许，无论何种形式的"纪念"，都应是为了"忘却"，不再"回头"。

然而，佛学提倡"回头"，佛经云"苦海无边，回头是岸"，启示众生通过修行悟道，即"回头"，获得超脱、涅槃。这里的"回头"，即是觉醒、开悟。

令人欣慰的是，"回头"也带给人们神往。海南三亚的名胜有——"鹿回头"。这里有美丽的传说：年青英俊的猎人，追逐一头梅花鹿，追了九天九夜，越过了九十九座山峦，直追到悬崖边。正要搭弓射箭之时，只见梅花鹿一个华丽转身，瞬间变成了绝代美女。霞光万道，"回头"成就了这一美满姻缘。

在北京小汤山疗养院的湖心岛，也有一只"鹿回头"的雕塑。人们告诉我，这是小鹿回头望自己的母亲。我憧憬这一传说。也许是步入老年了，我觉得这一传说更动人心弦。在那里疗养时，我常常坐在那里，凝望小鹿，遐想远方的女儿正在向我遥望……

天籁之音何处寻

多年来，我一直在追寻天籁之音。

年轻时，携来学友远足空山幽谷。"行到水穷处，坐看云起时"，倾听远处飘来的潺潺溪流之声、若隐若现的松涛之浪，神清气爽，心想：这就是大自然的天籁之音吧？

笔者酷爱朗诵，至今仍铭记着那些朗诵大家的名字：人艺的著名演员刁光覃、周正、朱琳，煤矿文工团团长瞿弦和，播音员方明、陈铎、虹云，配音演员向隽殊等，他们的声音浑厚、圆润、纯美，听他们的朗诵是一种精神享受。朗诵的提升，"歌以咏之"，进而聆听到王菲、降央卓玛的"神曲"飘然而至，空灵、通透，令人陶醉。最近，可喜地获悉，在北京有一批志士仁人组建了《钦赐龙藏》语音工程工作室，立下宏愿，要用十年以上的时间，录制《乾隆大藏经》的诵读版。笔者有幸得以率先聆听。敬诵人李罕对声音节奏的精美把握和极富磁性的声音魅力，令人赞叹。我想：这些或许就是人间的天籁之音吧？

笔者曾参与星海青少年钢琴学校的教务工作。在 20 世纪 80 年代，这所由中央音乐学院、北京钢琴厂、北京二中联合创办的学校，是我国第一所业余艺术团体。著名钢琴家周广仁教授率多名专家施教。我们每月举行演奏会。当我聆听那华美、流畅，如行云流水般的奏鸣曲时，不禁想道：这动人心弦的乐曲，可能正是人间的天籁之音吧？

但直到迎新年的午夜时分，听到撞击永乐大钟发出的鸣响时，才豁然开朗，至此，止于追寻。

位于北京北三环的大钟寺，因永乐大钟享誉古今中外。永乐大钟铸于明朝永乐年间，至今已有五百多年的历史。它被誉为"中国钟王"，世界之最。

永乐大钟铸有字迹端正、雄浑有力的 23 万多字的佛经，可以说声声是经。铸钟的青石台基上有八角形的"散音池"。在它的神奇作用下，轻击大钟，声音就可以直上云霄飘散，方圆几十里都可以听到，可谓是传播最远的声音。醇厚、古雅的钟声可持续三分钟之久，可谓是余音最长的声音。这洪亮、悠远的声音，直接叩击人的心扉，使人豁然有所悟，可谓是最能启迪智慧的声音。正如哲学大师黑格尔所说："这种依稀隐约的庄严的声响，能感发人的心灵深处。"钟声能给时间以特定的内涵。正如该庙的原名"觉生寺"的启示，钟声的深邃意象使我们悟到人生的真谛。

在万籁俱寂的清晨，悠扬的钟声响起，给人以清韵和深远的遐想，引领灵魂的前行。这使我悟到：只有这钟声才是包容一切的天籁之音。

昔日的悲剧情怀

孩童时期，我从大人口中听到《梁山伯与祝英台》的故事，这是我知道的第一个悲剧。朦胧中我似乎懂得了，悲剧之后或许还会有美好的梦幻。

高中时，"文学"课上我学到的第一篇悲剧是《窦娥冤》。窦娥被诬告毒死其父，含冤受斩，临刑前，为表明自己的清白，指天立誓：死后将血溅白练而血不沾地，六月飞霜（降雪）三尺掩其尸。结果全部应验：天理昭彰"六月雪"。这个剧告诉我，世上会有冤比天大的事。

以后读到的《祥林嫂》《阿Q正传》，让我们了解了封建社会底层劳动人民保守、愚昧的悲惨命运。

20世纪五六十年代，我在北京二中任教，是话剧爱好者，有几位剧友，北京人艺的话剧几乎每场必看。至今仍时时浮现在我脑海中的有《雷雨》《日出》《茶馆》《蔡文姬》《虎符》《伊索》《哈姆雷特》等，其中悲剧《雷雨》《哈姆雷特》让我印象最深。

当悠扬的入场钟声响起，观众有序地入座。看剧的过程中，大家都凝视舞台，秩序井然。

给我留下深刻印象的是观看悲剧的退场：当大幕徐徐落下，观众从座位上轻轻站起，依次默默有序地走向大厅，除偶见有人轻声交谈外，大多数人沉默着或眼中含着泪花，人们缓步而行。此时此地，没有拥挤，没有喧哗……

我和剧友常常是从剧场步行回到内务部街，一路上沉思着，主人公的命运仍牵动着我们的心，那时那刻的交谈往往是多余的。

悲剧触发我们对人生和命运的思考。正如鲁迅先生指出的：

"悲剧是将人生有价值的东西毁灭给人看。"又如古希腊先哲亚里士多德所深刻阐明的："悲剧描写的是严肃的事件——目的在于引起怜悯和恐惧，并导致这些情感的净化；主人公往往出乎意料地遭遇不幸而形成悲剧，因而，悲剧的冲突成了人和命运的冲突。"悲剧看多了，我们逐渐形成一个理念：悲剧使人高尚，悲剧使人懂得珍惜，悲剧净化灵魂，悲剧引领人生。

近些年来舞台上充斥着低俗"表演"，我之所以说是"表演"，是因为那些"节目"，根本称不上是文化。

我的一位话剧导演朋友深有感触地跟我说："看这样的演出，周围的人无休止地笑，我不知道他们为什么笑，这些值得笑吗？这种笑在呼应什么呢？仿佛我们不笑的人倒成了另类，不可思议。"

一些低俗的表演和轻浮的观众，可以说是舞台的悲哀。一些人想看戏，先问："可笑不可笑？"我在想：当今，人们是不是笑得太多，而思考得太少了？

我赞同这样的观点：社会道德的滑坡，如果从文化上找原因的话，其中一个原因就是舞台上悲剧的缺失。如今，我们是该向社会发出这样的声音了——呼唤悲剧的回归。

校园铃声入心扉

　　学生最熟悉不过的就是校园的铃声：铃响上课、铃响下课、铃响集合……然而，太熟悉了，我们往往忽略了思考。如果问学生："你听到铃声都想到了什么？"不少学生会感到茫然。

　　笔者在中学任教40多年，退休后爱回忆往事，总觉得还未尽到天职。所谓教育，就是年长的一代把自己的信念和经验传给年轻的一代。我给自己提出了一个任务：挖掘记忆，传承信念。即：挖掘记忆中的人文智慧，传给下一代。

　　一个学生在上小学中学12年期间，听过的铃声有几万次。如果学生能从铃声中不断悟出人生的哲理，那将是十分有益的事情。

　　首先，铃声有警示作用。响亮的铃声，警示着做人要有底线。无疑，学场里充满竞争。但我们应清醒：嫉妒是万恶之源。笔者念中学时是20世纪50年代，那时人与人互相帮助。如今听到，个别大学生给同宿舍的同学下毒，个别高中生给同班同学修改高考志愿，这些孩子真是让人不寒而栗。嫉妒到了极端，酿成了犯罪。

　　其次，铃声有激励作用。激昂的铃声，激励着年轻人要立大志。教育家陶行知先生告诫后生："人生为一大事来，做一大事去。"要做大事，不为做大官。笔者在青年时代，信奉的是"把祖国的需要作为自己的志愿"。在北京二中读高中时，我们班有一个优秀生团队，响应祖国"向科学进军"的召唤选取专业，大学毕业后，其中多数人选择在科学院工作，成了各方面的专家。我们以奉献为荣，至今不悔。当今，人们往往为"个人"和"小家"费尽心思，殊不知到晚年才会明白，人生的真正幸福来自于精神家园。

　　最后，铃声有启迪作用。深沉的铃声，启迪着我们人生的智慧。我们都有这样的感受：当你特别爱听一个老师讲课的时候，下课铃响了，你还没听够，你会觉得时间很短；反之，你会觉得这堂课时间很长。这种对时间感觉的"相对论"，包含着深刻的哲理。感觉时间短，是快乐和愉悦的；感觉时间长，是痛苦和压抑的。"度日如年"不就是这样的体验吗？一些老人显得年轻，甚至鹤发童颜，那是因为他们的心态好。应该说，同样的时间，对不同心态的人是不等值的。所以才有"洞中才数日，世上已千年"之说。如果能从铃声中悟到这个层次，那人真是有幸。时间就是心灵的感受，以此为基点构建自己的生活，将会别有洞天，让人神往！

"一百个人心中有一百个哈姆雷特"，不同的听铃人会有不同的感受，但只要催人上进就好。

现在北京二中上下课的铃声，已完全改为悦耳的音乐，好多是世界名曲，并不断更换，每每在校园回荡，令人神往。

愿校园的铃声化为永恒，伴随你的一生。

肉香与书香

孩童时，只知道肉香，逢年过节有香喷喷的米粉肉，是满盼望的。

上中学后，老师常常讲人和动物的区别，懂得了：只知道肉香的是动物。读书多了，肉香渐渐淡去。

步入老年，夕拾朝花，时常追寻往日的书香记忆。

我年轻时，读到《古文观止》中的《陈情表》，留下永志不忘的印象。

这篇奏章是西晋李密写给晋武帝的。朝廷的任命下来，急切催促他赴任，可祖母已九十有六的高龄，病情日益加剧，不可须臾离人。难题摆在他面前，怎么办？自古忠孝不能两全，如何取舍？李密写出千古传诵的《陈情表》。他先赞扬圣朝以孝治天下的伟业，紧接着感怀祖母的养育大恩。他幼年丧父，母亲改嫁，体弱多病，多亏祖母抚育成人。现在祖母"日薄西山，气息奄奄，人命危浅，朝不虑夕"，感念"臣无祖母，无以至今；祖母无臣，无以终余年"，为祖母养老送终，是为大孝，亦是朝廷的圣训。他进一步表白：臣今年四十有四，尽忠于陛下的日长，尽孝于祖母的日短，遂"竭命报国""臣当殒首，死当结草"，生在世上，拼命报国；死在地下，报恩结草。他忠孝两全的论述，感天动地，获得了圣上恩准和奖励。

《陈情表》成了千古传颂的名篇。它和诸葛亮的《出师表》齐名。人们说：没读过《出师表》，不知道什么是忠；没读过《陈情表》，不知道什么是孝。

此文是让我爱不释手的，是我倾心品读的美文。

1960 年，我用获得的第一笔稿费，购买了《马卡连科全集》。这套书伴随着我的教师生涯。马卡连科是苏联和高尔基齐名的伟大的教育家、理论家和实践家。他为教育流浪儿创办的"工学团"成效显著，享誉全国。他几十万字的《教育诗篇》，我夜以继日读了三遍。他的名言是"你若爱一个人，就要严格要求一个人"，阐明了爱就是严格要求的教育真谛。此话非常质朴，但深含哲理，一直是我从教的座右铭。

此书是让我百读不厌的，是我倾心品读的佳作。

退休后，我致力于国学传承，研读《孝经》，始知"夫孝，德之本也，教之所由生也"，悟到：任教几十年，未传承孝道，实为失职。这可谓是晚到的书香。

我常常问自己：闻到书香是一种什么感觉？

书香，有时是读到某书、某章、某句，甚至某个字，瞬间有感，不禁"拍案叫绝"：这文章怎么写得如此超凡？"人人意中所有，语中所无"，但作者却写得淋漓尽致，让人豁然开朗。

书香，有时让人陶醉，有不知身居何处，"忘乎所以"之感。你可曾有过"云深不知处"的感悟？

捧起书，持续追寻"拍案"和"忘我"的瞬间。

悄然，明朝名臣于谦的《观书》诗浮上心头，"眼前直下三千字，胸次全无一点尘"。我想，书香应是淡雅、纯净的。

忠厚传家久，诗书继世长

　　60多年前，笔者家住北京朝阳门内小雅宝胡同。住家四合院的两扇木制大门上，镌刻一副楹联："忠厚传家久，诗书继世长。"至今，清晰的字迹时时浮现在眼前，随着经典文化学习的日益推进，越发清晰。品读之感，与日弥新。

　　忠厚，即忠实厚道之传统美德。那个年代，民风淳朴，评价的第一标准就是忠厚。四合院内谁家的孩子诚实、懂规矩、孝敬父母，则得到邻居的赞赏。反之，则受到大家的唾弃。

　　在中国任何一个家族、家庭最最重要的就是，祖辈希望子孙能平安幸福并代代相传。"忠厚传家久"就是家族、家庭的传世箴言，是最朴实的治家格言。倘背离此训，则富不过三代。近日看到接二连三的巨腐贪官的家庭败落，无不缘于做人、做事背离了忠厚。贪官做报告时像人，背后是鬼。有的贪官儿子竟成了父亲贪腐的马前卒，代收贿赂，花天酒地，纸醉金迷，最后父子并肩入狱，儿子成了父亲的掘墓人。不用说三代，到第二代就家破人亡了。这样悲剧的发生，归根到底都是缘于背离了忠厚。

　　诗书是中华文明的经典教材，"孝悌忠信礼义廉耻"是中华文明的基因。诗书万卷讲的做人道理可归纳为此八德。"诗书继世长"阐明，中华经典文化是保证世世代代平安幸福的命脉，没有文化的民族迟早要衰败。

　　今人学习经典，自然要捧读"四书五经"，从中汲取精华。十多年来，诵读《弟子规》的琅琅书声，使神州大地春意盎然。

　　为了更广泛地学习经典文化，可以提倡品读、撰写楹联。

　　楹联是中华文化一种短小精练的文化载体，在神州大地随处可见。在宫殿，在庙宇，在厅堂，在房舍，甚至在桥梁、在洞穴，处处可见。只要留心学习，我们无时无刻不会受到熏陶。

人们经常诵读的人生格言，很多是对仗工整的楹联。逢年过节写的春联，给家家户户带来福音；送别老人、名人的挽联，是寄托哀思的珍贵形式。

在我国，自私塾开始就有对对子的教学传统，生动活泼。古今诸多文化名人对对子有许多脍炙人口的佳话，启迪智慧，妙语横生，陶冶情操。

笔者特别推崇的家教楹联，是林则徐传给子女的这副："子孙若如我，留钱做什么？贤而多财，则损其志；子孙若不如我，留钱做什么？愚而多财，益增其过。"他教育子女要"薄钱财而重德才"，这种深谋远虑，在当今愈发显得珍贵。

欣闻高考要考楹联，十分赞同，这有利于经典文化的进一步推广。

愿我们的老师、学生、父母、儿女留心赏析楹联，用心撰写楹联，不断提高文化修养。

受益终生的文学课

1956 年，我在北京二中读高中。从这一年起，教育部决定把中学语文一分为二：《文学》和《汉语》。在中国的中学语文教学史上，这是前所未有的大事。

《文学》以中国文学史为线索，从先秦讲到现代。这套教材，使我们这些学生受益终生。有的同学一直把这套教材保存到现在，已时过 50 多年。这套教材指导学生依据文学史系统学习重要作品，讲授系统的中国文学史常识，指导学生用口头语言和书面语言准确地描述客观事物和表达比较复杂细致的思想情感，从而提高阅读、理解和欣赏作品、运用语言的能力，扩大和提升对社会生活的认识。

《汉语》系统讲授语言、文字，包括词法、标点、语法、修辞，切实提高学生掌握语言文字规律和写作的能力。

清晰记得，《文学》开篇第一课是《关雎》："关关雎鸠，在河之洲。窈窕淑女，君子好逑。"这是我们接受的第一次爱情教育，只有男人做君子，女人做淑女，君子与淑女相配，才是天作之合。能读到这样启迪人性的经典，可谓三生有幸。

课本中的古典文学部分，对我们懂得做人的真谛影响最大。

《触詟说赵太后》启迪我们终生铭记的法则："位尊而无功，奉厚而无劳"，则"近者祸及身，远者及其子孙""富不过三代"等。

孔子赞美颜渊的话："一箪食，一瓢饮，在陋巷，人不堪其忧，回也不改其乐"，深深扎根在我们心中，使我们懂得：君子食无求饱居无求安。人最宝贵的是精神追求。

陶渊明的《归去来兮辞》启示我们，"悟已往之不谏，知来者之可追"，觉悟了以前的不对，知道弥补、改正，追悔可及的修身道理。

范仲淹的《岳阳楼记》，为我们做了"先天下之忧而忧，后天下之乐而乐"的灵魂洗礼。

大半生的经历，使我们这些现在六七十岁的老人想传承给后代的人生感悟就是：人必须有精神支柱。而这精神支柱，往往就是由十几条经典语录启示的。这套教材，恰恰提供了这种丰富的资源。

这套教材，以教人怎样做人为中心，实用性很强，为我们的阅读和写作能力打下了坚实的基础。追本溯源，笔者的朋友中从事文学写作的起始多获益于此。这套教材所选篇目皆为古今传诵的名篇，起到了播种的作用。

诺贝尔文学奖获得者莫言在失学时，曾反复阅读过他家兄用过的这套《文学》课本，受益很大。他在一篇文章中说："我最初的文学兴趣和文学素养，就是那几本《文学》课本培养起来的。"凡学过、看过这套教材的人，至今都仍赞不绝口，怀念不已。

这段受益终生的回忆，我时时萦绕在脑海，并总想说给世人。希望教育行政部门的领导、教育科研部门的专家，能关注到几十年来中学语文教材发展、演变过程中，这套独一无二的《文学》课本，也希望有的学校领导能修订和重新启用这套课本，作为校本教材，进行实验。这或许能对加强中华文化的教育起到切实的推动作用。

牡丹扇面与点心渣儿

扇面和点心渣儿是八竿子也打不着的两个物件，怎么连在一起写？这确实有点情趣。

8月的北京，酷暑难耐。一天下午，40多年前的学生孙国荣来电话，说是要给我送来她画的扇面，我说天太热别跑了，她执意要来。半个多小时后，只见她骑车来到小区门口，是从安定门骑到白塔寺的。学生的真情，让我感动不已。

打开折扇，正面是她画的蝶恋牡丹，题有"瑶池春风送仙香"。背面是她的题词："腹有诗书　翰墨桃李"，洋溢着浓浓的师生情谊。

20世纪70年代，我在北京二中教语文，她是我教的一个班的语文课代表。她妈妈是小学知名教师，以身垂范，家教严格。家校结合，培养了她聪慧、正直、真诚、勤奋好学的优良人格。她后来在东城区某国企成了一名精明能干的中层干部。退休之后，她潜心学习书画，翰墨功力日长。

师生情谊长，以文会友真。在我出版专著时，她精心帮我校对，在书籍开印前查出封面上的一个关键错字，可谓功德无量，被我赞为"一字之师"。

点心渣儿的事，要追溯到半个世纪以前。那是国民经济困难时期，肉、蛋、糖、点心等都按人凭票供应。学生为对老师表示感谢，不知道送什么好。

一天我接到一个电话，是一个在副食店工作的学生打来的。他是在南小街新鲜胡同西口卖点心的。卖完点心，木箱中自然剩下残

— 112 —

存的点心碎渣儿。思前想后，他觉得向老师表示心意，职务范围之内，只能送点点心渣儿。于是他便在电话里怯生生地问："老师要不要点心渣儿？"我顿时想到："千里送鹅毛，礼轻情意重"的古训，感动得半天说不出话来。作为老师，无论如何是不能要的。学生的真心，比金子还要贵重。

此事，几十年来，每到过节，时时想起，依然感慨万端。老伴看到我写的那篇《往事如珍》的散文，不止一次地说："你真应该写写点心渣儿。"

说来也巧，一天，我去义利专卖店想买一些糕点。走到柜台前，一眼看到了在柜台边上用塑料袋装好待卖的"点心渣儿"。瞬间，我脚就挪不动了，问："这个多少钱？"售货员回答："两块钱。"边说边用疑惑的眼光看着我，我心里明白他的意思，但他哪里知道几十年来我心中挥之不去的"点心渣儿"情结。

岁月流逝，此事已是绝版。它留给后人的或许应是当今难得的、质朴的、真情的呼唤。

扇面飘香，粉渣有情。在人间，最纯真、最久远的就是师生情谊。

师生情谊话收藏

有人喜欢收藏邮票，有人喜欢收藏书画，有人喜欢收藏瓷器……作为教师喜欢收藏什么呢？笔者在中学任教 40 多年，应该说我们教师倾心收藏的是师生情谊。

1958—1960 年，我在北京二中担任少先队总辅导员，有幸结识了长我几岁的蒋雯老师。她当时是灯市口女中的教导主任，现已从首都师范大学退休多年。我们都称她大姐。她有超常的记忆力，能记住全校学生的名字，所以学生都非常敬畏她。只要她在场，每个学生都老老实实，谁违反纪律，她当场就能叫出你的名字，好可怕。当年，在工作上，她给我很多指导，以后也不断联系。前不久，通电话时，她告诉我，20 世纪 60 年代，我作词她谱曲的一首《友情之歌》，至今依然贴在本上保留着。此外，保存的还有我发表在 1990 年 2 月 18 日《北京晚报》上的《永不忘却的怀念》这篇文章，几次搬家都没有流失。电话这边，我听到后已热泪盈眶，师生情谊无价啊！她的收藏唤起我青春的记忆，也感受着当代社会缺少的人间真情。

常康，北京二中特级语文教师，现已年近 80。他的学识和人品，在二中备受推崇。1966 年夏天，他只做了初三（4）班两个月代理班主任，却和学生结下了延续至今半个多世纪的深情厚谊。身在美国的一位学生要和同学联系，查不到线索，常老师就专程到学校的档案室，翻阅近半个世纪前的学生登记卡，找到后，逐一撕下来，一张张通过电脑传出去。学生收到后，激动不已，此举促成了学生们的团聚。

我除了收藏和学生合影的照片外，主要收藏北京二中校友写的回忆录，如《二中校友》刊物、《北京二中史略》《求索集》《星星火炬引领人生》《在一起　再一起》《脚印儿》，还有我毕业的5906班的文集和电子版照片，等等。

这些回忆文章，纯真、朴实，不见雕饰，情真意切，把人带回到那青春岁月，至今仍给人积极向上的力量。对我来讲，这些回忆录，是我撰写散文有激情、灵感和智慧的源泉，十分珍贵。

在《二中校友》上，读到学生温弼坚持二十年为吴镇之老师理发的事迹，深受感动。

读《脚印儿》，获悉学生胡琦现已是著名的书法家，他已搜集到颐和园抱柱楹联和碑匾近千件，想编辑成册，推荐"颐和楹联进万家"，以传承经典。我阅后非常赞同，遂写成《胡琦的翰墨情怀》，为之加油。

读《在一起　再一起》，油然缅怀二中的德高望重的潘逊皋先生。潘先生学贯中西，满腹经纶，是汉语词典的编纂成员，能用英文讲授古汉语。他是书法大家，是著名作家刘绍棠、韩少华的导师。学生回忆文章唤起我的记忆，感慨就德才学识集于一身而言，当今以至将来，恐无人能超越潘先生，不禁忧国忧民，有感而发，情不自禁，执笔写出《"民国先生"潘逊皋》，以示敬仰和怀念。

诸多收藏感受使我悟到，校友和学生留下的文字，有如一粒粒种子，在某一时刻，会发芽，结出果实，以回报辛勤的园丁。

粉笔末儿

出版社的编辑引领我去拜见一位知名的老教师。

门开处，只见慈眉善目的老妇人相迎。落座后，我目不转睛地端详她的满头银发，大破浪小碎花，辉映着阳光。老人家注意到这一点，爽朗地说道："好看吧？粉笔末染的。"顿时，气氛变得轻快。她接着说："我教了四十多年书，两袖清风，一身粉笔末儿。"

编辑说明来意，我随即从挎包中掏出电子课件，求教道："这是我为讲毛主席《沁园春·雪》做的，有长城雪景，配了名人朗诵，请您先看。"老人说："且慢。你在课上做了范文朗诵了吗？"我回答道："没有，我没有名人朗诵的好。"她说："在一百个人心中有一百个林黛玉。语文是把感染力放在第一位的课程。主讲教师的范文朗诵是第一要素。教学活动是一个场，教师的个人魅力是任何课件都不能代替的。"听到她的精辟论述，我不由想起编辑告诉我的，这位老师的足迹遍京城，她下海淀，上朝阳，行崇文，走宣武，到很多中小学讲学。老师接着说："现在不少老师离开课件讲不了课，有人讲董存瑞舍身炸碉堡，竟把炸药包带到讲台上演示。这是语文课吗？这是假语文课。"

说到动情处，老师从她珍藏的粉笔盒中拿出一支粉笔，走到墙边大电视旁，像是临着黑板，接着说："现在不少人把课件打到板面上，把讲课纲目一股脑展示给学生。这种教学方式值得探讨，这是把生动的教学过程变成了静态，把鲜活的东西凝固了。我们手执粉笔讲课，是引领学生的思维和心灵，边讲边板书，为有源头活水来，展现思维的动态。讲课的华彩乐章往往在某处迸发，常常是备课中没有备到的。这是课堂教学的真谛，万万不可失传。评价一堂

— 116 —

课切忌面面俱到。老师不能只是抓住学生的眼睛和耳朵，更要抓住学生的心灵。我的追求是：不求完美，只求难忘。"说着，她举起了粉笔，有力地一挥。

我又请教有关备课、教参的问题，老师说："古人云：'读书千遍，其义自见。'所谓备课，首先就是一遍一遍地研读课文。我在讲鲁迅小说《孔乙己》时，先不看任何参考资料，只是一遍一遍地读，边读边做圈点、写眉批、写感悟，十遍下来，似有心得，明确重点、难点、开悟点，自然形成教案，讲起来顺理成章。这篇小说，只要抓住一句话'大约孔乙己的确死了'，就可统领全篇。'大约'与'的确'深刻揭示了孔乙己悲惨命运的必然性。这句话深深印在我的学生的脑海中，一二十年后谈起都记忆犹新。参考、参考，就是参考，要成为大师必须要有创见。"

听说十几年来，老师致力于国学的推广，倡导发挥国学的社会影响力，自然谈到老人家的多部著作。老师说："国学教育应以教做人为本。陶行知先生说：'千教万教，教人求真；千学万学，学做真人。'"她正在为青少年编一本《国学三子篇》，教育和引导青少年成为"三子"：孝子、君子、赤子。在家为孝子，在世为君子，在国为赤子。书中选取了十几篇国学精要，如《孝经》《文昌帝元旦劝孝文》《爱莲说》《陋室铭》《岳阳楼记》《满江红》等。我们祈盼这读本能早日成为中小学的国学教材。

老师送给每人一本有关研究孔子教育思想的专著，我们深表感谢后道别。老师送到门口。我们走出几步，回首鞠躬，只见老师的银发在夕阳中闪亮——我仿佛看见她披着满身的粉笔末儿泛着晶莹的白光，情不自禁地感叹："国宝啊！"

窗外飘来读书声

　　为了能更多聆听讲座和研修文学，我选择了与现代文学馆相毗邻的芍药居小区入住。我住的三居室，在 16 层，阳面，大阳台，视野开阔。一天晚上，风清月朗，只见天上繁星点点，地上灯火辉煌。我坐在阳台上，欣赏夜景。忽然，隐隐约约从窗外传来读书声。我不由自主地靠近栏杆，静心倾听。是一个女人在朗诵，声音清晰、浑厚，但显得气力有些不足，想必是一位高龄老人。朗诵声若隐若现，像飘来的一样。

　　"庆历四年春，滕子京谪守巴陵郡。越明年，政通人和，百废具兴，乃重修岳阳楼。"听得出是范仲淹的《岳阳楼记》。

　　第二天晚上，不知怎么的，我还是大约在那个时间来到阳台，像是心里带着祈盼。果然，朗诵声如期飘来。我真是喜出望外，聆听，是一种享受。老人家，每天诵读三遍。日后，好多天晚上我都在阳台用心聆听。

　　"至若春和景明，波澜不惊，上下天光，一碧万顷；沙鸥翔集，锦鳞游泳；岸芷汀兰，郁郁青青。而或长烟一空，皓月千里；浮光跃金，静影沉璧，渔歌互答，此乐何极！"

　　听到此处，可谓人间美景尽收眼底，不禁胸怀开阔，心旷神怡。

　　后来，跟邻居打听，我才知道，17 层楼上住的是一位退休多年的老教师，已有 90 岁高龄，且已双目失明。她为了保持自己的听力、记忆力和怀想教坛生涯，每晚背诵古诗文。《岳阳楼记》是她的最爱，背得最多。

不便前去打搅，我边聆听，边默默地送上祝福。

今年端午节，有感而发，我写下一首七绝："笔走龙蛇三十年，晨钟暮鼓润诗篇。求索上下同心路，先忧后乐思仲淹。"然后，我请书法家朋友写成条幅，挂在客厅，以启示每天的修身。

"不以物喜，不以己悲。居庙堂之高，则忧其民；处江湖之远，则忧其君。是进亦忧，退亦忧，然则何时而乐耶？其必曰'先天下之忧而忧，后天下之乐而乐'乎。噫！微斯人，吾谁与归？"

老人的声音中，蕴含着无限感慨和寄托。

不久前，我去北大燕园，看望刚做完手术的老师。身体刚刚有所恢复，老师就拿起笔，每天抄写经典。老师送给我他用稿纸工工整整抄写的《孟子》集萃，9页，近3500字，令我感动不已。

这些八九十岁的老人，活到老、学到老，传承着中国知识分子的美德。

这时，我不禁想起《北京晚报》一位编辑曾写来的信，信中抒发这位年轻编辑的感慨："我真心觉得，您这一代人，是最后一代有中国传统韵味的精英学人，有修养、有文化，每次接触都如沐春风。"

这感触代表中华民族的后生，把最崇高的敬意献给我国德高望重的知识分子。

窗外飘来的读书声，是民族文化经典的传承……

智慧，就是"接地气"

　　小学时，读过一篇民间故事，赞颂的是不可战胜的英雄安泰。任何人都打不过他。后来对手发现，安泰的力量来源于大地，便用计使他脱离大地，悬空，他瞬间失去战斗力。这个故事告诉我，人不能离开土地。这个真理，我一直铭记在心。

　　上中学时，读到郭沫若 1919 年写的激情的诗篇《地球，我的母亲!》。这首诗强调人类是大自然之子，大自然是人类智慧和力量的源泉。诗人表达这样的情怀：

　　地球，我的母亲!
　　我不愿在空中飞行，
　　我也不愿坐车，乘马，着袜，穿鞋，
　　我只愿赤裸着我的双脚，永远与你相亲。

　　这首诗，充满对大自然的感恩情怀，启迪我们热爱大自然。"人是大自然之子。"这首诗是人生觉醒的启蒙、开慧之作。

　　做了教师之后，正值充满革命激情的年代，时常朗诵毛主席诗词。在 1962 年，《七律　冬云》脍炙人口：

　　雪压冬云白絮飞，万花纷谢一时稀。
　　高天滚滚寒流急，大地微微暖气吹。
　　独有英雄驱虎豹，更无豪杰怕熊黑。
　　梅花欢喜漫天雪，冻死苍蝇未足奇。

那时正值国民经济困难时期，这首诗给了全民奋进的信心和力量，不畏寒流急，只要有"地气"，哪怕是"微微"尚存，就一定能迎来新的春天。我理解的"地气"就是民心，只要民心尚存，就会孕育智慧和力量，前途光明。

退休后，我住在北京金融街，这里有一所街道办的"智慧生活科学馆"。科学馆贴近居民生活，举办了老年人手机使用培训等讲座，把科普工作做得有声有色。我经常从这里走过，不知不觉中，"智慧"二字激发了我的联想。

学经典文化，我形成了一个思维定式：研究任何问题，第一步是"正名"，即先规范出"定义"。起点正确，找对方向，再研究下一步。

什么是"智慧"呢？一段记忆在脑海浮现。

21世纪初，经典文化读书之风蔚然兴起，民间书院纷纷破土而出。我认识一对青年夫妇，二人都是学外语的，但他俩矢志国学教育。从2005年起，他俩在昌平区一所农家院，办起了读经学堂。除教授入院的学员外，他俩的儿子也在此就读。历时一年半，他们的儿子在初二下学期，转到义务教育的公立学校上学。由于打下了经典文化的良好基础，初三第一学期他考了年级第18名，初中毕业时，考了第2名，被北京四中录取。他是这所学校建校30多年来，第一个考上四中的学生。在校读书，他知书达理，对人友善，在理解力、记忆力上有明显优势，品学兼优。但由于初一、初二他未能参与评市级"三好生"，到了初三没有参评资格。在师生的呼吁下，校长专门到教委给他争取到一个市级"三好生"的名额。

这是民办书院与公办学校教育成功接轨的范例，其中人才成长的教育智慧值得研究。如果说，五千年的经典文化孕育了神州大地的智慧，那么学习经典，就可以说是"接地气"。

什么是智慧？智慧，就是"接地气"。

"接地气"是民间常用语，即口头上常说的"靠谱"，常指说话、做事贴近生活，顺乎人情。近年来，"接地气"成了褒义的赞美语。比如评价某一讲话、某一作品、某一事件"接地气"，就是老百姓的肯定、赞许。

　　"接地气"自然成了智慧的同义语。

　　油然，我又想到经典诗词中，蕴含"地气"的名句，如陆游的"山重水复疑无路，柳暗花明又一村"，可谓是人生的灯塔，为多少人唤醒了在困境中前行的智慧。又如"敢问路在何方？路在脚下"，朴实无华却又蕴含人生智慧。

　　归根到底，"地气"就是经典，就是民心。"接地气"就是传承经典，就是依民心所向思考，依民心所需办事。

　　"地气"是中华民族智慧的源泉。

宽容就是拥有

20世纪80年代，我在北京二中主持一个科研课题《学生健脑研究》，主要实施内容是"音乐静坐"。实验班的学生，在上课前10分钟，在教室听音乐静坐，听到的乐曲是巴赫的《G弦的咏叹调》；晚上睡前静坐。实验成效经中科院脑功能室测评，认定音乐静坐有利于脑功能的提升。此课题获得北京市"八五"普教科研三等奖。

在研究中，我重点参考了日本学者的专著《健脑五法》。期间，我收到大连外语学院一位女学生的来信，信中说《健脑五法》一书是她的精神支柱，此书不翼而飞，她惶惶不可终日。她知道我研究这个课题，肯定看过这本书，请我帮她在北京买一本寄去。收到信后，我给老同学、科普出版社社长吴之静写信，请他代买他们出的这本书，不想十天未见回音。这时，那大学生又来信了，打开一看，开头是"尊敬的范老师"，外交辞令，随后她大大挖苦了我一通，说"像您这样的大学者，国家应派一个秘书，好让他专门为千里之外的学生买一本书"，还有一些尖酸刻薄的话，等等。

我看后，并未生气。想了想，我没做任何解释，只是给她回了一首小诗《宽容随想》：

土地宽容了种子，拥有了收获；
大海宽容了江河，拥有了浩瀚；
天空宽容了云霞，拥有了神采；
人生宽容了遗憾，拥有了未来。

　　不久，大学生又来信了。这次，没有了外交辞令，她说："我读着您的诗，沉思良久，看着看着，我笑了。我感到生活真美好，自己真可爱。"这封回信让我十分欣慰。

　　后来我得知，吴社长出差了。回来后，他就把书寄来了。我立即给大连这名学生寄去。

　　不久，收到大学生的第三封信。她写道："收到您寄来的书，兴奋得买了一只鸡，请同宿舍的人吃了一顿。"

　　此事还有续篇。不曾想，她放暑假时，回西安路过北京，专程从北京站下车，直奔二中，想看望我。那时，看学校传达室的都是临时工，对陌生人，坚决不告诉老师家的地址。况且我家里也没有电话，真无法联系。她只好带着遗憾回到火车站。

　　可能因为分别忙于工作和学业，未得见面，联系淡化了，并未像常读到的小说那样谱写了"传奇"。

　　不过，值得欣慰的是，《宽容随想》得到不少文友的赞赏，互相传抄，有的还工工整整书写压在玻璃板下，成了座右铭。

　　的确，宽容是一种情怀，宽容就是拥有；宽容是一种智慧，宽容提升灵魂。

　　宽容为我们的生活带来神采。

龙潭湖的"童话"记忆

20世纪50年代，我在北京二中担任少先队总辅导员。那个时期，红领巾们的活动丰富多彩。

一个夏天，我带领学生在龙潭湖搞夏令营。

那时，龙潭湖公园是开放式的。它是一处碧波荡漾、绿树成荫以水景为主的园林，湖边有龙山、龙字碑林、百龙亭、龙吟阁、龙形石雕和龙桥等。龙潭湖的名称是梁思成所起。

那个年代，只要有老师带，家长都放心。我们在公园里搭帐篷露营。一天夜里，突降瓢泼大雨，帐篷里全进了水，有的还被掀翻了。学生没法睡觉，我急得团团转想办法。

突然发现龙潭体育馆就在附近，于是我带学生前去。敲大门，没人应，我发现周边围着的只是不高的栅栏。年轻人无畏，我下令一个一个爬上去，进了大院。

那个年代，民风淳朴、社会安定，还没有视频监控。天助我也，我和学生竟摸到了一个开着的门，进了大厅。或许值班的大爷自认天下无事睡着了，或许是苍天对这批孩子的关照。我们如入无人之境，开了灯，在厕所简单洗漱后，在大厅的地板上席地而卧都睡着了。

不觉天亮，值班大爷来了。我心惊肉跳，赶忙上前解释道歉。他一看是一批孩子，也心痛，竟然没发火，随后又给我们送来开水。

这个动人的"童话"，没亲身经历，恐怕编也编不出来吧？

不禁又想起，我带学生从西直门沿着长河徒步走到颐和园，那时叫"远足"，还有在卢沟桥畔，架起炉灶野炊。

当今，这类颇有情趣、能锻炼学生的活动几乎绝版。所以我万般感慨，称之为"童话"。

现在，学校外出搞活动要给家长发书面通知，家长同意后签字。好多独生子女的家长充满担心，学校老师也不愿意搞，怕担风险。因而，青少年们缺少了和大自然的紧密接触，更缺少了身心的锻炼。

呼唤"白开水"的回归

现在七八十岁的老人,孩童时是喝着白开水长大的。那时几乎家家都有一个玻璃的开水瓶盛凉开水。后来有了北冰洋汽水,气很足,在炎热的夏天喝上一瓶,透心凉,好不爽快,但人们不常喝。再后,从国外传来了可口可乐,喝不惯,人们也多不欣赏。

我们的观念是:白开水最好喝,纯净。现在的孩子多喝五颜六色的饮料,常患各种肠胃病。

由白开水说开去,引发回归的思考。

语文出版社王旭明社长,于2012年起,就打起大旗,为"真语文"教学冲锋陷阵,着实可敬。

教育者,"传道、授业、解惑也"。在"传道"之下,语文的"授业、解惑",不外乎"听、说、读、写"而已,此外,别无他活儿。

就教学论,基本功就应是语言、粉笔和板书,有如白开水一般。不能不承认,当前"假语文"风行,往往用形形色色的课件,代替了本应由教师示范的朗诵、深入浅出的教材分析和学生参与的"听、说、读、写",甚至把语文课变为政治课、音乐课、导游课。

我在北京二中求学和工作六十余年,对教学过程中的板书多有感悟。

每个教室都有黑板,每个教师上课都要写板书。在北京二中读书时,老师的板书,给我留下了终生难忘的印象。

20世纪50年代,受北大教授治校的影响,学校对老师管得比较宽松,再加上二中的老师大多人品和学识超群,一些老师上课并不带教案,主要靠板书,领导并不追究。

不禁油然想到几位老师的"绝活"。其中有不用圆规画圆的赵明臣老师、左手画地图的沈希铮老师和板书大师潘逊皋先生。

赵明臣老师总是仪表端庄，他的板书工整，文字秀美，令我们佩服。高一物理讲运动学，开篇就是牛顿的地心引力，赵老师画地球，右手执粉笔在身体右前方绕圈一画，黑板上就清晰地呈现一个圆，像圆规画的一样，我们都目瞪口呆了。太绝了！我们对老师佩服得五体投地。下课后，我们争先恐后地到黑板前画圆，大圈套小圈，可总不圆。这一情景，给我们留下了永恒的记忆。

沈希铮老师教地理。他是左撇子，上课常常不用带大幅的挂图，讲到哪一个省，左手一笔画出一个省，曲曲弯弯，惟妙惟肖，同学们赞叹不已。

书写板书的大师是潘逊皋先生。他是北大中文系毕业，学贯中西，满腹经纶。他可以用英文讲古汉语，被尊称为"民国先生"。他还是书法家，行书尤为清秀俊美。

那时都是在蜡纸上刻钢板后印的卷子。一次他监考，卷子上有一个字印得不清楚。只见潘先生在黑板前弓步，一笔一画写出一尺见方的"鹤"字。同学们一见，都不答卷子了，欣赏书法。作家陈援回忆说，这"一字之师"启发了他对文学的爱好，使他逐渐走上写作的道路。

板书体现了严谨的教风和学识。教师板书对学生的深远影响，不仅限于知识的传授，更是形象地树立了做人的榜样。

后来我当了教师，备课的最后一个环节就是设计板书。我上课，就是一节课一黑板板书，从黑板的左上角写起，直到写到右下角止。教师的讲课要语速适中，让学生跟着你思考。板书的基本教学功能，是引领学生思路。板书不是随意写的，围绕重点、难点，以板书增强视觉记忆。

那时，历史教师尹世霖是用毛笔写教案，可见功底。他的爱人二十二中的赵贵玉老师的板书风格堪称一绝。她也是从黑板的左上角写起，写到右下角。一节课的最后环节是总结，她又从左上角回顾，讲到一点，擦去一点，再讲到一点，再擦去一点，重点、难点讲完了，黑板也擦完了，从不给学生留下擦黑板的活儿，每节课都是这样，几十年如一日，真让人肃然起敬，这一代教师都是用心在讲课啊！

笔者注意到，现在的青年教师汉字功底欠缺，不少人的字拿不出手，板书也不规范，相当多的人上课，只用课件，不写板书。板书作为必不可少的教学手段，正在丧失或断代，不能不引人深思。当然，酌情设计、使用课件和其他手段辅助教学亦应予以重视，但一定不能喧宾夺主。

退休后，我应邀外出讲课，只要求主办方提供黑板和粉笔，这是我讲课引领思路的法宝。我们这一代教师对粉笔末儿情有独钟。

白开水最养人，于平淡之中滋养万物，教育和教学亦然，朴实无华才是真。这里，"白开水"的寓意就是质朴和纯真。面对形形色色的大千世界，我们应静下心来，呼唤"白开水"的回归，可谓"人间正道是沧桑"。

水源头遐想

假日，和学生一起游樱桃沟。

我们沿溪流而上，攀登嶙峋的怪石，绕过青翠的竹林，来到了水源头。

水源头峰上有座凉亭，亭柱上镌刻着一副字体俊秀的楹联："行到水穷处，坐看云起时。"学生们纷纷掏出笔记本记下来。我在默念中陷入遐想：

此峰不算高，四周也不见云雾缭绕，那么，"水穷""云起"之感从何而来呢？我想，前人在此建亭的意愿，不仅在供游人小憩，或许还希望人们身处青山秀水之中能有心灵的升华。水的源头正是云的起处，水升腾为云，云化雨成水。这里，水与云交融，其情其景，韵味深远。蓦然，我悟到：教师和学生不也是这样吗？教师的心血倾注在学生身上，升腾，化作了五彩的云霞。我们仰望绚丽的云霞，可曾想到那"水源头"呢？

下山，学生们欢呼雀跃着，我也觉得脚步轻快。望着涓涓的溪流，听着潺潺的水声，我仿佛看到了宽阔的江河、浩瀚的海洋，它们不都起源于这山间小溪吗？有人称教师是太阳，诚然，太阳是辉煌的；有人说教师是园丁，赞美的是教师的辛劳。我说，教师像是小溪，他们崇高的信念、美好的追求汇入学生的心田，他们伟大的事业、永恒的生命和学生融为一体，源远流长——"问渠那得清如许，为有源头活水来。"或许，这就是前人留下的哲理，前人期待的心灵升华吧！

厚积落叶听秋声

66年前的小学同窗写了一本回忆录，邀我为她题书名，同窗名"蓉"，我起的书名为《芙蓉的秋色春光》。

书名得到同窗赞许，自然学友们也围绕"春光""秋色"展开怀想。

我油然想起散文作家韩少华脍炙人口的《寻春篇》，其中的名句是"草色遥看近却无"。早春时节，郊外踏青，一种美妙的情景是：看到不远处有一片青绿，而走到近处，却不见了绿色。"遥看"与"近看"，竟不一样，似有若无，真是妙不可言。可见，踏青、寻春，是距离产生美。

作为读书人，念想春光秋色，我自然是诗句先涌上心头。

我不推崇欧阳修的《秋色赋》，"其意萧条，山川寂寥""草拂之而色变，木遭之而叶脱""物既老而悲伤""物过盛而当杀"，它过于悲凉。在世人，"悲"往往成了秋的色调，"心"上的"秋"也就成了"愁"字。

我倾心于刘禹锡的《秋词》，胜似春光。他另辟蹊径，一反常调，以最大的热情讴歌秋天的美好。

"自古逢秋悲寂寥，我言秋日胜春朝。晴空一鹤排云上，便引诗情到碧霄。"他以博大的胸襟非凡地溶解了种种抑郁，融入了对秋天更高层次的思考。诗人以鹤自喻，腾云凌空，遨游天地，抒发秋天的生机。气势雄浑，意境壮丽，诗情旷远，哲理的意蕴与艺术的魅力水乳交融，励志怡情。秋声秋韵入心扉，醉人、醒人，不禁让人心旷神怡。

在北京谈到秋色，自然要想到香山红叶：看漫山红遍，层林尽染。然而，有一些北京人却另有情致，他们专程到钓鱼台赏秋。

钓鱼台外有长长的银杏人道。高耸的银杏树飘落下的树叶，积成厚厚的金黄色的绒毯。摄影爱好者举起相机选取角度，留下记忆。有人抓住树叶飘落的瞬间，录下无声的飞舞。然而，笔者专程赶去钓鱼台却是为了脚踏银杏叶，倾听它的声音。

厚积落叶听秋声。

晚秋时节，沿着长长的小路，迈开步履，一脚踏上，一声"咯吱"，又接上一声"咯吱"。窸窸窣窣，绵绵不断。

洗耳倾听，听到了什么？

我不禁想到龚自珍的名句："落红不是无情物，化作春泥更护花。""落红"以自己整个的身躯化作了"春泥"，这是默默地献身，这是无上的真情。

落叶是叶对根的情义，化作春泥是献身，片片秋叶总关情。

再走，再听，再品，又听到了什么？

秋是收获的季节。春泥是为明年播种的准备，春泥蕴含着秋叶的责任。心灵在感应。哦，我悟到了责任。无边落叶萧萧下，寄意来年有担当。秋叶为新的生命准备了根基。秋叶在履行着使命，片片秋叶有传承。

秋叶是有情有义的。秋叶是成熟的象征。人也只有悟到了献身，悟到了责任，才真正懂得了生命。

落叶无边，秋声无限。

谈到秋声，又想起浪漫钢琴王子理查德·克莱德曼的《秋的呢语》。这是首非常有感染力的抒情诗。倾心聆听中，我们感受到"秋天来了，万物投入大地的怀抱，积蓄力量""陶醉在金秋，不知有多少等候？"啊！音中有诗，诗化成音。树叶飘落投入大地的怀抱，化作春泥，积蓄力量，等候种子，再续生命。这是秋之语，亦是春之歌。

应该说，无论是"春光"还是"秋色"，都给人以启迪。早春是要看的，"草色遥看近却无"，看到生命的孕育；晚秋是要听的，"厚积落叶听秋声"，听到生命的传承。无论是看，还是听，都是心灵在感应。如果只是饱了眼福、耳福，没有入心，那可愧对了大自然的恩泽。

诗与歌的芳华记忆

自 1956 年起，我在北京二中读高中。这所京城知名老校，文化氛围浓厚。

20 世纪 50 年代，学生会工作十分活跃，办有"春柳"文学社，经常举办朗诵、演讲和歌咏比赛。我是以上各项活动的积极参加者。

在那个充满激情的年代，诗与歌给我留下了难以忘怀的芳华记忆。

谈到诗，难以忘怀的有徐志摩的《再别康桥》，这是青年学子铭记在心中的永恒诗篇：

> 轻轻的我走了，正如我轻轻的来；
> 我轻轻的招手，作别西天的云彩。
> 那河畔的金柳，是夕阳中的新娘；
> 波光里的艳影，在我的心头荡漾。
> 软泥上的青荇，油油的在水底招摇；
> 在康河的柔波里，我甘心做一条水草！
> 那榆阴下的一潭，不是清泉，是天上虹；
> 揉碎在浮藻间，沉淀着彩虹似的梦。
> 寻梦？撑一支长篙，向青草更青处漫溯，
> 满载一船星辉，在星辉斑斓里放歌。
> 但我不能放歌，悄悄是离别的笙箫；
> 夏虫也为我沉默，沉默是今晚的康桥。

康桥是英国著名的剑桥大学所在地。这首脍炙人口的抒情诗，是 1928 年徐志摩乘船回国，途经中国南海时，因怀念有感而写的。诗篇以淡淡的哀愁，抒发对康桥景色的深情缅怀。思念康桥河畔的金柳、波光的艳影，甘愿做一条小草，辉映天上的虹去寻梦，但萦绕心头的只能是清纯的离情别绪：

"悄悄的我走了，正如我悄悄的来；我挥一挥衣袖，不带走一片云彩。"

几十年来，这首把瞬间化为永恒的诗，我们常常用以寄托对真挚友人和一种境遇的思念，意境深远。

谈到歌曲，伴随我们那一代人久唱不衰的是《莫斯科郊外的晚上》。这是苏联最有国际影响力的歌曲，受到一代又一代青年人的喜爱。这首歌诞生于 1956 年，是第六届世界青年联欢节上获得金奖的歌曲。它以口语化的歌词，平实地叙述年轻恋人的心境，纯美的情境和夜色交融，使人难以忘怀。那时，参加联欢节的世界各国青年深情地唱着"但愿从今后，你我永不忘，莫斯科郊外的晚上"，惜别离去。

我们在高中学的是俄语，所以常常用俄语演唱，每每意犹未尽。

20 世纪 50 年代，出了朝阳门、阜成门、崇文门，就算郊外。日坛、月坛和龙潭湖，都常留下我们的足迹。那个年代的人崇尚纯美和含蓄。年轻恋人相约"北京郊外的晚上"，有如"莫斯科郊外的晚上"一样，情景依然是"我想对她讲，但又不敢讲""默默望着我，不声响"。歌中有画，画中有诗，意境深远。

以上的诗与歌，有如清泉，滋润着一代又一代年轻人。我不禁想起先哲的昭示：真水无香，愿《再别康桥》和《莫斯科郊外的晚上》的青春芳华，引领我们返璞归真，带给你心灵的洗礼。

第三部分　育人篇

北京二中校史（1985 年版）

校史编写组集体讨论　范基公执笔
1985 年 3 月

北京二中是北京一所著名的老学校。它成立于 1910 年，当时称作左翼八旗中学堂。第一届学生只有 40 人，组成一个班。辛亥革命后，改名为公立京师第二学堂。不分满、汉，公开招生，择优录取，有了三个班。那时是初级中学，四年制。

二中的校址最初在史家胡同西口路北的史可法祠堂，即现今的史家胡同小学。1936 年迁到内务部街，原军阀段祺瑞政府内务部公署所在地，即今址。

在那个时代，公立学校比私立学校和教会学校收费少，所以家境比较贫寒的学生大都报考公立学校。二中的学生大部分是这样招来的。他们生活清苦，勤奋好学，为艰苦朴素的校风奠定了基础。

二中的师生有着光荣的革命传统。

为抗议帝国主义侵略和军阀卖国，1926 年 3 月 18 日李大钊同志领导北京人民集会游行。二中学生周正铭（初二年级）的鲜血，和刘和珍等烈士的鲜血流在一起。"三·一八"烈士墓碑矗立在圆明园遗址，石刻有 39 名烈士名单，"周正铭十五岁安徽天长人第二中学学生"字迹清晰。

值得记载的是，艺术家焦菊隐在 20 世纪 20 年代后期曾任二中校长。他在文学艺术上的高深造诣，对学校产生了很大的影响。

在国民党统治时期，二中是反动派竭力严密控制的学校之一。当时的历史教师荣天琳是共产党的地下党员，他在二中发展了"人教联"，建立了读书会，将革命的火种带到了二中。二中教师大都

— 136 —

爱国，有正义感，有真才实学，认真教书。

美国军车在八面槽轧死二中体育教师徐震东，激起了全校师生的义愤。师生们佩戴白花，送灵到十几里外的东坝。

1947年"五·二〇"运动，二中的一批学生冲破反动派的阻挠，毅然参加了"反饥饿、反内战、反迫害"的游行。

物价飞涨，民不聊生，公立学校中小学教师生活难以维持。地下党团结广大教师，在1948年上半年，发动了一次"罢教"斗争，取得了胜利，迫使当时的国民政府发还拖欠已久的薪水。

1949年1月，中共北京二中地下党支部成立，现任地质矿产部副部长的夏国治同志就是这个时候入党的。

1949年4月1日，共产党派薛成业、蔡公期等同志来接管二中。从此，古老的校园获得了新的生命。为了纪念这一历史性的转变，"4月1日"被定为校庆纪念日。

新中国成立以后，二中大力加强了政治思想工作，并认真学习了老解放区的教育经验，成为1949年上半年北京全市最早建立了良好教学秩序的四所学校之一。

三十多年来，二中随着祖国的前进而前进，随着祖国的曲折而曲折，中心是全面贯彻党的教育方针。"片面追求升学率"和"否定智育"都曾给了学校较大的冲击，但二中的师生进行了扎实的工作，使学校基本保持了正常、稳定的教学秩序，保持了认真教书、刻苦学习、艰苦朴素传统。

多年来二中形成了优良的传统和作风。抗美援朝战争中，同学们踊跃参军，保家卫国；"四五运动"中，同学们英勇捍卫周总理的光辉形象；新中国成立以来，"把祖国的需要作为自己的志愿"成了二中毕业生代代相传的行动口号。由于教育事业的发展，先后有几批高中毕业生留校从事教育、教学工作。他们热爱教育事业，积极钻研业务，做出了显著的贡献。像现任校长张觉民就是1953年考上大学后，仍因二中需要，选择了留校工作，从而放弃了上大学的机会。他经过自学，达到了大学毕业水平，能教中学的文、理多门课程，并善于运用教育理论总结工作经验。他的文章《我们学校的课程、制度及其他》由《人民中国》杂志向国外做了介绍。他被选为市人民代表，是全国"五讲四美""为人师表"优秀教师，被评为1984年北京市劳动模范。

在二中，艰苦朴素、刻苦学习的传统成为巨大、无形的推动历届学生上进的力量，"扎实、创造、团结、有恒"的校风熏陶感染着每一个人。

从新中国成立时算起，二中培养了一万五千多名初、高中毕业生。二中桃李满天下，三百六十行，行行都有栋梁。现任地质矿产部副部长夏国治、航空工业部副部长高镇宁、核工业部副部长陈肇博就是二中校友的优秀代表。

1955年在二中同班毕业的李振潜、周盛、李家瑞，同时在1978年出席了全国科学大会，被传为佳话。

1955届校友刘文翰等为我国第一颗原子弹爆炸成功做出了贡献，获得核工业部颁发的荣誉证书。

1955届校友李望禹，身患骨癌，忍着剧痛，在病榻上坚持工作到临终前的第三天，其技术生涯发出了绚丽的光彩。

学校了解到的，在科技工作上取得显著成果的校友还有：1943届周立，1953届董克柱、吴彦雷、佟世昌，1955届郑启华、何君毅、王炳忠、夏武颖、高冀生、彭晋龄、程文铨，1960届严智强，还有吴德恺等。

1981届校友丛京生出席了我国第三届图论讨论会。当时他是北京大学二年级学生，二十岁，是出席会议最年轻的代表。

作家刘绍棠、从维熙、韩少华、尹世霖，在二中读书时就走上了创作的道路。二中是他们事业的摇篮。

校友李燕杰是我国第一个德育副教授。

1961届校友，归国华侨瞿弦和现任中国煤矿文工团团长。

现在活跃在文艺界的二中校友还有：张天民、李洪洲、徐庆东、李亚林、戴于吾、雷恪生、关登瀛、李才雍、舒乙、杲瑞卿、李小沪、聂昌硕、李燕、张颂南、班金鹏、苏友中、龙瑞、李英杰、文国璋、李绍武、王世澂、李培禹、郑小川、刘超等。

现正在校读书的高二年级学生王晓，编写了29万字的《中国历史地名小词典》，即将出版。他是二中培养的众多文科人才的后起之秀。

三十多年来，二中向教育部门的领导机关和兄弟学校输送了一批又一批骨干，约有三百余人。其中包括原市教育局副局长、进修学院院长薛成业，中国教育学会秘书长蔡公期，东城区教育局副局长米桂山以及其他校长级干部十几人。

三十多年来，二中多次在市、区各种会议上介绍教学、教育工作的经验。主要有"从学生实际出发，进行思想政治教育""培养学生掌握知识、增长能力、陶冶品德、发展特色的统一""组织青年教师学习，提高文化水平""积极开展课外科技活动和适合青少年特点的共青团、少先队活动"等。《人民教育》《北京教育》《光明日报》《教育研究》《中国教育报》等报刊，多次刊登这些经验相关的文章。

二中教师积极编写教学和学术著作。已出版的有数学教研组编写的《初中数学基础知识》、语文组刘明老师编写的《文言短文选读》、历史组尹世霖老师和二十二中赵贵玉老师合著的《中国近代史自学读本》等。

多年来，二中通过开展丰富多彩的课外活动，培育出多种多样的人才。

原国家篮球队教练陈文彬、原北京排球队教练张天任、体育播音员张之，都是二中的校友。二中为北京队和其他专业队输送了不少乒乓球、排球、足球、田径、举重等项目的专业运动员。

近年来，二中多次获得北京市中学生乒乓球比赛单打和团体冠军。篮球项目则夺得过北京市中学第三名。

学校要求学生"爱锻炼、会锻炼、练身体、练意志"。学校体育活动活跃，多次被评为北京市达标先进集体。

学校在开展课外科技活动中不断取得新成果，两年来连续被评为"课外活动先进集体"。地学小组的论文《创建地学走廊　普及地学知识——东单街头公园改建规划》，获得1982年全国第一届青少年科学创造发明比赛和科学讨论会一等奖。

近年来，二中对多年的教育、教学经验进行了归纳，并制订了今后发展的规划，它们的要点是：

一、全面贯彻党的教育方针，提出"全面发展，学有特色"的教育思想。张觉民校长以此为题在南京召开的全国部分中学校长会上做了专题发言，受到重视。还先后在北京、天津、苏州和新疆等地进行讲学交流，受到欢迎。

二、坚持以教学为中心，把传授知识、培养能力、陶冶品德、发展特色统一起来；提倡培养兴趣，鼓励创造精神，重视实践等教学原则。

三、认真贯彻党的知识分子政策，调动了广大教师的积极性，形成了有良好教学风气的教师集体。

四、贯彻以学生为主体的思想，注意研究和加强学生学习方法的指导。学校通过对学生记忆和思维能力的调查，了解情况，经常向学生讲些教育学、心理学的知识，组织专题讲座，推广科学的学习方法。

五、制定教学活动的规章制度。学校的《教学规程》和《学习规程》，对教师的教和学生的学明确了统一的要求。东城区教育局还向全区各中学进行了转发，也受到全国各地兄弟学校的注意。

六、重视开展课外科技活动和文体活动。设立专门机构——课外活动组，配备专职和兼职辅导员，提供场地和经费。学校总结出开展课外科技活动的三点好处：有利于学生学到扎实、宽厚的基础知识；有利于发展学生的智能，形成和提高科学素质；有利于培养学生的爱国主义情操和优秀的精神品质。学校的文体活动也逐步形成和发展着自己的特色。

七、从学生实际出发，根据青少年特点，进行生动活泼的思想教育，注意发挥校风的作用，注意形成教育内容系列化。像结合校庆进行"尊师爱校"教育；初二年级组织"当我十四岁的时候"主题队会，进行革命理想教育；国庆前夕组织"天安门前看升旗"活动，进行爱国主义教育；清明扫墓，进行共产主义教育等等。

这些活动都收到了较好的效果，在青少年心中播下了革命的火种，激励他们为振兴中华发愤读书。

多年来，二中的共青团和少先队开展的富有创造性的工作，多次受到称赞，并得以在市、区介绍经验。

八、学校有一个强有力的领导班子，他们的成员热爱教育事业，懂得教育、教学规律，富有实干精神和民主作风。这是办好学的关键。1979 年，经区、市批准，二中第一个进行了民主选举校长的试点。到现在，已正常进行了三届选举，积累了较好的经验。

多年来，在社会上二中一直享有较高的声誉。学校的教学、教育质量一直比较高，并能不断有所创新。能保证这一点，是有一支热爱教育事业、业务水平比较高、兢兢业业工作、具有良好学风的教师队伍。

学校领导在教师队伍的建设上，既重视使用，又注意培养。除了普遍要求之外，还特别注意区别对待、妥善安排。有"大循环"（从初一教到高三）、"小循环"（只教初中或高中）和"坐桩"（在一个年级教两三年）、"把关"（只教初、高中毕业班）四类。这样，教师备课相对稳定，有利于钻研业务，熟悉学生，既能保证教学质量的不断提高，又能促进教师的成长。这样的安排，使二中拥有一批教不同年级、不同课程，教有专长，收效显著的教学骨干。

二中的教师对学生既能严格要求，又注意因材施教。

二中的教师教学态度严谨，工作扎实，有创造精神，能为人师表，在学生中有很高的威望。

悠久的历史、光荣的传统、良好的校风、团结上进的领导核心和一支稳定的、教有专长的教师队伍，培育着"全面发展，学有特色"的一代新人，这就是北京一所重点中学——北京二中提供的经验。

（出处：1985 年 3 月《北京二中建校 75 周年纪念册》
2017 年 8 月有三处纯数字更正）

告别数字，回归个性校名

　　学校中的一切都具有教育性，而校名则居于学校文化教育的首位。

　　一个人降生的头等大事是起名字。一家几代人翻阅经典，查看《辞海》，甚至访求名人，绞尽脑汁就为了给后代起一个大吉大利的名字。人们相信，名字有文化的内涵，摆脱俗气，会给人一生带来好运。同样，一个学校的校名也蕴含着创办者的教育理念、办学思想、育人方针，一旦命名，则成为学校的非物质文化遗产，代代相传，成为激励学生上进的动力、追求的目标，成为学校品质的象征。一些名校因此形成了品牌，令万千学子向往、追求，同时为社会贡献了卓越的教育资源。

一、校名文化是一个历史课题

　　新中国成立后，由于众所周知的原因，1952年学习苏联，把凡自命名的学校一律改为数码，在北京有一二百数码之众。从此校名进入"数码"时代。原来百花齐放、万紫千红的校名被扼杀，校名文化荡然无存。

　　值得庆幸的是，改革开放启动了中华民族伟大复兴的万代工程，传统文化的断代得以接续，并日益弘扬。《大学》曰："物有本末，事有始终。知所先后，则近道矣。"同样，《论语·子路问政》亦给我们以启示。子路曰："卫君待子而为政，子将奚先?"子曰："必也正名乎!""名不正则言不顺，言不顺则事不成。"可见，怎么复兴? 复兴的起点在哪里? 国学经典告诉我们，推进教育改革，要先抓正名，即恢复老校名。校名正，则教育兴。

二、北京市中学校名的现状分析

第一类：以数字命名的校名。如二中、四中、八中、一二五中、一七一中等等。这类学校中数码小的，多是历史悠久的老校，其中多为办学成果卓著的名校，这一数字堪称金字招牌。而几十名以后的各类学校，这些数字多无文化内涵。

第二类：大学附中。如：北大附中、清华附中、人大附中等等。这类学校，依托大学而闻名，大学的名声就是它的招牌。

第三类：以地名命名的校名。如：阜成路中学、牛栏山中学、国子监中学等等，校名与地名的文化内涵有关。如国子监中学因地处国子监，在孔庙对面，以此命名体现传统文化的特色。

第四类：原为教会学校，在新中国成立后改为数字学校的。如贝满女中改为女十二中，现为一六六中学；慕贞女中改为女十三中，现为一二五中学；育英学校改为二十五中；汇文中学改为二十六中。其中二十六中于1989年4月经批准改回汇文中学。这一批已改名的教会学校，应进行论证，其中有哪些学校在适当的时候可恢复原名，是一个值得研究的课题。

第五类：新中国成立前原自命名的私立学校，改为数字学校的。如崇实中学改为二十一中，大中中学改为二十二中，大同中学改为二十四中，孔德中学改为二十七中，崇慈中学改为一六五中，等等。

私立学校的创办者在给学校命名时，都赋予了深刻的文化内涵，体现崇高的办学宗旨和育人理念，如崇尚务实、崇尚慈爱等等。这类学校改名为数字，断送了该校的历史使命。正如把一个人的名字改为数字，能得到哪一家父母的认可？

这一类自命名的私立学校，亟待恢复原来的校名。以下举例说明几个自命名的校名的文化意义。

如二十七中的前身是孔德中学，是1917年12月25日由蔡元培等文化名人创立，以法国实证主义哲学家孔德命名。李大钊、周作人、沈尹默、钱玄同等都曾在此任教。该校堪称北大文学院的附属中学。蔡元培、胡适、李大钊、周作人、沈尹默、钱玄同等人的儿女都曾在该校读书。该校培养的名人有钱三强、石评梅、陈香梅、吴祖光、吴祖强、于是之等。该校依蔡元培的教育理念，创造了"以美育代宗教"的开创性育人经验，在当年领先全国。

又如三十一中的前身是百年老校崇德学校，梁思成、杨振宁、邓稼先等十名院士以及著名艺术家孙道临曾在该校就读。"崇德"语出《论语·颜渊》。崇德，就是提高道德，子曰："主忠信，徙义，崇德也。"即"以忠诚信实为宗旨，追随和服从于义，这就可以提高品德了"。这正是传统文化育人的宗旨。

再如三十五中的前身是志成中学，建于1923年。革命先驱李大钊先生曾任该校董事会董事，提出了"改变民族落后，发展教育事业，培养栋梁之材，有志者事竟成"的办学宗旨。几十年来，该校形成了"励精图治、自强不息、艰苦奋斗、有志者事竟成"的志成精神。

三、恢复老校名和创立新校名的建议

据悉，上海已把学校的数字序号去掉了。2006年起南京也就校名文化展开了讨论。南京市人大代表、南京市教育科学研究所副所长谷力就此议题向市人大常委会递交了一份《关于提高校名文化内涵的建议》。他认为：学校的一切都应该具有育人文化的意义和内涵。以数字序号作为学校的名称，使学校缺乏个性、特色及文化含义。学校的名字具有教育和象征作用，蕴含崇高的理想主义。将数字校名更改，恢复原名，还可提高校名的文化内涵，推动学校文化建设。南京市教育局很重视谷力所长的建议。随后，南京一些学校更名，其中原石岩九年制学校更名为贺知章学校最引人瞩目。贺知章学校位于唐朝诗人贺知章的故里，学生以在这有着丰厚文化底蕴的地方读书为荣。可见，新校名产生于本土文化精华，是宝贵的文化创意，很有借鉴价值。

北京多所中小学亟待改回老校名。

北京大学教育文化战略研究所所长王继华教授在三十五中建校90周年纪念仪式上呼吁："我郑重建议三十五中恢复'志成中学'的名称。"

三十一中校长张礼斌，盼望经过几任校长和众多校友的努力，恢复"崇德学校"的校名能够早日实现。

恢复老校名和创立新校名的步骤：

首先，全校师生讨论并广泛征求多届校友的意见，形成恢复老校名的共识；

其次，写出专项申请，上报市教委、市政府批准；

最后，现为数码代号没有老校名的学校，可参照校史沿革、所处地点的人文地理资源等，经过反复酝酿，广开思路，选取命名。

学校的名字具有教育和象征作用，蕴含崇高的理想主义。将数字校名更改，恢复原名，还可提高校名的文化内涵，推动学校文化建设。

恢复老校名和创立新校名，告别校名的"数字"时代，是文化，特别是传统文化功德的伟业，让我们即刻起步，在神圣的回归中，获得明德的提升，引领教育的伟大工程。这既是历史的接续，更是文化的创新，望教育界有识之士为此贡献智慧，以慰先人，以启后世。

"丽泽"校名从《易经》走来

校名文化是一个历史、文化的课题。

学校中的一切都具有教育性，而校名则居于学校文化教育的首位。

一个人降生的头等大事是起名字。一家几代人翻阅经典，查看《辞海》，甚至访求名人，绞尽脑汁就为了给后代起一个大吉大利的名字。人们相信，名字有文化的内涵，摆脱俗气，会给人一生带来好运。

同样，一个学校的校名也蕴含着创办者的教育理念、办学思想和育人方针。一旦命名，则成为学校的非物质文化遗产，代代相传，成为激励学生上进的动力、追求的目标，成为学校品质的象征。一些名校因此形成了品牌，令万千学子向往、追求，同时为社会贡献了卓越的教育资源。

获悉，2000年丰台师范学校与丰台第三中学合并冠名为首都师范大学附属"丽泽中学"，可喜可贺。

"丽泽"取自《周易》第58卦"兑卦"（兑为泽）。兑为喜悦，又为泽。兑卦兑上兑下，卦象两泽相叠，即两水交流。君子见此卦象，从而广交朋友，讲习探索，推广见闻。

《朱熹本义》亦曰："两泽相丽，互相滋益，朋友讲习，其象如此。"

丽泽文化源远流长。南宋建有丽泽书院，香港建有丽泽中学。很多地域都以丽泽为名以取吉利。它的核心是"效法自然，君朋讲习"。

丽泽中学的教育、教学活动，有幸得到中国教育史研究资深专家梅汝莉教授的深入指导，紧紧抓住"君朋讲习"的理念，开展多层次的教育、教学活动，创建和不断拓展"丽泽文化"，把一所普通中学办成了区域品牌中学，成为全国弘扬中华民族优秀传统文化的典范学校。由此可看出校名文化巨大的教育影响力。

学校的校名源于经典，本身就蕴含着源远流长的教育魅力。

如北京三十一中的前身是百年老校崇德学校，梁思成、杨振宁、邓稼先等十名院士以及著名艺术家孙道临曾在该校就读。"崇德"语出《论语·颜渊》。崇德，就是提高道德，子曰："主忠信，徙义，崇德也。"即"以忠诚信实为宗旨，追随和服从于义，这就可以提高品德了"。这正是传统文化育人的宗旨。

自 20 世纪 50 年代以来，北京众多中小学的校名"数码"化了。数码除了作序号外，没有任何文化意义。因而，一些学校愿意恢复老校名。如北京二十六中就在 1989 年恢复了"汇文"的老校名，拥有了推动学校建设深厚的教育资源的巨大动力。又如国子监中学，经过反复改名，终于又回归了国子监的校名，再续了与孔庙毗邻的地域优势，促进了学校的经典文化建设。

丽泽中学为我们提供了创建新校名的经验，即从传统文化宝库中，反复追寻和研讨教育经典，从中汲取精华，确定校名。这校名将成为学校宝贵的精神财富和育人宝典。

希望有更多教育界的专家、师生关注校名文化建设。

书院是民族文化自信的标志

书院起于唐代，盛于宋代，衰亡于清末，历时千载，在世界教育发展史上独具特色。我国著名的有四大书院：河南商丘应天书院、湖南长沙岳麓书院、河南嵩山嵩阳书院、江西庐山白鹿洞书院。

最初，书院是与官学并行的民办教育组织，多在山林僻静之处建舍，易于读书与修行。书院不但是教育子弟、培养人才的学校，而且往往是一个地区的文化，甚至是学术中心，其薪火相传，生生不息，成为中国人独特的精神家园。

书院是传统人文教育的重要基地。每个时代，书院总是默默担负着传承道统的使命。书院生活是一种人生体验，一种经典生活的体验，诚如阳明夫子所言："道德以为之地，忠信以为之基，义以为路，礼以为门，廉耻以为垣墙，六经以为户牖，四书以为阶梯。"书院使书生每一日对于经典的接触，都好像受到大自然般的沐浴，有神圣的气息。书院活化经典，可谓是"心灵殿堂"，使人自我更新。

1995年，赵朴初、叶至善、冰心、曹禺、启功、张志公、夏衍、陈荒煤、吴冷西等九位德高望重的老人在全国政协有个提案，即著名的《建立幼年古典学校的紧急呼吁》，以焦急迫切的文字，为我们敲响了传统文化正处于存亡断续关键时刻的警钟；"我国文化之悠久及其在世界文化史上罕有其匹的连续性，形成一条从未枯竭从未中断的长河。但时至今日，这条长河却在某些方面面临中断的危险。"指出传统文化教育面临着断代的危机，形势迫在眉睫，国学需从少年儿童抓起。这个提案可以说是当时振兴国学的旗帜。

此后，在神州大地，书院如雨后春笋般涌出。

在北京西山脚下，有一座闻名中外，建院已逾十年的"四海孔子书院"（以下简称"四海书院"）。它的前身是由冯哲先生在1999年建立的北京儿童读经教育推广中心。

"四海书院"构建中华优秀传统的传承体系，以培养汇通中西的现代中国士君子为己任。为此，在育人实践中注重中华文化对人的精神提升及内在道德的觉醒，将日常生活视为文化高远的起始点，注重修身，塑造中国文化情怀，在师生中孕育了一股复兴中华文化的动力和实践经典的精神追求。

书院学生虽大多处于幼稚园、小学阶段，但却成功培育了文化自信与教育自信。每个孩子都树立了对中国文化的热爱，对人品养成的热爱。四海学子对整个中华民族文化有深厚的情怀与信心，愿传承中华文化。

"四海书院"的院训是"诚、敬、谦、和"。

书院以人格教育为命脉，按年龄段提出不同的目标。0～3岁前入"童子园"，怡养本性。13岁前入"蒙学部"，蕴养正见。13岁后入"弘毅堂"，启养心志，符合育人规律，成效显著。此外，还有成年养德的"文德轩""研经阁"。

书院的教材以民族文化为主体，设置中西人文经典课程。

书院十年，无论是课程构建、师资培养、课题研究、体制融合，还是两岸交流和国际传播，都有成效。

"四海书院"育人成效显著，并探索出书院与义务教育衔接的可行途径，值得研究和借鉴。

十年来，"四海书院"得到国学大师南怀瑾、任继愈、季羡林、张岱年等大德的关心和指导，可谓幸事！

不久前，书院在昌平鳌山获赠500余亩山林，这里可称为自然和人文景观超尘的西山"儒家桃花源"。

在北京还有一所很有影响力的书院是"苇杭书院"，2006年成立。"苇杭"取自《诗经》："谁谓河广，一苇杭之。"在此语境下，"河"为修道必由之路，"苇"即人人之孝心孝行，即以一苇之力可达到止于至善之境界。

　　书院山长杨汝清教授以"讲习礼乐、力行孝道、敬畏天地、感念圣贤"为宗旨，以"孝"为核心，以儒家解释儒家，用经典诠释经典，出版《〈孝经〉与幸福人生》等多部专著，开办讲座，组织会讲，带领团队，弘扬国学，成效显著。

　　由著名国学大师、北京大学教授汤一介先生创立的什刹海书院，主要展开传统文化方面的专题研究、高层教学、专项培训等，以培育重道德，自信、自觉、自强之英才为宗旨，学研、学思、学行相结合为特点，探索新路，积极参加学习型社会和文化创意产业的建设。这所书院在北京具有学术引领的作用。

　　纵观书院的古往今来，从它的创立、发展和被埋没后的崛起，我们应树立这样的信念：书院是民族文化自信的标志，书院兴，则民族文化兴。各界人士应重视、参与、扶持书院的建设和发展。

"前身"的困惑与迷茫

新中国成立伊始，万象更新，那时的主旋律是清除旧的、建设新的，一切以新为时尚。

20世纪，不知从哪个年代起，"前身"在社会上热了起来，并不断升温。一些学校、一些单位，热衷于追寻自己的"前身"，仿佛自己的"前身"越久远，越荣耀，反正和文物一样，年代越久越值钱。对此，赞成者有之，质疑者有之，反对者有之。一般人多歌功颂德，多一事不如少一事，较真的人少，各行其是。"前身"之争，因此往往不了了之。但"前身"的困惑与迷茫，依然在一些知识分子的脑海中浮现。

"前身"是佛教用语，犹前生，引申义为：事物演变中原来的组织形态或名称。这在巴金的《家》、马南邨的《燕山夜话》和毛泽东的《论联合政府》中都有简洁的句子解释。"五四"时代，《新青年》杂志的前身是《青年杂志》。《燕山夜话：北京劳动群众最早的游行》一文指出："当时煤窑的出现毕竟是一种新鲜事物，那些窑主们毕竟是后来资产阶级的前身，那些窑工们也毕竟是后来无产阶级的前身。"毛泽东在《论联合政府》中也阐明："农民——这是中国工人的前身。"

可见，"前身"要求有实在的内涵，有血脉的相连，方可接续。

当今社会中，"前身"的困惑与迷茫如何解？

近日的一天，我脑中灵光一闪：高考结束了，何不前往万千学子向往的北京大学，去追寻一下这所中国最负盛名的学府的前身，或许能有启示。

我们在近现代历史的长河中追寻，从海淀未名湖畔一直追寻到

— 151 —

东城景山东街和沙滩红楼。

北京大学的前身是京师大学堂。1898 年 6 月 11 日，在维新运动领袖康有为、梁启超的推动下，清光绪帝颁布《明定国是诏》，宣布变法，"京师大学堂为各行省之倡，尤应首先举办"。随后梁启超代为起草了《奏拟京师大学堂章程》。1898 年 7 月 3 日，光绪帝正式批准设立京师大学堂，这是中国近代第一所国立大学，最初的校址就在北京市东城区景山东街和沙滩红楼等处。

当时的京师大学堂，既是全国最高学府，也是国家最高教育行政机关。因此，后来就有了北京大学"太学渊源"之说，一批硕学鸿儒纷纷支持这一观点。

1948 年胡适给北大做五十岁生日时，在其著名的《北京大学五十周年》中有过这样一段表述："全欧洲大概至少有五十个大学是五百年前创立的。美国独立建国不过是一百六七十年前的事，可是这个新国家里满二百年的大学已有好几个。所以在世界大学的发达史上，刚满五十岁的北京大学真是一个小弟弟。我曾说过，北京大学是历代的'太学'的正式继承者，如北大真想用年岁来压倒人，它可以追溯'太学'起于汉武帝元朔五年（西历纪元前一二四年）公孙弘奏请为博士设弟子员五十人。那是历史上可信的'太学'的起源，到今年是两千零七十二年了。这就比世界上任何大学都年高了！"

紧接着胡适说出了他真正的意思："但北京大学向来不愿意承认是汉武帝以来太学的继承人，不愿意卖弄那两千多年的高寿……北大也可以追溯到同治初年同文馆的设立，那也可以把校史拉长二十多年。但北大好像有个坚定的遗规，只承认戊戌年'大学堂'的设立是北大历史的开始。这个小弟弟年纪虽不大，着实有点志气！"

明年，北大就将迎来建校 120 周年了。与时下一些高校甚至中学热衷追寻"前身"、虚构悠久校史的做法迥然不同的是，北大坚持不随波逐流刻意拉长自己的历史。我们应该为北大的精神和自信点个大大的赞。

离开沙滩西行，正好可路过百年老校北京四中。北京四中是 1907 年（清光绪三十二年）6 月由顺天府出资筹建的，名为顺天中学堂，1912 年改名为京师公立第四中学，1949 年起改为现名。该校遵循史学的严肃法则，并未盲目追寻"前身"——顺天四路学堂，而认定学校创建的时间只能是定名为"中学堂"的时间，即1907年，不能随意提前。今年正是该校建校110周年。

仰望北京四中高大的校门，敬意油然而生。这古朴、庄严的老校门，是典型的中式建筑，至今傲然耸立，是四中不随波逐流的象征。

对于一所学校来讲，悠久的校史固然可以炫耀，但"年岁不能用来压倒人"，真正最重要的是精神和实力。

每一所学校、每一个单位都有自己的渊源。每一所学校、每一个单位都有自己的历史。怎样追溯自己的渊源？怎样书写自己的历史？这里面也有个求真务实的问题。求真务实大家都在说、都会说，但真正去做是多么难啊！这些年，我们看到的、听到的，有多少学校、单位，都在热衷追寻"前身"、虚构悠久历史，或无中生有，或借尸还魂，或移花接木，或偷梁换柱，手段花样翻新，只要能向前延伸，明知牵强附会，也乐此不疲，哪怕向前延伸出的几十年、上百年历史空洞无物，缺少真实的内容来支撑，也毫不在乎。这使得历史的真实性、严肃性荡然无存。

当人们普遍认为，社会民风日下、道德滑坡的同时，追逐"前身"的虚名，不也正是这种浮夸风在漫延吗？

此文正要收笔，我忽然收到朋友发来的微信，内容是1958年报纸刊发的新闻：一则是《人民日报》头版头条"麻城建国一社出现天下第一田早稻亩产三万六千九百多斤，福建海星社创花生亩产一万零五百多斤纪录"；一则是《广西日报》头版头条"环江创全国水稻丰产最高纪录：红日公社九百多亩中稻平均亩产一万七千多斤，红旗公社一亩一分多试验田亩产突破十三万斤"。现在看来真是滑天下之大稽，可当时却是一本正经的。可悲！可叹！

这种浮夸还会重演吗？人们啊！可要警惕和清醒。

至此，"前身"的困惑和迷茫，似乎有解了，似乎感到心灵的安顿。

（与86届校友、中国文物报社副总编辑王晓合写，以笔名发表）

学者、"行者"、智者

——名师之路

新年带来新的希望。希望孕育目标,目标催人奋进。现在许多学校在搞校本师资培训,把普遍提高教师素养,造就名师作为战略性的目标。成为名师是有志教师的追求,我们与名师的距离究竟有多远?怎样实现这艰苦的攀登?我们认为,作为新世纪的教师,成为教育学者、"行者"和智者是走向名师之路。诚然,成为教育学者、"行者"和智者的路是崎岖的,但伴随新课标的脉搏,我们应找到起点,迈开步伐,有所追求。

新世纪的教师,首先应力争成为教育学者。学者,分两个层次:一是泛指做学问的人;一是专指学术上有一定造诣的人。比如,北京教育学院梅汝莉教授,学识渊博,传统文化功底深厚,对陶行知教育思想的现代价值颇有研究,曾指导多所学校的教育改革,堪称后一种层次的教育学者。

要成为教育学者,首先应扎扎实实地学习,做学问。学习,最根本的是要读书。要认真学习经典,阅读名著,同时把握现代教育改革前沿的信息。这样才能厚积薄发,使教育理念得到提升和创新。

面向新世纪的教育需求,应特别重视思维科学的学习。思维科学能使我们认清事物发展的方向。世界精英们对 21 世纪的科学(包括自然科学、社会科学和人文科学)发展的走向,做过认真的预测,认为科学既会高度分化,也会高度综合。但是,分化与综合相比较,将以综合为主。国学大师季羡林也深刻地指出:"21 世纪将是中国文化(东方文化的核心)复兴的世纪。"中国文化中的思维方式，"在 21 世纪的将来，会在人类精神文明的发展中，发挥重要的作用"。

从这个高度来认识，看一个国家自然要看"综合国力"，评价一个人才，自然要看"综合能力""综合素质"。应该注意到，21世纪的教育正走向"综合"。以综合为龙头，综合性备课、综合性教学手段、综合性作业、综合性试卷、综合性评价，这一系列改革措施正渗透在教学的整个过程中。综合思维能力正成为教育学者的核心品质。

要成为教育学者，应实现不同知识结构的交融，理科教师应学点文科知识，文科教师要学点理科知识，同时还都应提高艺术（如音乐、舞蹈、绘画、美术、摄影等）修养。

要成为教育学者，应学习信息技术，这是信息时代必需的基础能力。那些信息技术熟练的教师在非典时期的"空中课堂"中发挥了关键的作用即是例证。

新世纪的教师，应力争成为教育创新的"行者"，即要积极投入教育科研与教育改革的实践。只有做，只有实践，才能获得对事物规律的认识。人民教育家陶行知先生是知行统一的典范，他信奉的"行是知之始，知是行之成"应成为我们行动的指南。

比如，"问题"研究性学习教学过程的核心，如何掌握"发现问题—研究问题—解决问题"的规律，非反复实践不行。在现实中，有相当一部分教师向学生提出的是"教材规定的问题""教师设想的问题"，甚至是"为了提问题而提出的问题"，这就背离了研究性学习的初衷。实际上，很多教师是通过课堂教学和反复的教学设计调整，才逐步认识到"关键的一步是产生真实的问题。所谓真实的问题，就是学生自己产生的问题"（美国教育家杜威语）。只有这样才能实现真正意义上的自主学习。因此，教会学生发现问题和提出问题才是教学真谛之所在。也就是说，只有躬行实践，才能掌握真知。看来，我们只有在教学实践中才能对此有真切的体会，把握研究性学习的规律。

又比如，学习和运用多元智能理论，紧密结合教学实践，正在我国众多学校蓬勃兴起。以语文教学为例，有的课文需要数字说明，有的课文蕴含音乐成分，有的课文文字优美，有的课文适合表演，有的课文适合引导制作……教师们应深入挖掘教材的多元因素，在多种形式的课堂教学中，为每个学生提供展示才华的机会，在课堂上呈现人人参与、师生互动、生动活泼的局面。别开生面的教学催动着教育"行者"的步伐。

经验表明，先进的教育理论和前沿教育信息，丰富的教育、教学改革实验，正为教育"行者"开辟广阔的道路。

新世纪的教师，应力争成为教育改革的智者，即要敢于和善于迎接教育理论和实践的挑战，用智慧解决难题。北京教育界曾提出过一个激励人心的口号"让教育充满思想，让思想充满智慧"。它把教育智慧提升到醒目的位置，意在引导教师以经验和才华，去解决教育、教学面临的"热点""难点"问题。比如，"如何实现科学教育与人文教育的结合""如何实现学科教学与信息技术的整合""怎样在教育教学中弘扬民族精神""如何增强德育的实效性""适合青少年特点的心理健康教育的途径和方法""教育资源的开发、培育和利用""校本课程的设置和教师的校本培训"，等等。

运用教育智慧解决教育难题，正开辟走向教育智者的道路。智慧从何而来？它既来自书本的启迪，又来自实践的感悟，更来自反思的升华。有的学校把培养"反思型教师"作为科研课题是很有远见的。历史启示未来，反思孕育创新。一些学校的办学思想正是在反思中升华出来的：

比如，北京二中校长钮小桦创造性地提出"建设人文校园和数字校园，促进教育的可持续发展"的办学理念。它适应新世纪对教育的要求，充分体现"以人为本"，全面引导学科教学与信息技术整合的教学改革，是办学思想中教育智慧的结晶。

又比如，师大二附中校长林福智在全国率先倡导人文教育。该校"旗前讲话学《论语》""读万卷书，行万里路"的教育思路与实践，总结了弘扬民族精神培育人才的丰富经验，是先哲的教育智慧融入现代教育的成功范例。

再比如，为解决德育的实效性问题，一批中学教师认真钻研教育哲学，大力倡导"无为"教育艺术，以"不教而教"的教育智慧，谱写当代的教育诗篇，引起多方关注。

在办学、治校、育人等各个领域，众多的教育难题正吸引着广大教师以智慧的头脑去开释。这些难题既是挑战，也是造就教育智者的机遇。

诚然，要成为真正的教育学者、"行者"和智者是不容易的，但它并不是遥不可及、高不可攀的。我们既然选定了教师这一职业，那就应该为播种文化而学习，为开辟光明而前行，为创造明天而孕育智慧。或许，这正是一种意境的追求……

用人文精神照亮心灵

——记北京师大二附中的人文教育

2002年年底，一个飘雪的冬日，北京师大二附中方正礼堂。"林福智校长办学思想研讨会"在北京市西城区教委的主持下召开。林校长提出的"构建学生的健全人格，打好学生发展的基础""尊重学生自主、倡导人文教育、重视环境熏陶、强调道德实践"的教育理念，得到了与会领导、专家和同行的高度评价和赞同。陶西平同志在致这次研讨会的信中说："林福智校长的教育理念和实践不仅对师大二附中的发展产生了重要影响，而且对北京市乃至全国的教育改革产生了促进作用。"可以说，二附中在人文教育实践方面的创新给与会者留下了深刻的印象：

- 二附中创办了我国第一个得到教育部承认的文科实验班；
- 二附中创办了中国大陆第一个中学校园内的国学社；
- 二附中创立了全面、系统、科学的人文教育体系。

从1995年开始的人文教育实践探索，到现在二附中的人文教育理念逐渐明确、成熟，人文教育实践渐成体系，并成为其办学特色。二附中是怎样走过来的？它的人文教育的特色和经验有哪些？在二附中的师生员工心中人文精神代表着什么？我们带着这样的问题走进了二附中，试图解答我们心中的疑问，同时也试图去解读人文教育的内涵、实施途径及对学生发展的意义。

德育忧思引发人文教育思考

历史启示未来，反思孕育创新。二附中探索和实践人文教育的足迹，正好显示了这样一个规律。

20 世纪 90 年代发生在美国依阿华大学的中国留学生卢刚枪杀自己导师和同学的事件，使二附中的干部教师极为震惊。卢刚是20 世纪 80 年代二附中的学生，功课拔尖，曾获北京市中学物理竞赛一等奖。为什么这样一个高才生后来会做出这样的事情？虽然这是一个极为特殊的事件，虽然它不能完全归结到是中学教育的问题，但作为教育工作者的强烈责任感，二附中人"痛定思痛"，开始了对学校教育的反思：我们现行课程中所安排的政治课和各种德育活动不能说少，但实效性为什么不理想？现实生活中屡屡发生学生自杀、伤人或伤害动物的行为，反映了学生的人格不健全、心理不健康，这到底是为什么？学生的道德教育是靠外力来灌输呢，还是靠启发学生内在的需求来实现？

林校长发现，长期以来学校的德育基本上是沿袭着一种"外求、他塑"的做法。所谓"外求"，就是对学生的道德要求、道德规范，都是来自社会、学校、家长和教师，也就是说，是来自外界的要求，而不是来自学生自己内在的要求；所谓"他塑"，就是对学生进行道德教育的方法，是通过国家规定的课程、教材和各种教育活动等，按照既定的目标对学生加以塑造，使其成为符合各方面要求的人。固然，这些是必要的，但如果对学生的思想道德教育只处在"外求"和"他塑"的状况中，那么，在教育中，学生就完全处于被动的状态，其效果当然不会好。这就是长期以来我们德育的实效性不强的主要原因。

怎样改变学生接受教育的被动性呢？林校长认为，要启发学生对良好道德的内在需求，变"外求"为"自求"，要通过各种渠道和方法，引导学生加强道德修养，自己塑造自身的人格形象，变"他塑"为"自塑"。如何激发学生对良好道德的内在需求呢？应着力于提高学生的人文素养。人文科学与自然科学的不同之处，就在于人文科学给人以价值理性，而自然科学则给人以工具理性。一个人如果真正具有较高的人文修养，那么他就会产生一种强烈的道德需要，也就不会把道德规范当成一种行为的束缚和对自由的限制，而当成促进自身完美的需要。

要让学生在智力和人格两个方面同步发展，就要对学生进行健全人格的教育，健全人格的教育应当体现为一种思想道德素质、科学文化素质、身心素质完美统一的教育，也就是全面提高素质的教育。健全人格的教育必须以文化为基础，"无文化即无教育"，这里所讲的文化是指人文文化。

基于这样的认识，林校长产生了对学生加强人文素质教育的想法，提出了二附中"加强人文素质教育"的初步构想。

1995年，赵朴初、冰心、启功、夏衍、叶至善、陈荒煤、吴冷西、张志公等八位知名人士在"两会"的一份提案——《建立幼年古典学校的紧急呼吁》中指出："不可讳言，目前我们这一代的古典学科基础已远不如上一代之浓厚，继我们而起的青年一代则更无起码的古典基础可言。多数人甚至对古典文学、历史、哲学的典籍连看也看不懂了。"

这八位人士的呼吁与林校长一直在思考的人文教育想法不谋而合，这进一步强化了林校长关于进行人文教育的思想。同时，针对当时社会上"学好数理化，走遍天下都不怕"的重理轻文的思想倾向，林校长认为，重理是对的，但不能轻文。于是，在原国家教委和市区各级领导的关怀和支持下，二附中的文科实验班成立了。对此，《光明日报》发表文章《培养新一代的国学大师》，给予了高度评价。

同年，二附中成立了国学社。台湾国学大师钱穆的夫人钱胡美琦女士给予了积极支持。钱胡美琦女士寄语二附中的人文教育："爱国应先从了解我国的历史文化起步""求学与做人，贵能齐头并进""求学的最高旨趣在做人"。这与林校长他们的认识是颇为相近的。

1997年，二附中开始在全校范围内"学《论语》，讲修养"。从此，有目的、有计划的"人文教育活动"，从课内、课外、知识、环境、言教和身教等全方位和多渠道地在二附中校园展开。

1998年，根据当时的教育方针和学校定位，二附中明确提出培养目标是"三兼优一发展"，即优秀的初中毕业生，经过三年的高中教育，应当成为人格发展和身心发展兼优、知识基础和能力基础兼优、人文素养和科学素养兼优，个性得到健康发展的优秀高中毕业生。

对于人文及人文素质教育，二附中人是这样认识的。

人文：与人类社会有直接关系的文化，一般把文学、历史、哲学和艺术等统称为人文学科。

人文素质：人所具有的文、史、哲及艺术等人文学科知识和由这些知识系统所反映出来的精神在心理上的综合体现，通常表现为人们所形成的价值观、道德、气节和思维方式等。

人文教育也称人文素质教育，它分为人文知识、人文精神和人文能力三个层次。

人文知识是让学生通过学习，懂得文、史、哲及艺术等人文领域的基本知识；熟悉中国历代人文领域的代表人物及其主要贡献；了解世界人文领域的代表人物及其主要贡献，从而丰富人文知识。

人文精神是让学生在掌握人文知识的基础上，通过对人文知识的内化以及对历史和现实社会问题的答案的求索，加强自身的道德修养，引起自己对人生和社会发展的理性思考，从而达到提升人文素质的目的。

人文能力是在掌握人文知识的基础上，学习运用人文知识分析历史和现实社会的现象，表达自己的观点和立场；学习从人文关怀的角度去解决问题；学习本着人文精神去为人处世，从而发展人文能力。

人文知识教育处在人文教育的第一个层次，是整个人文教育的基础。因为任何人文学科，其本身既是一种知识体系，更是一种价值体系和伦理体系。只有通过人文知识教育，使学生对这种知识有认同，才能把这种知识所体现的价值观念等加以内化，内化了才能形成人文精神，内化了才能培养出人文能力。

民族精神引领人文教育活动

教育是有民族性的，"教育体系是每个民族的民族意识、文化与传统的最高表现"。二附中的人文教育从宗旨、内容到途径、方法等整个体系都有着鲜明的民族特色。

我们的人文教育固然要重视学习世界各国的人文代表人物的思

想和作品，但始终要坚持以中国优良传统文化为根基，以中华民族的久远历史所积淀下来的民族的信仰、价值观、风俗习惯、伦理道德和科学艺术等为主要学习内容。否则，就不是中国学校的人文教育了。二附中的人文教育植根于中华民族的优秀文化，学经典，重躬行，讲悟性，铸灵魂，始终把人格教育作为核心。

以下是二附中的几项独特教育活动。

之一：旗前讲话学《论语》

《论语》是中华民族的一份宝贵文化遗产，它集中体现了儒家的思想。林校长认为，要弘扬中华民族的优秀传统，首先就应选读《论语》。学习方式是宣讲，每周一利用升旗仪式时间，由学校干部、教师和国学社的学生轮流向全校师生宣讲。到目前，二附中每周一的宣讲内容有"弘扬中华民族优良道德传统"15讲、"学《论语》讲修养"51讲、"古今中外人文科学与自然科学界代表人物主要观点和贡献"38讲、"法制教育系列讲话"5讲、"《公民道德建设实施纲要》讲话"51讲、"学人文讲修养"90讲（已讲了部分）等，宣讲活动从不间断。

"博览百家学识广，精研儒道受益深。"通过宣讲，学生的头脑中输入了传统美德的精华，输入了传统文化的精髓，在"立志""学习""修养""处事"等方面，学生受到了启发，得到了教益。此外，国外人文领域中的名人名作也对学生起到了熏陶作用。让我们看一看学生们感受中的几例吧：

"《品读》，品味其中的'德'——诚信、正直、宽厚、谦虚、勤敏正是掸落心灵中世间尘土，重拾人性中淳朴善良品德最好的途径。"

"每周一的讲话，开启了我们的心灵之窗，让我们懂得了生命的真义，懂得了做人的道理。我们应当完善自己，勇敢地去搏击风雨。"

"贝多芬的一曲《命运交响Ⅱ》，拯救了无数意志消沉的人，现在听起来仍鼓舞人心，催人奋进。我们将来在社会生活中的鉴赏力、办事及处理问题时所表现出来的精神和气质，都与所接受的人文教育有关。"

之二：读万卷书，行万里路

"读万卷书，行万里路"是中国传统文化中所推崇的人才成长的必由之路，二附中将此奉为育人经典。

学生获得人文知识，一靠自学，二靠"外输"。讲座和宣讲活动正是起"外输"的作用，而人文知识的丰富主要靠自己学习，自学的途径是读书。语文教研组编印了本校学生《诵读诗文集》，其中包括诗歌词曲选部分、文选部分、名句选部分和必读书目部分。学校要求学生在校学习期间要熟背从《诗经》及后世诗歌中所挑选出来的175首诗（包括词和曲），熟读31篇优秀散文，学习和记忆126条名句和格言，阅读40本中外名著。

二附中非常重视组织学生参加实践，尤其是道德实践，"闻道而行之"。学校大力开展"学雷锋活动"，提出"让雷锋精神永驻二附中校园"，把学雷锋活动经常化。学校每年都要组织学生进行社会实践活动，利用北京人文资源丰富的优势，结合教育、教学组织学生每年参观3～4处人文胜地和博物馆。在寒暑假他们还组织学生到外地进行考察，既组织学生去陕北贫困的地区，又组织去中国改革最前沿的富裕地区，在对比中，学生在思考，今后我的路该怎样走？这种思考和感悟不是靠说教，而是靠学生的亲身体验得来。

之三："习、熏、悟、化"，优化育人环境

二附中的人文教育采用"习、熏、悟、化"的传统方法。

习，就是"学而时习之"，知行统一，养成良好道德习惯，加强道德修养。

熏，就是熏陶，就是耳濡目染，潜移默化，就是"润物细无声"。靠什么来熏陶？要靠教师的人格以及人文环境。因此，学校在教师队伍建设中着重抓师德建设，提出"正己、敬业、爱生"六字师德要求，确定"品德堪为学生的楷模，行为堪为学生的榜样，学识堪为学生的师表"这样的师德目标，力求以教师的高尚人格去影响学生，学校着力于建设一种高品位的人文环境，对学生施以人文熏陶。二附中的校训是"笃志、博学、质朴、方正"（选自《汉书》和《管子》）。它既继承和发扬了中华民族优良传统文化精神，又赋予了新时代的内容。校训镶挂在操场司令台影壁上，让全校师生天天看到、想到，指导他们的言行。

悟，就是自悟、感悟、顿悟，引导学生学习和阅读古今中外的优秀作品，让他们自己在读书中去领悟；引导学生积极参加社会实践活动，让他们在一次次的实践和体验中去感悟。日积月累，学生们的自悟和感悟丰富了，就可能豁然明白，产生顿悟。

化，就是由悟的积淀，提升、内化为个人的人文精神和能力，再把人文精神和能力外化为行动，这就达到了化的境界。

二附中每学期邀请校外专家、学者来学校开设人文和科技内容的讲座，讲座内容有数学与文化，包括怎样欣赏《围城》等作品，怎样认识康乾盛世，以及宗教知识、插花艺术等。每学年学校组织一次人文知识竞赛和诗文朗读比赛，每两年举办一次读书节和艺术节。这些活动进一步优化了二附中的育人环境。

高中学生何京、杭玖共同著文说："我校注重在充满现代气息的校园里营造人文氛围，在数字化的今天仍不忘传承传统文化。这是一种精心呵护下的人文关怀，它是弥漫在空气中的不具形的人文存在，在每位师生的呼吸吐纳中化为一种气质、一份修养，或见于谈吐，或形于笔端。那份古老而恒远的人文情结，融进了我们血管中沸腾的血液。"

教育科研提升教学人文品位

课堂教学是人文教育的主渠道。二附中的教师依靠教育科研来提升教学的人文品位。林校长率先垂范，抱着努力钻研的态度，写了多篇对人文教育思考的文章，许多教师也学习、研读有关专著，把自己对人文教育的理解以及实施人文教育的经验体会写下来，发表在校刊上。学校还把人文教育研究当作一个重要的科研项目，申报了市级科研课题。二附中教师在各个学科和教学过程的各个方面都积累了丰富的经验。

物理组的彭老师说："通过我们的教育应该使学生在这些方面有所收获：如何做人？如何去做学问？如何看待自然和科学？物理

学的每一个进步都涉及一个或几个科学家，在教学中，我们有意识地让学生了解科学家、科学发明、科学研究的过程，使学生知道科学研究是一个艰苦的过程，这对学生今后一生的发展都有好处。我们要让学生真正树立起科学的精神，比如能用所学的科学知识鉴别生活中的真伪等。"

数学组的于老师回忆起学生给他的一张贺卡，上面写道："于头儿，在寒冷的冬季里，您的微笑总让人感到无限的温暖；于老爷爷，您什么时候最快乐？是在走进教室、走近黑板、走近学生的时候。"于老师说，人文精神就是以人为本，热爱学生，热爱教育事业，要通过自己的工作让学生感到人文关怀。

地理组的赵老师介绍了她曾做过的一个课例。在讲"月相"的时候，她受到一道题的启发，提问："月上柳梢头，人约黄昏后"描写的是哪个月相？联想到许多古诗词都是以月相为背景的，她就搜集了很多这样的诗词。在这节课的前半部分介绍月相的知识，下半部分就把这些诗词打在投影幕上，让学生欣赏并受到美的教育。二附中的教师们在各自的教学实践中渗透人文教育：文科教师利用学科优势，对学生进行系统的人文基础教育，着力于学科的融合；理科教师积极挖掘教材中的人文因素，渗透到教学过程中。他们总结出很多很好的经验，如理科中如何渗透人文教育方面，吴书林老师总结道："在备课时不局限于教材本身，要善于对教材做必要的横向、纵向延伸。纵向，即把有关的内容放到科学发展史中去考察，看科学家如何发现科学规律；横向即把有关内容同现实的生产、科研等联系起来，看它的应用和作用。除此之外，在教学过程中，师生的情感交流、平等的关系等也是人文教育的一个重要方面。"

二附中的教师们普遍感受到，要真正做到在教学中渗透、融合人文精神，提升教学的人文品位，教师须有一种意识，一种认识上的自觉。提升教学的人文品位需要做许许多多方面的努力，其中尤为重要的是：要激发学生追求科学的动力，要引导学生追求真善美，要发挥教师人格的力量。

高二年级的姜蕴楠同学谈到学习的感受时说："物理老师由天

体运动规律引出了宇宙的广博。在宇宙面前，人类是多么渺小啊！老师说，学物理的人，大多心胸宽广，在学了这些天体和宇宙发展的规律后，对为人处世都会有新的理解。其实对很多事没必要太计较。理科知识对我们的未来究竟有多大的作用？我不知道，但如果能从中学到做人的道理，我们必定会受益终生。"

二附中融会人文品位的教学和独具特色的人文教育，不断取得丰硕的成果。2001年二附中被市教委认定为首批"北京市示范性普通高中"，其文科实验班已有五届毕业生。2002年，在北京市高考文科总分前80名学生中，二附中实验班学生占了10名，该班32名学生中考入北大、清华的有18名。

党的十六大报告中明确指出要"把弘扬和培育民族精神作为文化建设极为重要的任务，纳入国民教育全过程，纳入精神文明建设全过程"。这进一步为二附中的人文教育指明了方向，给二附中师生以巨大鼓舞。

今年二附中将迎来建校50周年的日子。我们相信，在人文精神指导下，二附中的教育和管理，一定会更加突出特色，更加完善；我们期待，二附中能与时俱进，在教育实践中继续探索，不断进行教育创新，再创辉煌。

在纷纷扬扬的细雪中，走出教学楼的我们看到了路边的"每周《论语》一则"牌，"择其善者而从之，其不善者而改之"的警示悠远而意味深长……

（与《北京教育》记者王雪莉合写）

史书与教材相融合之杰作

——《北京二中史略》评述

前北京二中党支部书记米桂山（1952 届）和前校长张觉民（1953 届）通力合作，历时十年，呕心沥血，编辑成《北京二中史略》。二老均已年过八旬，此书可谓碧海丹心之作，令人敬仰。这本书由 20 世纪 50 年代的老校长蔡公期题写书名，现任校长钮小桦作序。

该书为断代史（从 1910 年建校写到 1966 年），以史料翔实、论点鲜明，成为北京二中这所百年老校的校史文化的杰作。

特别难得的是，该书赞誉北京二中是社会"中流砥柱的摇篮"，不是泛泛的议论，而是以事实说话。书中从 1949 年到 1966 年这 17 年，以各届高中毕业校友名录简介展示。为此，要和各届校友按年级、按班联系，这个工作量是巨大的。该书不像一些学校，选几个"知名校友"表示育人成果，而是靠"大面积丰收"说话。这正生动体现了二中"敬业乐群""扎实、创造、团结、有恒"的校训。这种写校史的写法可谓前所未有，很有参考价值。

该书清晰地介绍了学校领导班子建设以及德育、智育、体育、课外活动、教师队伍建设的发展和完善的历程，科学地总结了一所重点学校的办学经验。

该书还收入了校友文选，包括回忆校园生活和追寻校友足迹。师生情谊融入其中，感人至深。

编者总结出"二中精神"为"求真务实，敬业宽容，艰苦奋斗"，即学校的优良校风。这是多年来众多二中校友讨论的总结，得到大家的赞同。正是在这一校风的长期熏陶下，才培养出对自己负责、对社会负责的代代"二中人"。

总结育人经验，并不总是以史论证，该书有不少生动事例，引人入胜，让读者兴致勃勃。现仅举一例，北大中文系副教授、校友钮葆在北大就读中文系研究生时，一次年近百岁的王力老先生召见他，只有不多的几句话。钮葆问候王力老先生是纯正的普通话，所以王力说："你是北京的。"钮葆答："是。"王力说："你是重点中学的。"钮葆答："是。"王力问："你是二中的还是四中的？"他接着说："你别回答，我来说，你是二中的。"钮葆说："我是二中的。您老人家怎么知道？"王力说："挂相。"这太微妙了。似乎在人们的心中确有一个二中人的"标准像"，这就是"二中精神"的外在直感。20世纪50年代，东城区灯市口地区，还有其他学校，老百姓不用看校徽，就能区别出二中的学生，这就是大家普遍认可的"挂相"。这段读起来，真有情趣。这样惟妙惟肖的故事还有很多。

该书载入《二中校歌》，校歌形成于20世纪30年代以前。校歌所选乐曲是奥地利作曲家海顿所作的《庄严进行曲》，这一旋律曾被用作奥地利国歌达一个世纪之久。校歌的歌词是："惟吾校训，亲爱精诚。内谋国家，外鉴海瀛。操行以励，科学以明。耕耘收获，助哉诸生。（副歌）东西南北，聚首一堂。敬业乐群，处变如常。得读书趣，为学校光。莘莘济济，永矢弗忘，矢弗忘。"该歌词，立意高远，内涵深邃，人文、科学并重，国家、世界入怀，和谐、应变立足，中西文化合璧，陶冶学子于身心，堪称校歌之经典，校园文化之珍贵资源。

钮小桦校长在《以史为鉴 继往开来》的序言中有高度的评价："这本书是北京二中第一本校史专著。虽仅是断代，但弥足珍贵。它忆人、忆事、忆传统、忆精神，向人们展现了代代二中学子'基因组合'的图谱，深刻揭示了代代二中人传承的二中精神。北京二中这所名校之'名'绝无虚传，从这本书可看出其发端。这本书不仅是一本史书，也是一本教科书。"

钮校长深情地说："我作为二中前几任校长的继任者，始终持有对二中历史的敬畏，秉承以史为鉴的精神，研究二中的历史，以期温故知新；同时肩负着传承历史、继往开来、与时俱进的重任。"

这正是本书编者的初衷。

近日，中办、国办印发的《关于深化教育体制机制改革的意见》中指出要大力"挖掘校史、校风、校训、校歌的教育作用"，这应是行动纲领，指明了我们的工作方向。

《北京二中史略》正是符合中央精神的杰作，既是史书，又是教材。它可供广大中小学撰写校史的借鉴。

学生可持续发展要素浅析

素质教育的重要特征之一是对学生全面负责，这个全面，既包括在校时的全面发展，又包括离校后的可持续发展，即学校教育要为人终身的可持续发展奠定基础。

北京二中校长钮小桦认为，培养学生具有可持续发展能力是学校工作的出发点。"持续"意为有再提高的底蕴，有坚实的基础，有持久性，有后劲，有发展的空间，即人格、品质、智慧、才能诸方面得到全面地发展，富有个性的发展，生动、活泼、主动地发展。他的教育理念是符合时代发展方向的。

学校的教育、教学为学生的可持续发展奠定基础，要重点抓好哪些要素呢？笔者认为，应加强以下六方面的培养。

一、自信心——可持续发展的起点

教育的根本任务之一就是唤醒心灵，启迪人的自信心。自信心是人事业发展的起点，它使每个学生都抬起头来走路。只有学生不再觉得自己渺小时，自信心才在他的心中扎了根，才能不断战胜前进路上的挫折。

近两年，有一批学校以多元智能理论指导办学，创造了素质教育的新经验。多元智能理论认为，每个人至少有七种智能，即语言智能、数理逻辑智能、音乐智能、肢体运动智能、空间智能、人际关系智能、自我认识智能，不同的只是显现有先后，优劣有侧重。只要教育者善于发现学生的显现的或潜在的智能优势，因势利导，每一个人都会是成功者，每个学生都能在这里获得自信。

构建多元的教学和评价体系，以学生为主体，开发潜能，使教学呈现丰富多彩、生动活泼的新局面，展示新的活力，为培养学生的自信心创造新的经验，这一点应特别引起关注。

二、责任感——可持续发展的动力

教育，就是要把自然的人变成社会的人。学校教育的任务就是为人的社会化打下良好的基础。社会化的人的核心是有社会责任感。社会责任感是人从事社会活动的动力。岳母在岳飞背上刺字"精忠报国"，正是赋予他以报国为己任的社会责任感；《毕业歌》中唱到"担负起天下的兴亡"，正是对社会责任感的呼唤。无数成功人士的事迹表明，正是社会责任感使他们淡泊名利，埋头苦干，有高尚的追求，不断做出成绩。

责任感的培养要从小事做起。"一屋不扫，何以扫天下？"一个人先有对家庭、对他人、对集体的责任感，进而才会有对社会、对国家、对人类的责任感，两方面的融合，才能进入高的道德境界，激发不断上进的动力。一些学校已开始把承诺教育与责任感培养结合起来，教育和培养学生"言必信，行必果"，是很有成效的做法。

三、意志力——可持续发展的保证

任何事业的发展与成功，都是韧的战斗的胜利。心理学家曾做过这方面的跟踪调查，结果表明，决定人事业成功的根本保证，不在知识水平的高低，而在意志品质，在坚持性。古人云"善始者实繁，善终者盖寡"，教导我们做事不要虎头蛇尾，要善始善终。

现在独生子女较多，意志力薄弱带有普遍性，在教育教学中有意识加强意志力培养是重要任务。

意志力培养要特别注意自控力的教育与锻炼。古人云"贫贱不能移，威武不能屈，富贵不能淫"，称颂的就是人的"定力"，要能抵制诱惑，才能不断有作为。

施教者可以通过创设情境，引导经历，使学生体验到战胜自己的快乐，不断增强意志力。

在幼儿园，曾有人做过有趣的心理测验：老师发给每个孩子一块糖，说："老师要出去一会儿，等我回来，凡是没有吃糖的人，

— 171 —

可以得到另一块糖。"说完就走了。只见一些孩子马上把糖吃了，又有一些孩子犹豫半天，还是禁不住诱惑，也剥开了糖纸，把糖放入口中。只有不多的孩子能坚持住不吃糖，直到老师回来得到第二块糖。实践表明，这样的训练对培养孩子的意志力是有益的。

四、知识结构——可持续发展的基础

"知识就是力量"，但达到什么样的力量级，不仅仅取决于掌握知识的多少，还在于知识结构的优劣。

在知识经济时代，学习知识的速度赶不上知识更新的速度。解决这一矛盾的根本方法是把传统知识与前沿科学结合起来，构建与时俱进的知识结构，这样可持续发展才有基础。科技发展史表明，往往越是传统的，反而越是前沿的。人们重视回归，正是基于这一辩证的理念。所以，我们一方面要打好基础，把握最基本的规律；另一方面，要了解前沿科学，把握科学发展的趋向，向传统要"规律"，向前沿看"趋势"，二者融合、交叉，往往孕育新的成果。

在学校教育中，培养学生搜集信息、运用信息的能力，不仅仅局限于信息技术课，还要和各个学科结合起来。

五、思维品质——可持续发展的核心

思维是人类智慧的花朵。知识不等于智慧，智慧是人对知识的科学思维与实践。

在比较教育的研究中，学者们指出：西方思维的特征是分析，东方思维的特征是综合。西方是只见树木，不见森林，东方是又见树木，又见森林。中国的综合思维方式是 21 世纪科学研究的指导思想。因此，培养学生综合思维品质，将会促进学生在新世纪中的成长与发展。

高考改革为"3＋X"，试题由知识立意转为能力立意、问题立意，正是综合思维的导向。

另外，还要特别注重对学生悟性思维的培养。学习传统文化的精华是启迪悟性的必由之路，有人把理性和悟性做了比较：《资本论》是理性思维的代表作，数百万字写一个资本，还没写完；《道德经》是悟性思维的样板品，五千言说大千世界，已经淋漓尽致。

学校教育中，既要重视理性思维培养，更要重视悟性思维培养，这样可持续发展才有核心。

六、创新精神——可持续发展的灵魂

主宰可持续发展的灵魂是创新精神，即不断地追求、不断地探索。

研究性学习、探究式教学孕育着创新精神。现代教育的有识之士已鲜明地提出"问题解决是 21 世纪课程的核心"。

问题立意正是中小学生创新的基本途径，正如陶行知先生指明的"发明千千万，起点是一问""人力胜天工，只在每事问"。李政道教授把他几十年治学经验概括为："求学问，需学问；只会答，非学问。"即在学习过程中，应当学会问；只学习回答，不是真正的学问。教育家和学者强调了"问"在学习和创新中的重要性。因此，我们的教学要爱护学生的求知欲、好奇心，要鼓励和引导学生敢问、善问，不断地"问"将会激发不断地创新，不断地向前发展。创新力发展，就是不断地解决问题。

促进学生可持续发展的要素，还涉及许多方面，比如，名师的指点、生活的阅历、宽松的环境，等等，可研究的领域很广，但先决条件是教师的素养，教师要有可持续发展的教育理念。可持续发展的教育理念要求教师对学生终生负责和积累丰富的教育智慧。教师自身的可持续发展水平对学生可持续发展的空间和时间有巨大影响。为适应新世纪教育可持续发展的要求，教师应不断提高自己的综合素质。

学到"求"时始见真

1948年，家父带我们全家从沈阳来到北京。我上的第一所小学是在朝阳门南边，紧靠城墙根的一所私立学校，到校上课要自带桌椅。后来家搬到西城，可能是为了少交学费的缘故，我进了一所回民小学，每天在学校要头戴白帽子。1949年开国大典时，我校是作为少数民族代表的队伍通过天安门的。

中学，我考上收学费少的北京二中。在这所学校，我才懂得了"上学"和"求学"的区别。上学，就是听课、做作业、回答问题、考试，往往都有标准答案；求学，就是善于思考、提出问题，主动向老师请教，常常没有标准答案。上学往往是被动的，求学分明是主动的。

20世纪五六十年代，不少老师住在学校，如被誉为"民国先生"的语文名师潘逊皋，他的宿舍就往往学生盈门。有时，甚至晚上潘老师用脚盆泡脚时，还有学生围着提问。散文作家韩少华就是潘先生耳提面命最多的弟子。我们的老师刘卓儒的宿舍在我们教室旁边，课后甚至暑假，我们都不断前去聆听老师的开悟。

中学时，对我们影响最大的一篇古文就是《程门立雪》的求学故事，这是自古代代传颂的尊师美谈。宋代著名理学家杨时，遇有困惑的问题，前去向大师程颐求教。时值隆冬，天寒地冻，行至半途，已是朔风凛冽，大雪纷飞，寒气直灌领口。杨时来到程颐家时，适逢先生在炉旁打坐。他不敢惊动打扰老师，就敬侍立在门外，等候老师醒来。他的一只脚冻僵了，冷得发抖，但依然恭敬侍立。待程颐一觉醒来，从窗口发现侍立在风雪中的杨时，只见他通身披雪，脚下的雪已一尺多厚了。

此后，"程门立雪"精神，就成了代代学子的求学典范。

从读书到当老师，直至退休，"求师"一直伴随着我的学习、工作和生活。做学生，我追着老师问。当老师，鼓励、引导学生问。应该说，提出一个问题，往往比解决一个问题更重要。退休后，我遇到困惑的问题，依然主动向年龄高于我的八十多岁的老师求教，或用电话，或发邮件，或登门，乐此不疲，获益良多。

我们应当反思当今的教育。只会教学生答题的老师，是"教书匠"，只有引导学生自觉求学的老师，才是教育家。青少年如果只是"被上学"，只是会回答标准答案，学校成为培养"标准件"的应付高考的工厂，这样的教育肯定培养不出大师级的人才。

近日，在金融街新开了一所小学。我建议他们拟定通俗易懂的校训——"求学善问"，以学生为主体，依此构建教学体系。

何为"求学"者的特征？积四十余年从教经验，我认为至少有以下三点："人生有追求""兴趣有渴求""从师有访求"。

一是人生有追求。所谓追求，就是要献身某一事业或专业。一些人往往在小学萌芽，初中确立时，学习有动力，不用家长和老师督促。我上中学的20世纪50年代，"向科学进军"是激励青年人的口号，我们班的优秀生都考上中国科技大学，后分到中科院搞科研。二中学生王晓，在高二时，即出版了《中国历史地名小词典》，现为文博专家；女作家韩晓征也是在高中时发表中篇小说《夏天的素描》；建筑学者李文虹、刘卫纲从初中起确立了学建筑的志向，现分别为清华建筑学院和北京建筑设计院的专家。

二是兴趣有渴求。学生因追求而形成兴趣渴求，在课外主动参加相关的社团活动。如，北京二中学生出过三位副部长，分别是航空工业部副部长高振宁、地质部副部长夏国治、核工业部副部长陈肇博。他们在二中时，都是相关社团的骨干。著名演员雷恪生则是话剧队的台柱子；作家韩少华、尹世霖是文学社和朗诵组的核心；人艺著名女导演唐烨，在二中时，就开始执导电视剧。他们的兴趣孕育了他们的职业。

三是从师有访求。学生有了追求和特长，自然不满足于现状，除了学校分配的授课老师外，还会主动向可能请教的老师、学者请教，即从师有访求。我喜爱诗歌，初中时，就给著名作家袁鹰写过信，还收到了回信；二中学生作家、诗人李培禹，除了受教于贾作人、赵庆培两位恩师外，还不断访求散文大家韩少华，得到真传指点。所谓"名师出高徒"，关键是"高徒求名师"。

《易经》是中华文化的源头。六十四卦中的第四卦为"蒙卦"，卦曰"匪我求童蒙，童蒙求我"。只有童蒙成了教育的主体，主动求学，才有真正的教育。

讲到修身，古人云"人到无求品自高"；讲到学习，我推崇"学到求时始见真"。

人才培养有验方　初中"起跑"正当时

多年来，"不要让孩子输在起跑线上"一说在社会上盛行，似乎这已成为教育界和家长们的共识。

但起跑线在哪里？人们从大学追起，一层层向下，直到幼儿园以致胎教。然而，纵观古今中外的资料，还从没听说过有关哪位大师在幼儿园起跑之后遥遥领先的报道，如是云云，纯属误导。

笔者在名校北京二中工作几十年，专门负责教育科研，并侧重人才学的研究，若谈起跑线，可冷静地、负责地向大众阐明：人生的起跑线大多在初中。

人才培养有验方，初中起跑正当时。

从教育学、心理学上讲，初中是一个人成长的关键时期，是兴趣爱好萌芽、人生志向树立的最佳阶段。在北京二中成千上万的学子中，后来较早取得成果的，多是在初中打下的基础，在初中崭露的头角。这是带有规律性的。

关键还不在于什么是起跑线，而在于是否已经起跑？起跑的标志是什么？起跑要有标志物。

依笔者总结的人才起跑的标志物：文科多是发表作品，理科多是竞赛获奖。大体如此。

像著名作家刘绍棠，在初二开始发表作品。他做学生时，《语文》课本中就选入了他的散文《青枝绿叶》。他从此步入文坛，后成为闻名的"乡土文学作家"；又如建筑学家刘卫纲，在初二时，就写出《东直门立交桥改造设想》，获得北京市科技小论文一等奖。他现任北京建筑设计研究院副总建筑师，参与了北京众多知名建筑的设计；再如王晓同学，从初二起就对历史有浓厚兴趣，确立志向，开始积累资料，到高二时编写出 29 万字的《中国历史地名小词典》。该书出版时，时任共青团中央书记处书记的李克强同志写的前言。他现已是文博专家，任中国文物报社副总编辑。

人才的"起跑"，和体育赛场上的起跑不一样。运动员起跑教练不能助推，而人才起跑，则需要老师的及时发现、培养。

事例中的学生，都得到老师及时的鼓励和引导。时任语文教师潘逊皋学富五车，通晓中英文，且是书法大家，很有感召力。他发现刘绍棠的才华后，允许他在作文课上自行写作，不做老师的命题作文，促进他发展特长。在 20 世纪 50 年代，潘先生对北京二中才子、散文作家韩少华潜心个别施教，使韩少华获益匪浅。1961 年，《人民日报》发表了他的散文《序曲》，中央人民广播电台播发了配乐朗诵，瞬间传遍全国，这是他的成名作。韩少华是京味作家的代表，多年来撰写了《暖情》《碧水悠悠》《遛弯儿》等多部文学精品。1986 年张觉民校长亲自联系水利电力出版社，着力推荐为王晓出书，可谓教坛伯乐。20 世纪 80 年代，笔者是刘卫纲的辅导老师，利用暑假带领他和一批青少年建筑爱好者，到清华大学建筑系办夏令营，开阔了其视野，更坚定了志向。

即使不在初中崭露头角，也是在初中萌芽，高中结果。作家韩少华之女韩晓征在高中时发表中篇小说《夏天的素描》。2015 年，她出版了中篇小说集《美器》，现任北京十月文艺出版社编辑。在初中诗朗诵比赛崭露头角的尹世霖，从高中开始发表诗作，至今已坚持创作 60 年，著作等身。他虽已八十高龄，仍笔耕不辍，被誉为"童诗泰斗。"

1998 年，尹世霖编著了《作家摇篮》一书，收入了 24 位作家的作品。这些作家都曾就读于北京二中这所文风浓郁的学校，其中多人是在校时写出"处女作"的。

这些成功人士的鲜明特色，即都是在初中"起跑"，印证了"自古英雄出少年"的论断。

如上事例，不胜枚举。

培养聪慧少年的重任落在初中阶段。

以真正培养人才计，应大力加强初中教育，骨干教师不能全放在毕业班，只关注升学率。早年，北京二中校长到教育局挑选教师，不仅要看其是哪所大学毕业的，同样大学，也要看其是哪所中学毕业的。高考得分，可能突击，但中学上优质中学，会有后劲，有培养潜力。这个标准，可谓高瞻远瞩，挑选出有后劲的教师着重培养，提升教育质量。在全日制学校时，北京二中历来重视初中教育，配有骨干，并做初中三年小循环，相对稳定，培养出一批堪称初中素质教育的专家。

教育的真谛是，因势利导培育人才，使学生基础和特色都得到发展。

早在 1983 年，二中校长张觉民就在《光明日报》上发表教科研论文《全面发展，学有特色》，从理论高度总结了北京二中的育人经验。此文在教育界产生了积极的导向作用，也应该说是本文的理论基石。

中医是国之瑰宝，验方珍贵，笔者所云的"起跑"，亦可称"验方"，绝非虚构，总之言之有理、有据，或可照方试之？

旅美华侨赋诗祝贺中学生

最近，北京二中校长张觉民收到一封海外来信，它寄自美国西海岸的三藩市，来信人是素不相识的旅美华侨伍振权。那么，这位与二中毫无关系的侨胞，怎么想起来鸿雁传书呢？是我们伟大祖国一位中学生著书立说的优异成绩，牵动了万里之外的炎黄子孙的心。

北京二中高二学生王晓编写了 29 万字的《中国历史地名小词典》，这一消息在三藩市的《中报》上刊载了。这使原在广东省台山县第一中学任过化学老师的伍先生心潮澎湃，专门写了一首七言绝句赠王晓同学：

史地重光

大量功夫整巨篇，小词典册理穷年。

惊人业绩层楼上，遥祝王君景万千。

伍先生把《中报》的影印件和诗一并寄来，表示至诚的祝贺。

桂冠，是这样摘取的

——三连冠追访记

在 1983—1985 年三年高考中，北京二中毕业生杨杉、齐力、刘晓阳分别以 571 分、588 分、566 分（满分是 640 分）的优异成绩夺得文科"状元"。这个文科高考状元"三连冠"，激起了这所学校师生新的热情、新的向往。

有趣的是，这三名同学毕业于同一所小学——东高房小学，考上的是同一所大学、同一个专业——北京大学经济系。

培养这三名同学的学校是怎样一所中学？这三名同学取得优异成绩的经验是哪些？他们生活在怎样的家庭，家庭教育对他们起了什么作用？

这些问题催动了我采访的脚步……

【一】

刘晓阳戴眼镜、短发，是一个质朴的姑娘。

"当你知道你获得了文科状元的时候，首先想到的是什么？"我急于开门见山。

"当然挺高兴的，"她微笑着，接着说，"不过这是个虚的东西，它只不过是我考入北大经济系的通行证，将来得了博士学位才是实的。"

状元出口不凡，雄心勃勃。

"如果请你谈谈学习经验，你首先想说的是什么呢？"我又提出一个"首先"，想单刀直入。

她没加思索地就告诉我："如果说在分数上占便宜的话，就是数学好。"

　　我了解到，她的数学成绩是 115 分（满分是 120 分）。她说，史、地、政等科目需要背的比较多，有时突击一下也能见效果，数学成绩则很难靠突击上来。因此，学校对文科班的数学抓得很紧，班里有一批数学好的同学。

　　不了解情况的人，一听说文科状元，就以为只是文史课好，殊不知，总成绩领先往往是数学起了重要作用。我了解到，齐力的数学成绩是 114 分，杨杉的数学成绩是 117 分。

　　文科状元是数学尖子，这是我在采访中得到的第一个新鲜的印象。

　　刘晓阳向我介绍了其他各科的学习方法：

　　史、地、政，要重视系统性，应该把课本上的大小标题印在脑子里，这是掌握知识的线索。地理要多看地图，要有形象记忆。

　　做数学题，要抓住典型的题，多想几种做法，找出最好的做法。没做出来的题，要弄清卡在哪儿了，记下来。

　　外语，主要是把课文背熟，这样单词的大概意思知道了，回过头来再专门记单词，就比较省力了。另外，就是大量地阅读课外读物，这样有利于增加语感。

　　要抓紧时间博览群书。她说："有人觉得一分钟管什么用，我看，说不定以后就能用上。"

　　最后，她告诉我："越临近考试，越要重视基础的东西。这时要复习的就是基本概念、典型习题和容易出错的地方，如果临考前抠难题，就容易丧失信心并且浪费了宝贵的时间。"

　　我想了解她的精神世界，便说："请谈谈你的座右铭吧！"

　　"我没什么座右铭，我就是觉得什么时候都不能丧失信心。这点是很重要的。考试考坏了，我就这样问自己：是不是使出了全部的劲儿？如果不是那样，那就说明还能考好，应该有信心。高考模拟考试第一次考了第二名，第二次就考了第一名。我觉得，以前的辉煌成绩和想学好的愿望都不重要，重要的是经过分析、总结以后获得的信心。"

　　和刘晓阳谈话后，我拜访了她的母亲。她的母亲姓方，是中医学院分院的副院长，一心想让女儿学医，只是由于视力的原因，才让晓阳学了文科。

"晓阳学文科，您感到遗憾吗？"

"不遗憾，不遗憾！"方院长连忙说，"这次晓阳考上了北大经济系，我们家里很高兴。晓阳特别喜欢理科，是数学课代表。高考选专业，她没选中文、新闻，专门选了有高等数学课的经济专业。这既满足了她的兴趣，也扬长避短。"

我请她谈谈家庭教育的经验，她说："首先得感谢二中。二中的老师特别负责任。晓阳这孩子性格开朗，好动，像个男孩子。她的兴趣广泛，游泳、滑冰、打桥牌、打网球、弹吉他、画画。她上了高一以后，思想上有放松，班主任赵秀春老师多次和她谈话，并来家访，教育她把精力集中到学习上。这是晓阳后来有长进的转折。如果没有二中这么多好老师，晓阳是不会取得这样的好成绩的。"

"请您谈谈在家里是怎样教育孩子的？"

方院长告诉我，学校每次开家长会她都认真做记录，回来按学校的要求做。晓阳的父亲是《红旗》杂志的编辑，在政治、语文上能指导晓阳。晓阳的二姐可以帮她复习数学、外语。

方院长还告诉我，在二中校庆时，晓阳曾画过一幅国画，画的是枝叶繁茂的松柏，上题："横岗千万树，大半已成龙。"

在高考前，二中的老师就预测，如果没有太大的失误，刘晓阳可以成为今年的文科状元。这样的预测，需要多么扎实的教育、教学工作作为基础啊！

晓阳的画画得好，诗题得好，既是对二中教育成果的赞誉，又是新一代年轻人雄心壮志的抒发！

【二】

齐力，短平头，衣着简朴，目光透着精明，属于沉思型的青年，用教了他三年语文的贾作人老师的话说："貌不压众，很普通的学生，内秀……"

教他历史的尹世霖老师告诉我："起初，齐力的历史成绩一般，但他能主动向老师求教，提高答题的能力，成绩提高很快。他的高考历史成绩96分，是全市第一名。"

谈话一开始，齐力首先表达的是对二中老师的满怀深情，他说："二中老师最大的特点就是对学生负责。我在高一时，爱写记叙文、游记，因为喜欢古文，文章内容和风格比较旧。贾老师多次找我谈话，指出：应该多写和当代青年有关的反映学生生活、思想、感情的文章，文章要有浓郁的时代气息。除记叙文外，还应注意写好议论文。在这方面，老师对我的帮助很大，不仅促使我开阔了写文章的思路，而且促进了我在人生观上的梳理。"

"听说你不仅学习好，还是体育锻炼的积极分子。"

他腼腆地笑了笑说："刚进二中时，我常请病假。初二以后，学校提倡排球运动，班上又有排球队。这样，课后我经常打排球，兴趣越来越浓。同时，我认真上体育课和课间操，逐渐地，身体素质有了很大的提高，获得了充沛的学习精力。"

"现在有些人一心念书，不愿意做社会工作。你恰好在高三时担任了团支部书记，看来也没影响你的学习呀！"

"担任社会工作也是一种学习，也是对自己能力的培养，对全面发展很有帮助。这样认识，我就不觉得矛盾了。当然我注意合理安排时间，学习和工作都专时专用。另外，和同学接触多了，使我从同学身上学到好的品质和好的学习经验。虽然做工作占了一些时间，但获得新的动力，使我办事更注意效率了。"

谈到动力，我很想了解他的内心世界。他是沉思型的学生，自然说话是富有哲理的："我认为，作为一个学生，没有什么别的东西比热爱学习更能体现我们对生活的热爱了。"

他说的这种对生活的热爱，在我和他父亲谈话以后，才有了进一步的理解。齐力的父亲现任《红旗》杂志办公室主任，曾任过小学校长。我们谈起话来，共同语言很多。我们讨论了学生的学习动力、家庭教育问题。

老齐是东北人，经常给孩子讲以前在东北沦陷区的生活，讲日本帝国主义对中华民族的蹂躏，让孩子对旧中国的腐败、民族的苦难有感性认识。即使在"十年动乱"期间，他也不忘对孩子的教育。他在干校时给孩子写信，抄录陆游的诗词，勉励孩子学好文化，将来报效祖国。这些都在孩子的心中播下了爱国主义的种子。

老齐家里学习氛围很浓，书籍很多。齐力从小受到熏陶，初中时能背二百多首古诗，在高中期间就阅读了《资治通鉴》等史书典籍。

齐力一心想学历史，没想到高考前夕去北京大学的一次参观，改变了他的志愿。接待他的恰好是杨杉，杨杉向他宣传了四化建设如何需要经济人才。齐力懂得对于祖国来说，搞经济更直接更现实。"五一"过后，他毅然决定改学经济。从这里，我们不是感到了他报效祖国的赤子之心吗？

我请老齐总结他教育子女的经验。他认为，首先是家庭环境的熏陶。父母要教子成才，首先家里要有学习的环境。他家里订有六份报纸，齐力周末从大学回家，常常是进门先看报再吃饭。齐力的母亲是钢铁学院毕业的，在理科上能给孩子以指导；其次，就是不要给孩子太多的限制，要给孩子充分的自主权。齐力精力充沛，上高中时很能开夜车读书。齐力不但坚持看新闻联播，而且有球赛必看，老齐说，只要孩子能做完功课，能安排好时间，看电视不一定管得太死。

我高兴地了解到齐力已入党，并被批准攻读国民经济管理和经济法双学位，同时他还担任班长工作。

【三】

一个假日的夜晚，我敲开了杨杉的家门。他家在东城区一座教师楼里，二居室。而在他读中小学的很长时间里，全家4口人挤在12平方米的房子里，哥俩住上下铺。院子是大杂院，屋子狭小、环境嘈杂，杨杉就是在这样的环境中长大的。

和他谈话，先从体育开始，这是他的特色。杨杉脸色黝黑，身姿矫健，近视镜上的两道浓眉，透着坚毅。在中学时，同学们就说他是"狮子"。

在小学，他就是足球迷。进了二中以后，他在老师的教育下，坚持德、智、体全面发展。他担任班长兼体育委员，因二中场地小，他就组织足球队在校外进行训练和比赛。高考前夕，球队不能踢球了，他就自己坚持长跑锻炼。

现在他已是大学三年级的学生，是校学生会体育部长并成了光荣的共产党员。

我请他谈谈是怎样解决学习和踢球的矛盾的。

他说："严格要求自己，合理安排时间，该干什么干什么。学习和踢球都要专心致志，讲究效率。一进课堂，就集中全部精力专心听讲，在课堂上争取理解、记忆得更多，不寄希望于课后复习，这样就省了时间。课后踢球，上了球场，就不再想学习，放开手脚，尽情地锻炼，到规定时间就收，绝不玩起来没完，这样经过锻炼，晚上精力充沛，学习效率高。"

"你在大学念了两年书，回过头来看看，你认为在中学阶段的学习，哪些最重要？"我想请他谈谈学习经验。

他说："重要的是学习方法、自学能力。二中特别注意培养学生分析问题和解决问题的能力。上初中时，张校长教我们物理课。他要求我们预习，后来逐渐引导我们掌握预习、听讲、复习等六个学习环节，教会了我们科学的学习方法。韩本如老师讲平面几何，教我们掌握添辅助线的规律。听他们的课，同学们都很上瘾，至今记忆犹新。二中的老师教会了我们看书，教会了我们自学。我上大学以后，很快适应了大学的学习方式，没有突变的感觉。"

谈到学习方法，他强调了复习总结的作用，他认真做阶段复习，要求自己每复习一遍都要有新的收获、新的发现。齐力也曾谈到这点，把学到的知识组织成体系，锻炼出驾驭知识"从点到面"，再"从面到点"的能力。

杨杉的母亲是中学教师，她教育子女的经验很有价值。

她说："从小要让孩子养成读书的习惯。我们家里，吃完晚饭，就保持安静，让孩子学习。要给孩子智力投资，我比较早地给孩子买了录音机和很多数理化参考书。我要求孩子学好基础知识，特别是数学、语文。我还特别注意抓好外语学习，外语学习最能反映学习态度。学外语，必须天天不间断地念，不是突击就能上去的。"

说到外语，我查了一下这三个人的高考成绩：杨杉 91 分，齐力 95 分，刘晓阳 109 分，一个比一个好。他们都告诉我，外语也是他们争分的一个科目。

我又了解到，杨杉的家长对孩子看电视也没有管得太死。在高考前夕，英国足球队来京比赛、香港的世界超级女排大赛，杨杉都提前赶完功课，在现场大饱了眼福。

从家庭教育又谈回学校教育，家长对二中的良好校风、老师的负责精神、融洽的师生关系大加赞扬，都希望二中培养出更多的好学生。

二中不仅出了文科状元"三连冠"，而且在今年北京高考文科、理科、外语三科的各前 10 名、共 30 名学生中，二中一个学校就占了 8 名！

丰硕的成果使全校师生欢欣鼓舞。今年举行了别开生面的开学典礼，北京电视台赶来录像。杨杉、齐力、刘晓阳在灿烂的阳光下，捧着学校给每人的奖杯，满怀豪情。同学们向他们投去羡慕的目光，心中暗下继续夺魁的决心。

二中这所历史悠久的重点学校，充满了新活力。

听到文科三连冠，很多人会立刻想到在二中读过书的著名作家从维熙、刘绍棠、韩少华，还有人记得，人民艺术家焦菊隐曾任过二中校长。于是，不少人称二中是文学家的摇篮，似乎二中的特点是出文科人才。如果再进一步了解，我们可以发现，多年来二中培养出众多的多种多样的国家栋梁之材。有三个副部长都是二中的毕业生：地质矿产部副部长夏国治、航空工业部副部长高镇宁、核工业部副部长陈肇博，还有像李振潜、李家瑞、周盛等许多在科技等各方面做出突出贡献的人，也是二中学子。

可见，二中培养着全面发展的人才。很多明星在这里升起。那么，这所学校向社会提供了哪些经验呢？

这所学校有明确的办学思想。二中的历任校长都是教育的内行，都坚持按教育规律办事。为贯彻党的教育方针，他们把自己的办学思想归纳为"全面发展，学有特色"。学校的教育、教学、体育、文娱、科技活动都取得了丰硕的成果。

这三名文科状元就是"全面发展，学有特色"的好学生。他们不仅文科好，而且理科好；不仅学习好，而且身体好；不仅课内学习好，而且课外知识丰富、兴趣爱好广泛；不仅自己好，而且热心社会工作，在政治上富于进取。

二中拥有一支教学态度认真、教学经验丰富，能为人师表的教师队伍。教师们的工作自觉性堪称模范。

二中多年来形成的"扎实、创造、团结、有恒"的优良校风，熏陶着一代又一代的学生，催百花吐艳，催桃李芬芳。

【四】

我追访到了东高房小学，这是一所普通的小学，校舍陈旧、设备简陋，但他们办学取得了显著成绩，最近受到东城区教育局的表扬。

我说明来意后，校长和主任十分高兴和热情，当即邀了当年三名学生的班主任和任课老师，一一向我介绍。

虽然时隔六七年，他们却都保留着对学生清晰的记忆。

说来也有趣，这三个孩子留给他们的竟是一致的印象：内秀。

以刘晓阳为例，小学中年级表现一般，老师提问题，她的反应不快，用老师的话说，就是外露迟。但老师发现她爱琢磨问题，善于思考。以后，老师调动她的积极性，让她当小组长，让她先写范文给大家读。老师给她创造、锻炼的机会。逐渐地，她的数学、作文都比较好了。

小学老师说，这三个孩子都不外露，不起眼，不是一眼看上去就显得聪明伶俐的孩子，但他们都踏实、爱读书、爱思考。

追访到这里，我从纷繁的材料中凝聚出一个醒目的印象：内秀。或许这内秀恰恰反映出一些有作为的孩子的基本素质。正因为内秀，他们才有潜力，才有发展。而我们的教育工作者，确实应该及早发现、着力引导，使他们的聪明才智发挥出来。

杨杉、齐力、刘晓阳的"内秀"萌发了，长出了青枝绿叶。如果说，好的学校是沃土，好的学生是良种，好的家庭环境是滋润孩子成长的雨露，那么照耀我们青少年茁壮成长的就是我们时代的阳光。

这三个尖子学生都考入了北大经济系，立志学经济。从这里，我们既可以看到学生志愿转移的趋向，又可以看到国家经济振兴的希望。矫健的杨杉、沉思的齐力、开朗的刘晓阳，他们不仅创造出"三连冠"的优秀成绩，而且给我们——教师和学生们，带来新的信心、新的追求……

传承信念是家教的第一使命

什么是教育？教育就是年长的一代把自己的信念和经验传给下一代。教育就是传承，祖辈、长辈传，后辈、下一代承，就像长跑中传递接力棒一样。

当代的家庭教育，往往讲方法、途径、技巧比较多，而没有紧紧抓住信念传承的根本。

信念是什么？信念就是精神追求、精神支柱，就是通过学习和修身，生活阅历的感悟，长期形成的为人、处世的根本原则。

在中华文化的历史长河中，民众形成的信念，首先凝聚在古圣先贤和大师的经典著作中。如"百善孝为先""不以善小而不为，不以恶小而为之""老吾老以及人之老，幼吾幼以及人之幼"……这些为人处世的原则，家喻户晓，是共有的信念。

要传承高尚的信念，首先就应两代人一起学习和践行经典的教诲。笔者拜访过多名耄耋老人，他们的人生信念往往就是扎根在心中的几十条语录。现已年过八旬的北京教育学院副教授米桂山，精心整理出 28 条《我毕生坚持信守的律条》，颇有传承的价值。他语重心长地告诫晚生，读圣贤书，积淀在内心深处的一些信条，尽管艰难，总算毕生"一以贯之"了，如"三人行必有我师""言必信，行必果""己欲立而立人，己欲达而达人。己所不欲，勿施于人""富贵不能淫，贫贱不能移，威武不能屈""穷则独善其身，达则兼济天下""朝闻道，夕死可矣"，仅择以上 6 条，若切实信守、躬行，足以受益终身了。米桂山老师严于律己，师德高尚，获得政府津贴。晚年，他笔耕不辍，编写教育史，立论卓群，受到同仁敬仰。

再如，孟子讲的"天将降大任于斯人也，必先苦其心志，劳其筋骨……"，范仲淹讲的"先天下之忧而忧，后天下之乐而乐"等名言，都是众多志士仁人终生不渝的信念。再如，北京不少四合院的木质大门上镌刻的楹联"忠厚传家久，诗书继世长"，正是众多老百姓淳朴的家教信念。

向子女传承信念，可采用"一个故事，一条语录"简便易行的方法，这可谓"小故事，大信念"。如北京有一个彩票点讲信义的故事。一个彩票零售点经营者收到一个彩民的电话，请他垫钱购买彩票，第二天竟中了 500 万。他立即电话通知那个彩民，没有贪财。他的义举体现了"君子爱财，取之有道"的古先贤信念。好事传播之后，有人专程从很远的地方赶来，就为看看这个好人，众多的人专门到这个点来买彩票。此后，这个彩票点的营业额成倍增长，好人得到好报。

我们可以把众多故事一一和语录相对，生动地进行信念教育。这样的教育铭刻在心，可谓在心田播种，日后将会结出硕果。

传承信念，就是给后代留下精神财富。金钱有价，信念无价，后人承接了信念，就获得了人生的方向、前进的动力，既是人生宝典、做人准则，又是"护身符"，面对种种诱惑会筑起一道防线，避免失足。

传承信念是家教第一使命，以此为导向，才会有经得起时间考验的科学的方法、途径、技巧，才会有长久的实效。

"富不过三代"的警示

    谈起隔代教育，不由得想起《触詟说赵太后》一文。读高中时，此文给笔者留下了难忘的教育。

    《触詟说赵太后》一文是《战国策》中的名篇，可以说是讲家庭教育的经典。

    赵太后刚执掌赵国政权，赵国受到秦国的攻击，向齐国求救兵。齐国称，必先拿赵太后的小儿子长安君做人质方可发兵。赵太后惜子，断然拒绝，并不许人进谏。为国家安危计，左师触龙巧妙进谏。他将心比心，先以情动人，后以理服人，遂以雄辩的事例论证，使赵太后为国为长安君远计，答应条件。

    触龙先向赵太后提问："从现在起上数三世，到赵氏建立赵国的时候，赵国君主的子孙凡被封侯的，他们的后代还有能继承爵位的吗？"太后说："没有。"触龙又问："不只是赵国人，其他诸侯国的子孙有吗？"太后说："我老婆子没听说过。"触龙揭示缘由说："这是他们近的灾祸及于自身，远的及于他们的子孙。"后代躺在前辈的功劳上，"位尊而无功，奉厚而无劳"，日后必然无安身立足之地，这就是危机。要"居安思危""父母之爱子，则为之计深远"，方可有三代传承。

    两千五百多年前，触龙就提出了社会学、教育学的一条根本法则"富不过三代"，为家庭教育发出了警示。

    "生于忧患，死于安乐。"创业难，守业更难，祖辈奋斗，开创了家业，同时为父辈提供了充裕的生活环境，即孕育了"富二代""官二代"。"富"即蕴含着教育的危机，古人早就阐明"寒门出孝子"的育人规律。改革开放初期，深圳的有识之士就感叹"有钱难买少年穷"。如果富二代好吃懒做，不自食其力，成了"啃老族"，就为孙辈埋下了祸根，孙辈自然丧失了生活的能力，坐吃山空，后两代必然家境衰落。

如第二代能子承父业，继续奋斗，光宗耀祖，为第三代做榜样，能传承家风，则第三代才有望，正如古人所言"忠孝传家久，诗书继世长"。

研究隔代教育，首先就应懂得"富不过三代"的道理，才能警醒。

人间称谓之感怀

称谓在社会生活中是必不可少的。然而，回顾半个多世纪称谓的变化，笔者时而感到温暖，时而感到恐惧，时而感到困惑，时而感到茫然。

新中国成立初期，获得解放的人们的称谓焕然一新，都称为"同志"。可不，大家都是同心同德建设新中国的人。相互称同志，使我感到温暖。

"文革"中，普通人之间，不能称"同志"，怎么办？那时，工人阶级领导一切，彼此间找到一个保险的称呼——"师傅"。无论干什么，无论年龄大小，都称对方为"师傅"，彼此相安无事。"师傅"的庄严含义不复存在，使我感到困惑。

"文革"后，回归新中国成立前惯用的称呼，"先生""女士""小姐"开始流行。不过"小姐"不久就成为专有的代名词，慎用了。

改革开放以后，大力发展经济。"老板"膀大腰圆、气粗，于是"老板"呼声遍神州。称对方"老板"，是尊称，以致某些党政机关的一把手，也愿意被人称为"老板"，特荣耀。后来被纪委明令禁止了。形形色色的"老板"满天飞，使我感到茫然。

"建国君民，教学为先。"社会越来越重视教育。在尊称中，即使不在学校人们往往也愿称对方为老师。不必追究身份，倒也会使氛围和谐，并无大碍。

好在中华民族的老百姓是淳朴的。至今，年轻人见到与自己父母相差不多的常称"叔叔""阿姨"；对年老的称"爷爷""奶奶"，这些纯朴的称谓一直代代相传。

当今，人们的称谓确实多元化了。

　　笔者常应邀外出讲课，在开场白中，爱称"各位学友"。因为《论语》开宗明义："学而时习之，不亦说乎？"我们共同学习，可称"学友"。有时，我还爱称听者为"同修"，意在强调"学"而"习"，知行合一，"自天子以至于庶人皆以修身为本"。我的称谓寓意在于强调修身养性。"学友"和"同修"是很有文化内涵的称谓。

　　应当引起我们重视的是，关于人与人之间的称谓，传统文化中庄重、文雅、达理的称谓，很多已淡漠、失传。比如，在正式的场合交谈或书信中，应称呼对方的父亲为"令尊"，称呼对方的母亲为"令堂"，而不能说"你爸""你妈"。后者是没有文化、没有教养的表现。又如，传遍全国的歌曲《一封家书》，最后给爸妈的祝语写的竟是"此致敬礼"，是大不敬的。"此致敬礼"可用于公文或一般交往。对父母无论怎么写都应有"恭请大安"之类的敬语。

　　由于两三代人传统文化的断代，学校不教、社会不提倡，称谓中的文化底蕴丧失，甚至庸俗化，现在应当引起重视。学校应适当补充文言文教学，使学生懂得传统文化中的称谓，会说话、会写信，以改善大众文化生活的氛围。这应是全民学国学的一项有实际意义的任务。

校园文物保护任重道远

1953 年，我考入北京二中。一个 13 岁的孩子，在校门口仰望高大的校门，心中充满神圣和自豪。1958 年，我留校任教，到 2001 年退休后，时常返校，至今已有半个多世纪了。

"文革"前，出入校门不计其数，每一次走过都充实我的情怀。

二中校门原是北洋政府内务部的大门。大门底座由中间略高，两边对称的三个拱形门洞构成。这是典型的中式建筑样式。门洞上面是雕花的卷形雕塑，以对称的火焰效果构成向上的动感线条。中间一根旗杆直竖指向上空。这是西方建筑风格。这座校门应说是东西方建筑风格的合璧，在北京并不多见。

由于脱离了千年帝制，思想解放，大量有欧美文化背景的知识分子进入国民政府，民国机关毅然引进西式风格，应该说是历史的进步。

校门显得雄伟、古朴、庄严。它矗立着迎接莘莘学子，象征着这所学校朴实无华的校风。

在 20 世纪 50 年代，学校只招男生，考入的多是穷困但品学兼优的学生。著名作家刘绍棠来自当时的通县，以"状元"身份考入，向校长提出的要求只是一张睡觉的铺板。很多学生穿着带补丁的衣裤。

在灯市口有几所中学，不用看校徽，只要看衣着，看举止，听言谈，就能辨别出是否二中的学生。

老校门是无声的教师，它以纯朴熏陶着我们。

北京二中是百年老校，1936 年校址由史家胡同迁入内务部街 7 号现址。老校门如不遭毁坏，百年之后，绝对是珍贵文物。

怀念老校门，不禁要想起胡耀邦同志曾步入过这座校门。那是1959年12月23日，他作为团中央第一书记来校做革命传统教育报告。他穿着粗呢子大衣，冬天也没戴帽子，精神矍铄，步履矫健。他的质朴和校门浑然天成融为一体，加上后来他为学校题写的笔力雄健、刚劲的"北京二中"校名，一起为学校留下了不可磨灭的画卷。

可惜，"文革"期间老校门被毁了。我们无比痛心。

改革开放以后，学校又在原址修了一座有些华丽的校门。横平竖直的柱子，请名人题写校名。那时，这样的校门往往千篇一律，没有文化内涵。对此，众多师生无可奈何，出入没有激情。

经多年历届校友和在校师生的呼吁，终于在原址照原样重修了老校门。使返校的校友，有了照相合影的背景，有了怀旧的故地。但应该说，像许多重修的文物一样，只是形似，神韵没有了。校友说它"缩小的门楼是假货""犹如微缩景观""徒有其形""除了对文化的无知，还有什么呢？"老人们始终摆脱不了悲凉。文物啊！祖先和前辈呕心沥血的创造，蕴含着中华民族的灵魂和智慧的结晶，被砸了、被烧了、被遗忘了，这真是大不孝啊！

有的学校搞现代化，校园遗迹和文物荡然无存，是可喜还是可悲呢？母亲的皱纹是孩子永恒的记忆，如果全部做了现代美容，那还是心目中的母亲吗？

北京市将33所中小学命名为"百年老校"。据悉，有641年历史的东城区府学胡同小学完整地保留了庙（大成殿）、堂（明伦堂）、阁（奎星阁）、祠（文天祠）。西城区北京三中和西四北四条小学都保留了部分四合院。这些老校的文物保护意识是可敬的。

老校门是永恒的教师，它在我们心中永不磨灭，它春风化雨地滋养着我们。怀念老校门，就要像它那样有尊严地生活，保持质朴的品格。我们呼唤它的回归，呼唤代代学子传承它的精神。

老校门引发了我对文物的思考。无疑，文物属于过去时；但经过深入学习和思考，是否可以说："文物启示未来。"北京二中百年前老校门中西合璧的理念，引领当代改革的前行，不是很有借鉴意义吗？作为中华民族的子孙应当培育和坚守文物意识，学校应加强和深入进行文物教育，校园文物保护任重道远。应有这样的信念："文物是充满生命力的，爱护文物就是为子孙后代造福。"

让学校博物馆"建起来""活起来"

很多学校有"展览室"或"荣誉室",里面悬挂着奖旗、摆设着奖杯、展示着各级领导来校视察的照片。学校往往以此为荣。

但是,能够切实立足本校实际和特色建成真正意义上的学校博物馆的学校并不多见。不能片面理解博物馆收藏展示的内容都是属于过去时,其实博物馆是富有生命力、教育影响力的,甚至可以说引领着未来。建设学校博物馆应该成为校园文化建设的一个重要内容。

最近有一件事对我触动很大,提升了我对学校博物馆价值的认识。笔者在北京二中工作几十年,这所百年老校办学成果卓著。1983—1986 年,是北京二中办学史上一个辉煌时期。杨杉、齐力、刘晓阳三位同学连续三年分别获得北京市高考文科状元,实现了"三连冠"。王晓同学独立编写出版了一本以地点为线索贯穿中国历史有关内容的新体例小型历史工具书——29 万字的《中国历史地名小词典》,时任共青团中央书记处书记的李克强同志对这本小词典给予关注和鼓励,为其写了《前言》。

当时,我采访了杨杉、齐力、刘晓阳和他们的家庭以及毕业的小学,写成了报告文学《桂冠,是这样摘取的——三连冠追访记》,于 1985 年 10—11 月在《中国青年报》上分三期连载。这三位学生,小学就读于同一所小学——东高房小学,中学毕业于同一所中学——北京二中,考上的是同一所大学——北京大学,上的都是经济系。他们的成长经验,引起了学校、学生和家长的普遍关注。

今年北京二中学生熊轩昂又获得了北京市高考文科状元,再一次成为社会关注的热点。知情人自然想到 20 世纪 80 年代北京二中的高考文科状元"三连冠"。王晓找到我，想再重温一下当年我写的《桂冠，是这样摘取的——三连冠追访记》。

岁月荏苒，转眼时光已过去 32 年。铅与火时代报刊上发表的文章，现在在网上很难搜索到。到哪里去找这篇文章呢？

有幸的是，北京二中历来重视校园文化建设，学校建有档案室和教师博物馆。2001 年我退休前，档案室的老师就主动搜集我多年来在报刊发表的文章，汇集成册。因我在学校负责教育科研，遂定书名为《教育科学和教育艺术的融合》，印制百余本，在档案室和教师博物馆留存。其中就收录了这篇《桂冠，是这样摘取的——三连冠追访记》。

于是，我很快拿到了原书原文。王晓非常热心，亲自上手把文章重新录入、校对，形成一份电子版文件，使原本沉睡在书库的旧文焕发出新的生机，通过网络新媒体的转发传播，引起广泛热烈反响，特别是家长的关注。人们都想从历史中汲取智慧和力量。

《桂冠，是这样摘取的——三连冠追访记》的核心是总结学习和成长的经验。归结起来学生和家长读后普遍印象是：全面发展，学有特色。文科状元获得高分，不仅有文科的优势，数学的高分也起了关键作用。今年的状元也突出谈了这点感悟。所以，偏科往往出不了高才。真正有潜力的人才，是既"全面"又有"特长"的。文科状元给后生启示的真谛正在这里。

应该说，这篇文章过去了 32 年，按理早该淡去，现在读来，却和刚刚采访的一样。这说明什么？说明教育的根本规律是不变的，不会随意花样翻新。所以王晓说："这是二中的重要史料，是二中教育经验总结的经典之作。"这评价蕴含着深沉的文物意识，对学校博物馆建设很有指导意义。

建设学校博物馆，是推进教育改革必然要遇到的课题，是学习经典文化的必然成果，是提升全民文博意识的必然趋势。

学校博物馆是校园文化建设必不可少的组成部分，是教书育人的生动多彩的场所。

应该明确的是，建设学校博物馆的真正目的是吸取其中所蕴含的思想智慧和精神力量，以史为鉴，以文化人，支撑学校优良传统生生不息、薪火相传。

现在，有实力有条件的学校建成学校博物馆不是问题，花费一定的时间和精力充实博物馆的藏品也不是问题。建设学校博物馆，需要的是历史思维和战略远见。

学校博物馆的主要内容应包括：创办人、创办时间、校名、校址、校训、校旗、校徽、校歌、校史、历届校长资料、杰出教师资料、杰出校友资料、学校荣誉、名人题词、重要史料、重要文献、重要文物、重大事件、校园版图、国际交往、历年大事记、领导视察照片、师生代表性著作、历届教职工名录、历届学生名单、历届学生毕业照、校刊、校友会——学校博物馆通过举办内容厚重、形式鲜活的校史陈列和专题展览，生动展示校名、校训、校史的文化含义，展示杰出教师、杰出学生的事迹，展示学校的办学成果，使学校宝贵的精神财富发挥教书育人的作用。还可将学校的文献资料和分散在校外各处的相关资料转变成可以永久保存、方便利用的数字化资料，使学校博物馆成为教师交流经验的园地，成为学生继承学校传统的生动课堂。

建设学校博物馆，要下大力气征集、收藏与学校有关的重要资料、史料和实物，但不能只停留在这个层面上，更要重视传播。传播是博物馆生命力之所在。博物馆要使馆藏"活起来"。要让收藏在学校博物馆里的教案、教具、论文、专著、史料、文献、文物都"活起来"。通过展示、赏读、研讨、出版等多种方式与当前教育的研究课题相结合，使之重新焕发生命力，以推动教育改革前行，培育德才兼备的人才。馆藏珍品或复印，或编辑成册，乃至成为教材，使每届师生受益。

我们有理由相信，办好学校博物馆，激发其旺盛的生命力，学校博物馆必将成为学校取之不尽、用之不竭的教育源泉。

校名的古往今来

学校的校名是学校办学理念和育人方针的集中体现。校名对学生应是神圣的，蕴含着学生的精神追求。

校名的渊源有以下几种：

按成立时间顺序，如一中、二中，一小、二小。

按所在地起名，如北京大学、天津大学，牛栏山中学，香山小学。

以创建人命名，如国父孙中山创立的中山大学。

以名人命名，如以伟大的文学家鲁迅命名的鲁迅中学，以伟大的教育家陶行知命名的陶行知中学。

以经典文化名句命名，如清华大学、复旦大学、丽泽中学。

研究校名的古往今来，是很有现实意义的。

首先，北京还有众多中小学的校名，自20世纪50年代以来均"数码"化了。数码代号没有文化含义，与教育功能不匹配，是亟待改变的。很多学校有命名新校名的需求。

其次，学习优秀传统文化多年，国人的文化底蕴日益提高。从经典中选取校名，只要有导向，就天地广阔，大有作为。

如清华大学、复旦大学、丽泽中学的校名就堪称典范，可以效法。

清华大学的校名高雅。

"清华园"之名乃清代咸丰皇帝所赐。一般认为"清华"与"水木清华"息息相关。清华园的工字厅后面的匾额为"水木清华"。这四字典出晋代谢混的《游西池》诗："景昃鸣禽集，水木湛清华。"因厅后面有水池，取了上面的诗句题匾"水木清华"。笔者的同窗好友、著名书法家韩铁城 20 世纪 60 年代毕业于清华大学。他有深厚的国学功底,认为"清华"取自唐太宗的《圣教序》,更为久远和高超。《圣教序》曰:"松风水月,未足比其清华;仙露明珠,讵能方其朗润。"这是唐太宗盛赞玄奘大师的名句。玄奘的人品和文品都堪称清美的华章。"清华"取自《圣教序》是蕴含深远意义和韵味无穷的。

复旦大学的校名辉煌。

"复旦"选自《尚书大传·虞夏传》中"日月光华,旦复旦兮"。蕴含日月更新,自强不息之意。二字高尚优美,意旨宏远。内涵和外延为复旦精神做了最好的注解。"复旦"具有感召国民的精神力量。

丽泽中学的校名古朴。

在中国教育史专家梅汝莉教授指导下,首都师范大学附中全体老师经过专题学习研讨,从《易经》中选取"兑卦"定校名。兑为喜悦,又为泽。兑卦兑上兑下,两泽相叠,即两水交流,互相滋益。认定"丽泽"为校名的核心寓意是"效法自然,君朋讲习"。他们以开创性的古为今用,提升了学校的文化品位,推动了学校的教育教学工作,成效显著。

校名源于经典,蕴含着源远流长的教育魅力。

再次,为学校选取新校名,有广阔的可作为领域。如香山慈幼院的后续学校——立新学校,可考虑命名为"熊希龄中学",以缅怀著名慈善教育家熊希龄先生和传承他的教育思想。又如在东城老舍先生故居附近的现在的数码中学,可考虑命名为"老舍中学"。以上建议只是为开拓思路,参考而已,别无他说。

校名文化源远流长,博大精深。笔者微言,只为抛砖引玉。仁者、智者定有高论在后,我们祈盼着。

校门的心灵感召

做过几十年教师，深知"教育就是力的表现"。所谓"力"，分三个层次：说服力、感染力、感召力。若分层论述，可以说，说服力影响头脑，启迪智慧；感染力影响心智，培育情操；感召力影响灵魂，激发志向。当然，在教育艺术中，三个层次的力是融合的。感召力应是教育魅力的最高表现。

无疑，学校的一切都应具有教育性，包括有声的和无声的。笔者在关注和研究学校的校门时，认为：校门应是学生的第一位老师。无声的学校校门应具有心灵感召力。

当莘莘学子手捧通知书去报到时，是心花怒放的。在迈入校门的那一刻，激情满怀，无言的校门激励他们立志，召唤他们张开梦想的翅膀。

笔者在百年老校中搜寻，首先映入眼帘的是清华大学、北京四中和黄城根小学。

清华大学和北京四中的校门，都是牌坊式的高大建筑。

清华校门是古典优雅的青砖白柱三拱式建筑，乳白色的石门在阳光下熠熠生辉，流畅的纵向弧度与方正的横向线条完美组合，流露出清丽庄严之美。门楣上刻有清末大学士那桐的手迹"清华园"三个大字。背面镌刻有校训"厚德载物"。

这是高校大门中最负盛名的标志性建筑，永远是通往清华人精神家园的神圣入口。校门呼唤学子立志成为国家的栋梁之材。初入校的和将毕业的学子必定要在这里摄影留念。

北京四中的老校门与清华的校门相仿，都是三拱式。但四中的校门更显得古朴。四中的老校门是少有的没有在"文革"中被毁、保留至今的珍贵文物。

黄城根小学的校门亦是青砖白柱的三拱式牌坊。虽不高大，但适合小学生，亦别具特色。校门两柱刻有校训"学以求真，行以至善"，勉励学子；两侧刻有"黑发不知勤学早，白首方悔读书迟"，警示晚生。校门彰显校训，使师生念念不忘，此构思值得借鉴、推广。

牌坊自古以来是为表彰各种功勋人物所立的建筑物。它的矗立是一种象征。它表彰楷模，呼唤人们奋进、立功、恪守"孝悌忠信礼义廉耻"的传统美德。孔庙所在地，国子监胡同入口处竖立的高大牌楼，正是中华民族优秀传统文化对代代后生的心灵感召。

感怀校门的心灵呼唤，不禁想起杨村三中校门的楹联："厚积十载，从容书写剑胆琴心，不负殷殷家国望；给力百日，静以研读格物致知，回报拳拳师长恩。"此联微言大义、至博约简、深思敏行之精神，淡定从容，既有情志，又有胆识的品格，是教育理念的厚积薄发，是值得反复品读的佳作。此联为校门大大增辉。

庄严的校门散发着浓郁的中华文化的气息，厚德载物，激励后人。

可见，校门承载的文化，是需要重视和深入挖掘的。这是校园文化建设的重要课题。

校训的追本溯源

  校训是学校办学理念的集中体现，是教风、学风、校风的融合，是师生共同遵守的行为准则和道德规范，是校园文化建设的核心内容。

  校训是一个学校的灵魂。

  1930年中华书局出版的《中华百科辞典》对"校训"的解释为："学校为训育之便利，选若干德育条目制成匾额，悬见于校中公见之地""目的在于使个人随时注意而实践之。"

  清华大学的校训"天行健，君子以自强不息；地势坤，君子以厚德载物"。民国时期，梁启超在清华大学任教时，做了著名的《论君子》的演讲，引用《易经》"自强不息，厚德载物"的话语激励清华学子，后这句话成为清华校训。

  北京大学的校训是1917年蔡元培校长提出的"循思想自由原则，取兼容并包之义"。近百年来，北大校训一直是国民教育的灯塔。

  百年老校北京二中的校训是"敬业乐群"。"敬业乐群"出自《礼记》"一年视离经辨志，三年视敬业乐群"。指明古代童子进学的阶段性任务，有循序渐进的规律。

  北京黄城根小学在校门的两根柱子上刻有校训："学以求真，行以至善。""求真"取自陶行知先生"千教万教教人求真，千学万学学做真人"题字。"至善"取自《大学》"大学之道，在明明德，在亲民，在止于至善"。

  传统文化的育人目标，就是培养君子。诸葛亮的《诫子书》开宗明义："夫君子之行，静以修身，俭以养德。"《诗经》的开篇，就是从讲君子之行开始。

经典的校训自然是为培养君子指导言行的。

笔者从教几十年，见过无数校训，自然感慨多多。

好的校训大多言之有据，或出于经典，或出于名人。一条校训出自何处，是否有典可查，这是研究校训的起点。研究学术，必须追本溯源，方能正名，"名不正则言不顺，言不顺则事不成"。

应进一步重视和充分发挥校训的教育作用。

在开学典礼、毕业典礼、校庆纪念活动中，应由校长重点宣讲校训，使学子终生铭记。新生入学可以校训为题作文，播撒育人的良种，使校训在心灵中扎根。

应提倡校训明镜高悬。在校园门口、厅堂、集会处，悬挂匾额，彰显校训，以使学子时时处处铭记在心，引领行动。

据北京二中老校友、著名编辑秦人路回忆：民国时期，在学校的大礼堂台的中央高悬着"敬业乐群"的校训；校训是著名书法家沈尹默的楷书；每每学生开会，都仰视校训，三思而后躬行。过了几十年，仍历历在目，刻骨铭心。校训成为人生的指路明灯。

由于历史、时代的原因，一些学校没有恪守校训的继承性。有的换一届校长，就换一条校训，不少是口号式的，没有文化底蕴，缺少感染力。这样也发挥不了校训的教育作用。

当今，经典文化深入人心，很多工作可以重新审视，推陈出新。例如，首都师范大学附中经过全体教师的学习讨论，从《易经》中选取"兑卦"——丽泽为校名，开展与之相应的"君朋讲习"活动，提升了教育教学水平，创造了与时俱进的经验，很可借鉴。

为提高校园文化的品位，不妨重新审视学校的校训，为百年大计，经过认真学习可否追寻经典，去掉口号和浮躁，制定新的校训，或许有深远意义吧。

敬业乐群

北京二中的传统校训是"敬业乐群"。这一校训深深铭记在一代又一代学子的心中。一位 20 世纪 30 年代在二中求学的孺子，经过半个世纪之后，已是我国著名的编辑了。尽管对当时校园里的整个布局已记不清了，但校训却清晰地印在他脑海里。他回忆道："记得中间有座由长方形殿堂改成的礼堂，一排排的长木椅，可坐满全校同学。礼堂西首有一座可供小型游艺会演用的主席台，主席台上额的木制横档上，是由沈尹默先生题写的'敬业乐群'四个楷书大字，蓝底白字，印象很深。"

"敬业乐群"出自《礼记·学记》。讲的是一个人求学成人的过程："一年视离经辨志，三年视敬业乐群，五年视博学亲师，七年视论学取友，谓之小成；九年知类通达，强立而不反，谓之大成。夫然后足以化民易俗，近者说服，而远者怀之，此大学之道也。"

在求学成人的过程中，做到"敬业乐群"是关键。一个人只有专心学习，乐合群众，才能奠定做学问、做人的基础。以"敬业乐群"为校训是非常有意义的。

北京二中师生崇尚并实践"敬业乐群"精神，形成了优良校风。教师严谨教学，严格管理；学生刻苦学习，团结友爱。时代风云变幻，人生坎坷、艰难困苦、世态炎凉，都未能改变教师们"安贫乐教"的初衷。二中教师的崇高师德代代相传，赢得了学生们的尊敬，具有强大的凝聚力，产生了深远的影响。"敬业"总是和尊师密切相关的，体现中华民族传统美德的尊师传统，在学生们心中深深扎根。

"敬业乐群"精神像一颗良种扎根在学生们的心中，一代又一代的栋梁之材在北京二中这片培育英才的沃土上茁壮成长。

无声的注视　永恒的教诲

——校园名人雕像礼赞

　　很多学校的校园建有雕像。有的是缅怀学校创始人，有的是纪念文化名人，有的是表彰杰出校友。名人雕像是校园文化建设的重要组成部分，也是生动形象地教育学生的教材。雕像为代代学子树立楷模，是理想和心灵的召唤。

　　近日发现重庆市奉节中学的校园名人雕像，别具特色，是笔者从教五十多年未曾见过的，极为赞赏，特写来推荐给教育界的同仁。

　　奉节中学是 1903 年建立的百年老校。学校重视营造格调高雅的校园文化环境，注重发挥校园文化的激励作用。校园中有"博学园""慎思园""至善园""折桂园"等优雅的学习园地。在校园中修建了八位中外名人雕像，雕像底座上篆刻有大师的名言警句。

　　展示如下：

　　孔子："学而不厌，诲人不倦。"

　　鲁迅："横眉冷对千夫指，俯首甘为孺子牛。"

　　陶行知："千教万教，教人求真；千学万学，学做真人。"

　　牛顿："如果说我比别人看得远些，那是因为我站在巨人的肩膀上。"

　　贝多芬："卓越人的一大优点是在不利与艰难的遭遇里百折不挠。"

　　马克思："一个人有了知识才能变得三头六臂。"

　　诺贝尔："生命，那是自然付给人类去雕琢的宝石。"

　　爱因斯坦："科学是永无止境的，它是一个永恒的谜。"

校园展示了八位中外名人，个个都是大师、泰斗级的伟人。中国的三位大师，选得好。孔子当然居于首位，鲁迅和陶行知都是名垂青史的楷模。宋庆龄先生评价陶行知先生为"万世师表"。这样，中国有了孔夫子和陶夫子两位后人学习和修身的典范。鲁迅生于1881年，逝世于1936年，享年55岁。陶行知生于1891年，逝世于1946年，享年也是55岁。鲁迅先生逝世有隆重的葬礼，身上覆盖着"民族魂"的旗帜。陶行知先生逝世亦有隆重的葬礼，身上覆盖着"民主魂"的旗帜。两位先哲，是中华民族精神的化身。后生可从他们身上汲取"取之不尽，用之不竭"的精神营养。

外国的五位大师，选得好。牛顿、诺贝尔、爱因斯坦是自然科学的鼻祖，马克思、贝多芬是社会科学和艺术的鼻祖。他们热爱生命、追求真理、善于学习、百折不挠，终于攀登到人生光辉的顶点。

为学生树立这样八位伟人，文理兼容，科学与艺术并举，是指引青少年素质不断提高的灯塔。这些至理名言激励、鞭策、熏陶着万千学子，时时传承着该校"厚德笃学，至善致远"的校训精神。

学校能选这八位大师塑像，可见校长和教师文化底蕴的深厚、教育视野的开阔和富有创新意识。

奉节中学的育人理念和经验具有开创性，值得推广。笔者想到一个建议，可以以这八个伟人的人生追求和成果为素材，编写校本教材，深入进行教育。想必这会是生动和感人肺腑的，会对学生的人生产生深远的影响。

八位伟人面对莘莘学子，是无声的注视、永恒的教诲。

学校史料和校本教材

　　学校博物馆建立起来之后，怎样使它"活起来"，使之在学校教育中发挥独特作用，是学校文化建设的重大课题。

　　在学校博物馆中，多在显著位置展示校史。校史提供了丰富的编写校本教材的史料。这些史料蕴含着学校的光荣传统和教育教学成果。

　　史料是编写校本教材的宝藏。选取史料来编写校本教材，要以"三性"作为标准，即史料的真实性、教育性、永久性。真实性，即经过考证；教育性，即对做人有指导意义；永久性，即它的价值不会过时。

　　以北京二中为例，所选以下史料均符合"三性"，就可以用来编写校本教材。

一、"三·一八"烈士周正铭

　　1926 年 3 月 12 日，日本军舰驶进天津大沽口，炮击冯玉祥的国民军，致死伤十余名。国民军坚决还击，将日舰驱逐出大沽口。日本竟联合英美等八国于 16 日向段祺瑞政府发出最后通牒，提出中方撤除大沽口国防设施的无理要求。

　　3 月 18 日，为抗议帝国主义侵略和军阀卖国，李大钊同志领导北京人民五千余人，在天安门集会抗议，要求拒绝八国通牒。段祺瑞竟下令开枪，当场打死打伤二百余人，李大钊同志在斗争中负伤。

　　为此，鲁迅先生写出《纪念刘和珍君》，深情悼念爱国烈士。

　　二中学生周正铭（初二学生）的鲜血，和刘和珍等烈士的鲜血流在一起。"三·一八"烈士墓碑矗立在圆明园遗址，碑上刻有 39 名烈士名单，其中"周正铭十五岁安徽天长人第二中学学生"，字迹清晰。

"三·一八"烈士墓碑，可作为鲁迅《纪念刘和珍君》一文的历史见证。

一名中学生成为爱国烈士，并不多见，他应是学校师生永远铭记的楷模，应是爱国主义教育永恒的教材，应是校本教材首选的内容。

二、抗议驻京美军暴行

新中国成立前，在北京驻扎着美国军队。美军士兵胡作非为，国民党政府软弱可欺，不敢为民做主。

1946 年 12 月 24 日夜，北京大学学生沈崇看电影途经东单时，遭到美国海军陆战队二人架至东单公园施行强奸。此事件在全国激起强烈反响。北京、天津、上海乃至全国各地爆发了共有 50 万学生相继参加的抗暴活动。抗暴活动一直延续到 1947 年 5 月，民众要求美军撤出中国，废除《中美商约》。而后遭到国民党政府镇压，酿成"五二〇"惨案。

无独有偶。1948 年，二中体育教师徐震东在八面槽被嚣张的美军卡车撞死了，国民党政府根本不管。二中在学校的大门内开了追悼会。师生们胸前都佩戴白花，会场一片肃静，校长站在高台阶上讲话，师生们低头默哀，以表悲愤和抗议！会后师生将徐老师灵柩一直护送到二十里外的东坝。

二中师生承受着深重的苦难。师生精诚团结展现了中华民族的不屈精神。这一事件，代代师生应刻骨铭记。

三、四名二中学生夺得北京高考文科状元

在 1983—1985 年三年高考中，北京二中毕业生杨杉、齐力、刘晓阳分别夺得北京文科"状元"。这是文科高考状元"三连冠"。

有趣的是，这三名同学毕业于同一所小学——东高房小学，考上的是同一所大学、同一个专业——北京大学经济系。

培养这三名同学的学校是怎样一所中学？这三名同学取得优秀成绩的经验是哪些？他们生活在怎样的家庭？家庭教育对他们起了什么作用？这些问题催动了我采访的脚步……1985年《中国青年报》在10—11月连载发表了我写的报告文学《桂冠，是这样摘取的——三连冠追访记》。

这篇《追访记》的核心是总结学习和成长的经验。归结起来学生和家长读后的深刻印象是"全面发展，学有特色"。文科状元获得高分，不仅有文科的优势，数学的高分也起了关键作用。今年的状元也突出谈了这点感悟。所以，偏科往往出不了高才。真正有潜力的人才，是既"全面"又有"特长"的。文科状元给后生启示的真谛正在这里。

应该说，《追访记》过去了32年，按理早该淡去，现在读来，却和刚刚采访的一样。这说明什么？说明教育的根本规律是不变的，不会随意花样翻新。所以校友、现任《中国文物报》副总编王晓说："这是二中的重要史料，是二中教育经验总结的经典之作。"这评价蕴含着深沉的文物意识，对学校博物馆建设很有指导意义。

2017年北京二中学生熊轩昂又获得了北京市高考文科状元。

日后进入二中的学子，应沿着"状元"的足迹向前，脚踏实地，不同凡响。

四、李克强为《中国历史地名小词典》写前言

1986年，王晓同学独立编写了一部以地点为线索贯穿中国历史有关内容的新体例小型工具书——29万字的《中国历史地名小词典》，水利电力出版社出版发行。作为"全面发展，学有特色"的典型，王晓受到各级表彰。海内外多家媒体对此做过报道。此书的出版，得到当时共青团中央书记处书记李克强同志的关注和鼓励，并专门为之写了《前言》。

王晓的事例，生动地表明"兴趣是最好的老师"，对中学生的成才之路很有启示作用。

五、尹世霖著《作家摇篮》

1998 年，中国社会出版社出版《作家摇篮》。该书收入了都毕业于二中的 24 位作家的作品。从从维熙、刘绍棠、韩少华、舒乙、尹世霖，到韩晓征、王蕤、刘慧军、朱伟伟；从花甲之年的老作家，到豆蔻青春的小作家，呈现了使每一位校长、教师、家长和学生都会喜爱的素质教育的鲜活教材，丰富多彩，读来忍俊不禁，想来回味无穷。

文学之星从这里升起，此书带来"北京二中作家群"的灿烂景观。一所学校培养出二十几名作家，这其中的经验是丰富多彩的。作家群为学生提供了多样的成才之路："敢问路在何方？路在脚下。"起步点，就在校园。

可以以上史料编写一本校本教材，给新入学的学生宣讲，使学生学习、继承学校的光荣传统和续写成才之路的新篇章。

编写校本教材，是使学校博物馆"活起来"的启动工程。校本教材要"面向未来，追求永恒"。传承的主题是：爱国、敬业、勤奋、团结等中华民族的传统美德。

以各种形式编写具有本校特色的校本教材，会使校园文化建设充满生机。

抄写名篇　加深阅读

在参加读书活动时，北京市教委副主任李奕明确指出："阅读是基础教育的基石。"我们的学校教育和社会教育，应大力提倡深阅读和经典阅读。

为推进深阅读和经典阅读，笔者认为，在读书全过程中，提倡抄写，会达到事半功倍的效果。读书与抄写形影不离，应使抄写成为深阅读的伴侣。

一、不动笔墨不读书

"不动笔墨不读书"，是前人宝贵的读书经验。前人之学者，往往在翻开书页的同时，即拿起笔。边读，边在书页上勾画、批注，同时反复阅读重点、难点。

毛泽东同志一生中反复阅读《二十四史》，做了很多批注，甚至修改错别字。这个批注过程，促进了他的深入思考。他在书页的读后感中，提出了很多警世的真知灼见。他批注的《二十四史》又成了一部有价值的史书。这是动笔墨读书的典范。

年逾七旬的油画家、摄影家沈继光堪称读书大家。他读一本书至少读五遍。第一遍，读。比较慢，走走停停，到有些地方，干脆止住，抬头想想，以为精要处，反复咂摸。第二遍，拿起笔，勾勒圈点。第三遍，摘抄。摘抄格言警句。第四遍，做目录索引，将精华的精华摘抄在目录索引上。第五遍，写读书笔记。对记下的文字不断地琢磨，成为与人讨论的话题，写出自己的感悟。有些书还要反复读。坚持三十年下来他写了九十三本读书笔记，约二百多万字，真令人敬佩。他为我们提供了"不动笔墨不读书"的经验。

二、抄写有利于启迪智慧、修身养性

抄写，包括三个方面，一是全文抄写，二是做读书摘要，三是做读书笔记。

笔者在读中学时，一直潜心做读书摘要。那时，几乎每个同学都有一个读书摘要笔记本，用以摘抄名言警句。像"人最宝贵的就是生命，生命属于我们只有一次。人的一生应当是这样度过的：不因虚度年华而悔恨，不因碌碌无为而羞耻——"是几乎人人必抄的。我们还抄过《革命烈士诗抄》。

抄写的过程使阅读的速度放慢。慢工出巧匠。慢阅读与深阅读是形影相随的，这就促进了思考。一般我们习惯思考三个层次：作者说了什么？怎么说的？为什么这么说？思考过程中还包括理解和欣赏作者的逻辑思维、修辞手法和语言特色。这样阅读才能层层深入，不断启迪智慧。

抄写能使人心静下来。诸葛亮《诫子书》云"夫学须静也""宁静致远"。当代人多浮躁，抄写能使人伏案静思。沈继光一本书稿的题目是"唤起思的生活——三十年读书札记"。他认为读书的目的，就是要"唤起思的生活"。他说，读书唤起我的思考，让我学着思考。我们生活的这块土地上，似乎已不缺任何别的什么了，唯缺少"思的生活"。思考促进人的修身养性。

一个人的阅读史，就是他的精神成长史。

三、抄写与学国学相融合

笔者的中学同窗好友韩铁城，以二十多年的抄写经历，为我们树立了经典阅读的榜样。他五十多岁才跨入书法门槛，二十多年来，天天笔耕不辍，已抄写几百万字。他说："用书法艺术选写国学精要，弘扬中国传统文化是我退休生活的最大理想。"他勤奋过人，争分夺秒地用毛笔抄写儒、释、道的经典，被誉为当今稀缺而又无法复制的"老年超人"。

他擅长书写蝇头小楷，亦隶、行皆成风格。他潜心学习，将国学经典分为《辞》《记》《序》《传》《表》《书》《疏》《说》《经》等十几本，逐一抄写成书法体的国学书籍，堪称里程碑的书法艺术成果。已出版的有《笔林春晖》（辞、记、序）二本和《飞毫蛇舞》（国学文苑书法精选）。其他将陆续出版。

他被人们称为"以传承国学为己任的书法艺术大师"，天安门城楼上已收藏了他的作品。令人惊奇的还有，虽然他已七十有五，竟然能不戴眼镜书写绿豆大小的楷书。长期书写的全神贯注，他不仅练了笔力，而且练了眼力。

笔者敬佩和推崇他的精神。在向中小学生讲授国学时，大力提倡抄写国学经典。如坚持每天抄写三百字，一年下来，则有十万字，整整一厚本。十年下来，也有百万字了。这是多么令人神往啊！问题是，人们往往忽略和荒废了每天十五到二十分钟的时光。有人用一年的时间抄完了《唐诗三百首》。同样有人用一年的时间抄完了《红楼梦》。他们都是以集腋成裘的精神获得了成果。

我推荐学生和年轻人从诸葛亮的《诫子书》抄起：

"夫君子之行，静以修身，俭以养德；非淡泊无以明志，非宁静无以致远。夫学须静也，才须学也；非学无以广才，非志无以成学。淫荡则不能励精，险躁则不能治性。年与时驰，意与日去，遂成枯落，多不接世。悲守穷庐，将复何及？"

只有八十六个字。每天总能挤出时间来抄吧？

捧起书，拿起笔，静心进入深阅读和坚持不断地抄写，你的人文素养会一天天提升。

联想孕育智慧花

在培养女儿和学校工作中，我注重对学生的思维训练，首先是结合日常生活进行联想训练。

一年春天，带女儿去日坛公园。在一座殿堂前悬挂着郑板桥写的一副楹联："删繁就简三秋树，领异标新二月花。"

我们驻足，我问女儿："楹联写的是什么？"她回答说："是树，是花儿。"我又问："什么时候的树？什么时候的花儿？"她答："三秋树，二月花。"再问："三秋树和二月花有什么特点？"她说："三秋是深秋，树叶大多落了。二月是早春，最早开的是迎春花。"接下来是我讲："三秋时节，深秋时节的树，枝干疏朗了，犹如删繁就简。二月的花，早春时节的花，寒气尚未退尽，争先开放的是领异标新的花。"

联想训练，要不断提出纵深的问题。于是，我们进一步思考："是不是就写的是树，写的是花儿呢？"应该说："是，又不是。"还可以说，这是倡导的写文章的章法：一是要简练，开门见山，有如"三秋树"，使读者一目了然。同鲁迅先生所讲，将可有可无的字、句、段删去，宁可将写小说的材料写成速写，万不可将写速写的材料拖成小说。二是文章要敢于标新立异，有如"二月花"，贵在创新。

若再问："是不是就限于讲的文章的写法呢？"可回答说："是，又不是。"此楹联亦可讲成做人的原则、为人之道。一要坦诚、开朗，如同三秋之树，二要"敢为天下先"，在学习、工作、生活中要有创造性，如同早春的花儿。

这副楹联，通过一层层的联想，从写景想到作文，从写景、作

— 217 —

文进一步想到为人，照此思路，还可以向时间和空间扩展。女儿在这次逛公园中的收获，涉及习文方法和做人哲理。

联想，从甲事物想到乙事物，从具体的事物想到抽象的事物，由近的事物想到远的事物，由熟悉的事物想到陌生的事物，由古代的事物想到现代的事物，由表面的事物想到内在的事物，由微观的事物想到宏观的事物，由静止的事物想到运动的事物，由正面的事物想到反面的事物，由强大的事物想到渺小的事物……举一反三、触类旁通、不胜枚举。

例如，我还做过这样的发散思维能力训练。问题是："写出你想到的花儿。"评判学生答案，可分三个层次：第一层次：写出了兰花、荷花、菊花、梅花、芍药、牡丹……一批实实在在的花，当然写的多比写的少好，但都只能评为"及格"；第二层次：写出了一些具有花的特征，但是花的变形的花儿，如雪花、礼花、刨花、窗花、灯花、泪花……这些也是有形有象的花，这可以评为"良"；第三层次：写出了具有花的特征，但是无形无象的花，如心花，成语中有"心花怒放"。只有到了这个层次，才能评"优"。

经过多所学校、多次测试，结果是大多数学生只能得"及格"，少数学生能得"良"，得"优"的学生很少。这也表明思维训练应大大加强。

著名作家韩少华曾写过一篇散文《花的随笔》，通篇是花的联想。

他从满天飞舞的"雪花"写起，进而联想到木匠师傅刨下来的散发着木香味的"刨花"，养蚕姑娘管蚕茧丰收叫"蚕花好"；过年了，人们贴吉祥的"窗花"，寄托美好希望的是人们的"心花"。

为了"心花怒放"的时刻，忘我劳动的人民迎来了节日的礼花："红的火红，绿的碧绿，白的雪白，黄的金黄。那是一股股珍珠的喷泉，是一阵阵琥珀的急雨，还是一颗颗水晶的流星？人们各有自己的想象。"从此，礼花跟人们的心花连成一片了。这个美好的时刻，从心头荡起的泪花是闪闪发光的。

此文从"雪花"联想到"泪花"，通篇感悟的是美的生活、美的追求。这里，联想促使人悟到人生的真谛。这篇散文可作为启迪发散思维的经典之作。

伟大的人民教育家陶行知阐明"生活即教育",有什么样的生活,就有什么样的教育。我们提倡智慧的生活。家长和孩子、教师和学生,要在生活的经历中做有心人,善于发现能够产生联想的事物和情境,以丰富知识、启迪智慧。

生活处处有教育,联想孕育智慧花。

信念传承　翰墨留香

　　2001 年，我在北京二中工作了 43 年退休了。退休后，我首先想到的不是个人养老，而是教育传承。

　　当时有人要我用一句话阐明"什么是教育？"我明确回答："教育就是传承。"教育就是年长的一代把自己的信念和经验传给下一代。祖辈、长辈传后辈，代代接续。传承就像长跑中传递接力棒一样。

　　传承什么？传承信念。信念就是精神追求、精神支柱，就是通过学习和修身，总结生活阅历的感悟，长期形成的为人、处世的根本原则。

　　在中华文化的历史长河中，民众形成的信念，首先凝聚在古圣先贤和大师的经典著作中。如"百善孝为先""不以善小而不为，不以恶小而为之""老吾老以及人之老，幼吾幼以及人之幼"……这些为人处世的原则，家喻户晓，是共有的信念。

　　要传承高尚的信念，首先就应两代人一起学习和践行经典的教诲。笔者拜访过多名耄耋老人，他们的人生信念往往就是扎根在心中的几十条经典语录。他们语重心长地告诫晚生，读圣贤书，积淀在内心深处的一些信条，能毕生"一以贯之"，就很不容易了。

　　如"三人行必有我师""言必信，行必果""己欲立而立人，己欲达而达人。己所不欲，勿施于人""富贵不能淫，贫贱不能移，威武不能屈""穷则独善其身，达则兼济天下""朝闻道，夕死可矣"。仅择以上 6 条做人准则，若切实信守、躬行，足以受益终身了。

　　又如，孟子讲的"天将降大任于斯人也，必先苦其心志，劳其

— 220 —

筋骨……"范仲淹讲的"先天下之忧而忧，后天下之乐而乐"等名言，都是众多志士仁人终生不渝的信念。

再如，北京不少四合院的木质大门上镌刻的楹联："忠厚传家久，诗书继世长"，正是众多老百姓淳朴的家教信念。

传承信念应是年长的人，特别是退休的老人的第一使命。传承信念，就是给后代留下精神财富。金钱有价，信念无价。后人承接了信念，就获得了人生的方向、前进的动力；既是人生宝典、行为规范，又是"护身符"，面对种种诱惑会筑起一道防线，避免失足。

传承信念的好方式之一就是撰写回忆录。我主张，不一定从童年"流水"式地写，而是灵活"浪花"式地写，可一事一悟一成文。凡有教育意义的事，都能在精神上唤醒美好的心灵，平添正能量。

笔者的心愿是：凡有一定写作能力的，无论哪个年龄段的人，都应诚心拿起笔来写回忆文章和人生感悟，精神感召，启迪后生。

信念传承，经典永恒；大爱无边，翰墨留香。

感恩怀德　往事如珍

　　人老了，总爱回忆往事。得空时，有如电视连续剧历历在目，难以释怀。

　　人们常说"往事如烟"，即瞬间消散，不留记忆或不愿留下记忆，因为那多是痛苦或没有价值的。而"往事如珍"，却是唤醒美好的记忆，平添正能量。

　　人贵在有精神生活，人精神生活的第一要素是感恩。

　　感恩，就会唤醒如珍的往事。

　　一年多来，我主要围绕感恩写些散文。

　　我心怀思念写了先父范立夫。先父祖籍烟台，早年闯关东，自学成才，成为画家。"文革"中，被遣返，大难不死，有幸平反回京。他自强不息，举办过两次个人画展，收入均捐"希望工程"。他潜心"世象漫画"，以画笔为百姓排忧解难，83岁被选为东城区人民代表。老人为了能就近去中国美术馆看展览，选取了沙滩一间简陋的平房独居，且每天作画，从未间断。每每在美术馆分手，目送先父西行。只见他手拄拐杖，步履稳健，夕阳的余晖映照在他的秃顶上，泛出红光，瞬间觉得他的背影变得高大，需仰视才见。他留给我们子女的家训是：做人要做"送炭人"。我以此为题写深情回忆，谨记助人为乐的教诲。

　　我心怀感激写了几十年风雨同舟的老伴郭玉芹。她一直坚强地与疾病做斗争，自强不息。她参与考试和答辩，成绩优异，在北京机电研究院率先被评为会计师。孩子小时，每周日她要带孩子坐公交车绕半个北京城去学钢琴。育女成才，她呕心沥血。她是操持家务的好手，虽已年逾古稀，却能上网购物，生活和居家用品，随时添置，不用我操心。我赞美她追求完美的性格，文章题为《上坡路上要拼搏》，正是她精神世界的写照。

除感恩父母、亲人外，我还要感恩老师、同学、朋友、学生。从小到大，从学习到工作，从家庭到社会，我逐年回想，汇集感悟，追寻如珍往事，一一写成文章

因为我在北京二中学习工作60多年，对母校感恩怀德，自然从师生写起。

我写了德高望重、满腹经纶的"民国先生"潘逊皋，写了"一身正气、两袖清风"的米桂山书记，写了学者型校长张觉民，写了在文学写作上给我启迪和不断指导的师兄，如著名乡土文学作家刘绍棠、散文大家韩少华、诗人尹世霖，还写了对我很有学养启示的同窗、书法家韩铁城和胡琦等。他们对我或有恩泽，或有关爱，或有鞭策，我都铭记在心。

我还动情写我的学生。"文革"中，因我给学生买推子理发，被扣上"腐蚀青少年"的罪名，被剥夺了做班主任的权利，致使我和学生中断了半个世纪的联系。直到前年，那个班的王拓丁、文文、王学东等28名学生一起请我参加他们的团聚，才得以重续师生情谊。我万分感恩在耄耋之年学生们给我的精神慰藉。我写出了《亦悲亦喜的理发记忆》。年老者读此文，往往潸然泪下，感慨万端。

珍珠本自磨砺出。要达到视往事如珍，并非易事。人生不如意事十之八九，如何把苦楚、悲怆化为坦然、宁静，成为如珍往事，确实需要下功夫修炼，提升境界。

"滴水之恩，当涌泉相报"是我的人生信念。感恩是我写作的第一动力。当我写感恩文章时，心里总是暖融融的，行文如水，浪花朵朵。

感恩怀德，自见往事如珍。愿凡有一定写作能力的，都拿起笔来写感恩文章，会在融入文章时，净化心灵，提升智慧。

"无为"教育艺术初探

　　教育学是研究教育现象及其规律的科学。教育现象是社会现象的组成部分，要深刻认识教育现象，必须把它放到社会大背景之中，先见森林再见树木。

　　高科技时代、信息时代、改革开放时代，使人们的社会生活观念、生活方式发生了广泛、深刻的变化。

　　现代社会管理的发展趋势是：给人以更多的尊重、更大的自主，同时要求人有更高的自觉、更严的自律。

　　东北财经大学出版社出版了大连学者群的著作《管理新论——无为管理学》，在绪论中指出："无为管理"这个概念的诞生，具有突破性的意义，它是我国古代传统文化中"无为思想体系与现代管理科学体系在一定历史条件与机缘下水到渠成的融合"，是一门"青出于蓝而胜于蓝"的崭新的管理学科。

　　无疑，深化教改、推进素质教育、增强德育的实效，应从无为管理的思想中得到启示，从教育哲学上找到一个新的思考角度。

　　当前，相当多空洞、枯燥的说教（包括学校与家庭）与青少年不断增长的自主意识之间的矛盾日益突出。在教育中，事倍功半、劳而无功甚至事与愿违的事屡见不鲜。

　　那么，体现无为管理思想的"无为"教育艺术能不能给我带来新的思路、新的方式、新的途径和方法呢？

"无为"教育艺术的模式

以教育意识为核心，教育过程表现为四种模式：

第一种，教育者有明显的教育意识，被教育者有明显的被教育意识。

在学校和家庭中，这种模式最普遍。在一所市重点学校中，成功地组织了"热爱生命"的主题班会。学生到自然博物馆参观"人之由来"展览后写了观后感，请家长到学校来参加班会。班会上，家长纷纷讲述了十月怀胎的艰难，为了保胎不挤公共汽车上班，坚持步行顶风冒雨；为了保胎感冒发烧不敢多吃药……让学生了解了母亲怀胎的生理反应。这一别开生面的班会，强烈震撼了学生的心灵，使他们懂得了孕育生命的艰难，懂得了生命不属于自己的道理，悟到了孝敬父母、珍惜生命的道理。教师、家长、学生都明确参加班会的目的，教育意识贯穿全过程。

第二种，教育者有明确的教育意识，但被教育者没有意识到教育者的教育目的，在不知不觉中受到教育。

一位父亲带3岁半的儿子去游玩，遇到了一个土坑，儿子非要下坑里去玩儿。当儿子玩得高兴时，爸爸蹲在不远的地方，不让儿子看见。儿子玩够了，要上来，开始喊爸爸。爸爸一声不吭，装没听见，儿子直呼爸爸的名字，爸爸还是不理他。于是他连哭带骂："坏爸爸，大坏蛋！呜呜……"叫喊哭骂几句都不见爸爸露面，儿子只好自己在坑里想办法，终于发现了坑边的土阶梯，便手脚并用地爬上来了。当他发现爸爸就在坑边一棵大树下蹲着时，便惊喜地扑上去，高兴地攥着小拳头不无自豪地说："是我自己爬上来的！没有爸爸，我自己也能上来！"

爬坑，孩子感悟到"我行！"收到了父亲预期的效果。这不正是培养了孩子的自信和战胜困难的意志吗？不正是家长的"无为"创造了孩子的"有为"吗？这不是比空洞的说教高超得多吗？这是"无为"教育艺术的典型事例。教育者用心构思，去创设一种情境，引导一种经历，让学生和孩子真正成为教育的主体，在实践中进行自我教育，得到感悟，完成精神的升华。这样的教育艺术是多么有魅力呀！难道不令人神往吗？

第三种，教育者没有教育意识，但受教育者往往在意外中受到教育。

一位母亲发烧躺在床上，对女儿轻声地说："真想吃口西瓜。"

女儿却只是想有一堆数学题还没做，望着阴沉沉快要下雨的天，怕耽误时间不理茬儿。突然一阵急促的敲门声，她表姐急匆匆地闯进来："姨，姥姥又喘起来了，脸发白，昏过去两次了。"只见她妈妈一愣，立即翻身下床，抄起大衣，拉起表姐就往外走，边走边嘱咐表姐去换氧气，竟没理会女儿递给她的雨伞。妈妈急匆匆地走了，女儿举着雨伞站在雨里，好久好久。她的心怎么能平静呢？妈妈重病在身，可她为了母亲却不顾自己。她想吃一口西瓜，我却不敢接她的话茬儿……这位中学生在《西瓜代表我的心》的作文中写道："那雨夜好长好长啊！也就是自那雨夜以后，我惊异地发现我长大了，变成了懂事的大姑娘。在母亲节到来的时候，我要去买一个大西瓜给妈妈，西瓜代表着女儿一颗爱妈妈的心。"

母亲的身教促使孩子开悟，这是成功的一例无言之教。母亲并不是有意示范，女儿也并不认为母亲的行动是用意在教育她。但母亲的行动本身完成了一个教育过程，受教育者在对比中得到心灵的净化。

第四种，教育者没有教育意识，但被教育者有明显的受教育意识，能主动接受教育。

一名中学生仰慕某语文教师已久，但未分到该老师班里。一次该老师来班里监考，他喜出望外。因试卷印刷模糊，老师在黑板上工工整整地写了一个"鹤"字。全班同学都停止了答卷，欣赏起优美的书法。这一个字，给学生留下了终生难忘的印象，也激发了学生的学习兴趣和进取精神。由于敬佩，在学校中学生模仿老师的字，文如其师、字如其师的现象相当普遍。"一字之师"令学生终身受益，可见"无为"教育艺术的魅力。

从对四种教育模式的简要分析中，我们注意到教育意识在"有""无"之间的转换。最有教育艺术的是，作为被教育主体的学生，在没有意识到被教育的状态下，不知不觉受到教育，这可谓"不教而教"。

"不教而教"可称为教育的最高境界。

在代表中华民族智慧的成语中，"不……而……"也反映了这种特有的事物发展规律。

《三国演义》中的赤壁之战，诸葛亮与周瑜在手上同时写出"火"字，可谓"不谋而合"。诸葛亮在城楼抚琴观景惊退司马懿大军，堪称"不战而胜"。"不言而喻""不期而遇""不求而得""不翼而飞""不寒而栗"诸多成语概括了生活中的这一类经验。

以"不教而教"为主要特征的"无为"教育艺术（教育艺术的极致，可简称为"无为"教育），反映了一种特定的教育过程。

"无为"教育要研究教育者的教育艺术和技巧，如何使教育魅力无所不在；"无为"教育要研究受教育者在不知不觉中受到教育的规律和特点，即受教育者自我教育的开悟过程及规律。

"无为"教育艺术的特征

一、教育意图的隐蔽性

"把自己的教育意图隐蔽起来，是教育艺术十分重要的因素之一。"教育家苏霍姆林斯基的这句话，集中概括了"无为"教育的首要特征。

前文中所述一父亲让幼儿自己从坑里爬出来的做法，具有教育意图的隐蔽性。

《北京日报》曾以"不教而教的启示"为题刊登了这样一个教育故事：

一个女孩初学小提琴，琴声如同锯木头，父母不愿听。孩子一气之下跑到幽静的树林中学练。突然，她听到一位老年女人的赞许，老人说："我的耳朵聋了，什么也听不见，只感觉你拉得不错！"小女孩受到鼓励，于是每天都到树林里为老人拉琴。每奏完一曲，老人都鼓励说："谢谢，拉得真不错！"

终于，家长惊异地发现了女儿优美的琴声，忙问是什么名师指点。这时，女孩才知道，林中的老人是著名的器乐教授，而且她的耳朵从未聋过。

装耳聋，引导孩子走向自信。她认真倾听孩子的琴声对孩子不断鼓励，虽没有具体施教琴艺，又没任何说教，但却给了孩子动力和智慧。女孩每天为残疾孤寂的老人拉琴，从中悟到艺术的价值和魅力，琴德、琴艺都得到升华。这个传奇故事蕴含着丰富的"无为"教育的哲理。

二、教育手段的间接性

常用的直接的教育手段有讲课、报告、参观、访问、表扬、批评、奖励、惩罚、谈话……而不运用某些直接的具体手段，教育者的有些有意或无意的行为，也会触动受教育者的心灵，促使其觉悟。这种间接手段，有时更有力量。

一位母亲怕耽误孩子的学习，风尘仆仆赶了几十里路，把儿子落在家里的书送到学校，然而这本书却是孩子在家里看的一本小说。母亲的行动震撼了孩子的心，使他强烈感受到深沉的母爱。不识字的母亲并没有如常人一样讲刻苦学习的道理，却收到了促使孩子猛醒，从此用功读书的效果。此处无言胜有言。

三、教育者身教的示范性

榜样的力量是无穷的。教师的示范，崇高的师德是最具魅力的"无为"教育。

华北油田第五中学的教学楼上醒目地书写该校的办学思想："学校无小事，事事是教育；教师无小节，节节皆楷模。"通俗而又深刻地阐明了教师示范作用的重要性。

的确，教师无小节。选择了这种职业，就应时时处处为人师表，教师的人格魅力对学生的影响深远。

素质教育的主阵地是教学，自然，教师的示范作用主要应该体现在教学上。教师示范，不仅要体现在学科的知识结构中，而且要体现出思维品质和哲学高度。应既是学科课，又是哲学课，既要传播知识又要启迪智慧。平常常说的"功夫在课外"就是这个道理。弦外之音最动听，感受的是乐曲的美和心灵的美。

四、受教育者亲身经历的体验性

应该说，没有亲身的体验，就不会有觉悟。"无为"教育是学生作为主体的自我教育。教育者的主导作用是让学生在实践中认识到"我行！"

"纸上得来终觉浅，绝知此事要躬行"，获取知识如此，提高觉悟也必须有真切的体验。学生必须通过行为体验，方能感悟人生。

北京有一位"十佳少年"，她从美国回来，是自己到学校办的转学手续，没有父母陪同。这位小学生的人际交往能力自然得到了提高。

所以，有的教师写文说："让学生体验成功是培植自信心的有效途径。"这是很有道理的。体验成功，实施"我行教育"，大大有利于提高学生的心理素质。

《中国青年报》创办了"给你自信夏令营"，提供了"我行教育"的宝贵经验。

"无为"教育艺术的哲学基础

"无为"教育艺术是中国传统文化中的"无为"思想与现代教育学中"主导、主体"理论的结合。

"无"与"有"、"主导"与"主体"各是一对对立的哲学范畴。

从哲学基础上来认识"无为"教育艺术，首先要正确认识"无"。

老子指明："无，名天地之始；有，名万物之母""两者同出而异名""天下万物生于有，有生于无"。

显然，老子阐明的"无"，不是什么都没有，"无"是潜在的"有"，"有"是显现的"无"。正如计算机技术二进制的"0"和"1"，是低电位和高电位，否定或肯定的寓意一样。

无和有是事物两种存在表现形式。无、有合二而一，融为一体，相伴相随。如，无更多的限制，则有更多的自主……同出而异名。

在文学艺术作品中，有许多"无中生有"的生动写照。如白居易诗中所写"别有幽愁暗恨生，此时无声胜有声"，鲁迅诗"万家墨面没蒿莱，敢有歌吟动地哀。心与浩茫连广宇，于无声处听惊雷"。音乐家说，休止符比任何一个音符的含义都丰富，一首名曲要善于使用休止符。《国歌》的乐曲空半拍起，正是对"起来，不愿做奴隶的人们"的最有力的呼唤。有人评价王羲之的书法艺术为"无声而有音乐般的轻重疾徐，无色而有图画般的光辉灿烂"。

以上所说，不仅是无中生有，甚至是无胜于有了。

纵观世上万事万物，可分为两大类：一类是看得见、摸得着的，属于有形有象的事物；另一类是看不见、摸不着的，甚至听不到的无形无象的事物。前者人们比较熟悉，也研究较多，而对无形无象的事物，则研究难度较大。比如，人体经络是客观存在，但看不见，摸不着。针灸专家祝总骧教授受周恩来总理委托，带领一课题组花了二十多年时间，运用多种科技手段，才验证了人体经络线与古代针灸铜人所标画的一致。又如，"黑暗"一词，黑是一种可观的颜色，而暗则是一种视觉和心理的感觉。汉语中此类结构的词还有许多，像"光明""声音"……语言现象反映的是生活现象，表明事物有可以言传的，有只可意会不可言传的，或者说，有的靠感知，有的靠感悟。思维学家专门提出"意会思维"进行研究，是很有道理的。汉语成语中"不可思议""妙不可言"等指出了常规思维有不能达到的境地，即微妙的境界，故老子曰"常有欲以观其徼，常无欲以观其妙"。

真正懂得了"无""有"之间的关系，才能明白老子所讲"无为"的含义。

老子指明万事万物发生发展的规律："道生一，一生二，二生三，三生万物""道常无为而无不为"。无为不是不为，也不是消极无为。"无为"的正意是顺其自然，因势利导，无所不为，没有办不到的事情的意思。

在这里，"道"和"无"是同一个意思，是通用的。所以"无为"即是"道为"。道，揭示的是规律。无为，即是按照客观规律办事。"人法地，地法天，天法道，道法自然"，最终"无为"要求的是遵循自然规律办事。"顺其自然""因势利导"是最高的法则。"无为"，即"无背道之行，顺自然而为"。汉字把"人""为"合而为"伪"字，不正警示人们背道的人为是虚假的吗？只有"道""自然"才是真。要去伪求真，则需"无为"。柳宗元的名文《种树郭橐传》中以种树讲哲理，种树高手"能使树活得长，长得快，不过是按照树生长的自然规律，充分适应它的天性而已"，并不是人的能耐。这是"无为"思想的生动说明。

所以"圣人处无为之事，行不言之教"。

现代教育理论要求发挥教师的主导作用，保证学生的主体地位，"主导"要促进"主体"的发展，其真谛应是实现学生的自我教育。自我教育则应开发潜在的积极因素，引导其开悟。"无为"教育的目的，正是提高受教育者的悟性。这一过程是因势利导，是教育者的"无为"，促使受教育者的有为。

"无为"教育艺术常用法

【垂范】

教育者的示范，无言的身教。古人云"其身正，不令而行"，讲的就是垂范的作用。青少年善于模仿，教育者的行为成为楷模，自然会产生巨大的教育力量，是"润物细无声"的潜移默化的影响。身教是"不教而教"的首要方法。身教好，教育的任务就完成了一半。

学校新教学楼的垃圾道堵了，总务处在道口旁贴了个封条——"禁止倾倒"。在此后的两个月里，学生们扫除后都要穿过操场，将垃圾倒在老楼的垃圾道里。

校长手术后上班了，他发现封条后便抄起铁棍通垃圾道。一位看到的老师告诉他："总务处已贴了告示。"校长说："你家的下水道堵了，是不是也贴上封条不用了？"教师无言以对。"要把学校也当成自己的日子一样过啊！"校长的这句话深深印在这位教师的心上。后来她也当了校长，时时处处记着要"以校为家"。

【倾听】

教育者虚心、认真听取教育对象的倾诉，促使对方在宣泄中实现自我心理调节。当人产生心理冲突时，自然的需求就是要找人诉说。教育者要善听，即对教育对象的任何想法（当然不一定正确）要听得进去，表示理解，在倾听中因势利导，让教育对象自己得出正确结论。心理学家认为，认真的倾听就完成了心理咨询任务的一半。

记得一个当医生的朋友曾经说过这样一件事情：他有一个病人被诊断证明为绝症。这个病人常常在拿药的时候到他那儿坐坐。我的这个医生朋友由于职业的习惯便常和他聊聊，或者就那么静静地听着。一次，那个病人说了很多很多他的过去、现在、幸福、心酸，他生病后的种种心境和牵挂。朋友听了许久许久。病人说完了，如释重负，轻松多了。后来，听说那位病人去世前的情绪一直很平稳，配合治疗也比过去积极多了，并且把被医生判定为三个月的生命延长了近一年。朋友对我说，他很欣慰那天没有对那位病人进行长篇大论的劝慰与建议，而只是静静地倾听了病人的诉说。他颇有心得地说："我不知道这是不是我所起的作用，可我却从这件事中知道了开方、看病医治的只能是躯体，而倾听却能使一个人的精神得到寄托。"

【激励】

教育者通过语言或文字等多种手段，含蓄、寓意深长地触动教育对象的心灵，调动他们的积极性、创造性，开发潜能。激励源于尊重，源于信任。出乎意料的处理，往往能促使教育对象的心灵震撼。

一位小学校长对童年一次考试分数难忘的记忆：

由于中途转学，功课落下了不少。一次数学考试后发卷子，我提心吊胆地接过来一看，非常意外，老师没有打分，只写了两个字："哎呀！"此刻，我领会了老师的心意，老师不相信我会这样，老师在给我机会，老师在期待着我，老师在用这样一个善意玩笑似的方式等待着我的努力。我决心把落下的功课补上。果然，又一次考试我得了满分。

许多年过去了，我又经历了无数次考试，见到过成百上千张试卷，但只有那份没有分数，写着"哎呀！"的试卷，成了我心中永远的珍藏。

【体验】

通过创设情境，引导教育对象在亲身经历中实现情感体验，获得真切的感悟，认识事物的本质和规律。没有体验，就没有完成教育过程。体验成功是培植自信的有效途径。在体验中获得了"我行！"自信意识的增强。

为战胜胆怯，一位母亲让她五年级的女儿买10份《北京晚报》，再按原价卖出去。半个小时过去了，孩子张不开嘴。经过思想斗争，战胜了虚荣，开始大声吆喝，终于把报纸卖出去了。

在闹市区卖报，这是一种情境活动。孩子受到了磨炼，体验了成功，得到了单靠说教不可能有的思想收获。

【对比】

使教育对象在事件或情感对比中，找到差距，心灵受到震撼而猛醒、开悟。没有比较就没有认识，没有比较就没有教育。反差越大，给人的印象越深。在反差中，发现道德境界的高低，自然产生羞愧、自责，从而获得认识的飞跃、精神的升华。

有这样一个故事：古代某武士一心想成为世上第一射手，他遍访名师，刻苦训练，终于达到了百发百中的境地，武士自喜。一日，在深山偶遇一高僧，高僧明其箭术，遥指空中的两只飞鹰。武士心领神会，一箭射落了其中的一只。而高僧却说："取鹰何用弓箭，高手当不射而射。"言罢，高僧抬手一指，虚点向空中的一只飞鹰，只见那鹰如受重创，径直落至高僧的脚下。武士大为震惊，叹道："这才是射艺的最高境界啊！"

【迂回】

对教育对象的问题，不采取就事论事的直接说教，而是通过心理暗示、启发联想等手段，使其认识事物的规律、领悟生活的真谛。为了前进而后退，为了走直道而走弯道，这往往是获得成功的策略。

一位中学生是生物爱好者，搜集了众多的标本。他妈妈是教师。一天，妈妈发现儿子的情绪不高，但没有直接询问，而是对儿子说："妈妈今天比较累，想去逛公园。你陪妈妈一起去好吗？"儿子答应了。逛公园时，面对各式各样的植物，妈妈不断发问，儿子滔滔不断地解答，显示了丰富的知识。

后来这位妈妈发现，晚上儿子做作业时情绪特别好。

【空白】

摒弃包办代替，给教育对象留有创造的空间和时间，调动其主动性。为了取得教育的实效，往往需要等待。"耐心是伟大的老师。"

杨振宁在西南联大读研究生时，他的导师是王竹溪先生。一天，王先生要他写一篇论文《固体中有序与无序的问题》，并要他参看一本书。杨振宁看不懂这本书，便去向王先生请教。王先生一个字也不讲，却又要他看第二本书。杨振宁第二本也看不懂，又去向王先生请教。王先生还是不讲，又推荐第三本书给他看，并要求他看完第三本书后，再回过头来看第二本和第一本，并说出对第一本书的见解。杨振宁反复读了第三本书后，再读第二本和第一本，果然写出了优秀的论文。

【宽容】

对教育对象错误、过失产生的原因，给以充分的理解，使其在意想不到的宽厚态度、宽松环境中自省。"出奇制胜"的兵法运用在教育领域是教育方法的极致。教育者的宽容使教育对象无地自容，这是真正的教育诗篇。

一位学生的个人愿望没有得到满足，向教师说了一通尖酸刻薄的话。这位教师没做任何解释，只是给她写了一首小诗。

土地宽容了种子，拥有了收获；
大海宽容了江海，拥有了浩瀚；
天空宽容了云霞，拥有了神采；
人生宽容了遗憾，拥有了未来。

学生收到后，沉思良久，突然笑了。她觉得生活真美好，自己很幼稚。

"无为"教育艺术与教师理论修养

"无为"教育艺术对教师理论修养提出了新的要求。"无为"教育艺术提出的课题意义在于倡导学习教育哲学，提高教师理论修养，促进素质教育，增强德育实效。

在学校和家庭教育中，有相当多的糊涂和错误观念。有人认为说得越多越好，管得越细越好。在教育过程中"多与少""讲与练""低与高""得与舍""专与博"……一系列矛盾应从哲学高度去认识和解决。

前一段流行一句口号"再穷不能穷教育，再苦不能苦孩子"，很是感动人。而最近，有识之士指出，不能穷教育，对，但"不苦也要苦孩子"，应培养孩子的吃苦精神，学吃苦是学做人的起点。深圳人感叹"有钱难买少年穷"，这里充满了辩证教育思想。

哲学家说："少则得，多则惑""小舍小得，大舍大得，不舍不得"，运用到教学领域，一些教师少留作业或不留作业，反而提高了质量的经验，特别应予重视。

"无为"教育要实施"不教而教"，首要的要求是提高教师自身的素质。

教师水平可分为四个层次——"一般教师""教学能手""学者型教师""教学艺术家"，亦可称为"职品""能品""妙品""神品"。

"无为"教育时常表现为无言与无形，甚至达到出神入化的境界，有人称其为教育的极致，实属教育艺术的高层次表现。教育者要呕心沥血，从创设情境到引导经历，从教化进入悟化，使受教育者在不知不觉中，获得新的感觉、新的体验，获得精神的升华、灵魂的净化。这一过程呼唤着"神品"教育艺术家，也指示着教师提高修养的方向。

关于素质教育，可以下几十种定义，但归根结底就是一句话：素质教育就是学做人的教育。而"无为"教育艺术所具有的或春风化雨润物细无声，或晴天霹雳开悟撼心灵的魅力和威力，难道不令我们教育工作者（教师、家长、教育文艺的创作者……）神往吗？

青少年的成长是从他律逐步进入自律。"无为"教育艺术展现的是教育者导演的以学生为主体的自我教育。在无形无象，但有声有色的"无为"教育中，学生的自主意识会大大增强，身心健康水平、智慧和悟性都会有新的提高。

教育哲学是加强素质教育的理论武器。"无为"教育艺术将谱写素质教育的新篇章。

孝道与人生

今天，与各位学友共同探讨"孝道与人生"。

孝道就是以孝为本的礼法规范，就是以孝为依据的，所阐述的道理，所规定的、所倡导的行为规范以至于形成的法律条文等等，这个范畴都是孝道。

按照传统的逻辑，讲孝道与人生，应该是这样三个层次：第一，讲孝道；第二，讲人生；第三，讲孝道与人生。那么，就按照这个顺序讲，第一个题目，孝道是人生的第一基础课；第二个题目，人生的命脉在文化传承；第三个题目，以孝道引领人生。

一、孝道是人生的第一基础课

请大家先想一想，回答这样一个问题：你认为当前对你最紧迫的事情是什么？可能每个人有每个人的答案。有人说我最紧迫的事情是买房子，有人说我最紧迫的事情是买汽车，有人说我最紧迫的事情是孩子的小升初。那么你的答案是什么？

在飞机上，一个商业杂志的记者问比尔·盖茨："您认为对您来说，当前最紧迫事情的是什么？"记者原以为回答的一定是商机，一定是跟商业、金钱、财富有关。恰恰相反，比尔·盖茨回答说："我认为最紧迫的事情是孝敬父母。"

我听了以后很震撼。子曰："父母之年，不可不知也，一则以喜，一则以惧。"父母的年龄不可以不知道，不可以忘记，要时刻铭记着。一方面，因为父母的高寿而感到喜悦；另一方面，因为父母的年事已高而担忧甚至恐惧。

我的一个朋友也是研究国学和孝道的。一天，他走在清华园的林荫路上，一边走一边背语录。当他背到"父母之年，不可不知也，一则以喜，一则以惧"的时候，猛然间，热泪盈眶。他已经好久没跟父母通电话了，当天晚上打电话和父母谈了很长时间。谈到孝道，我给我的学生发短信说，世界上有很多事情可以弥补，可以重来，甚至可以做得更好，唯有孝道是不可以弥补的，不能重来的。人生最大的悲哀是当你想尽孝道的时候，你父母已经不在了。"树欲静而风不止，子欲孝而亲不待"，你的房子以后还可以买，你的车子以后还可以买，唯独尽孝是不能等待的。天有不测风云，儿女尽孝当及时。

《大学》言："大学之道，在明明德，在亲民，在止于至善。知止而后有定，定而后能静，静而后能安，安而后能虑，虑而后能得。物有本末，事有终始，知所先后，则近道矣。"这里，要懂得：研究任何事物都要先找到起始点，明确先后。那么，教育开始于哪儿呢？

让我们先共同来回忆十六年来国学复兴的历程。1995年，赵朴初、冰心等九位德高望重的老人在全国政协有个提案，即著名的《建立幼年古典学校的紧急呼吁》。指出传统文化教育面临着断代的危机，形势迫在眉睫，国学需要从少年儿童抓起。1995年的这个提案，可以说是"文革"以后振兴国学的旗帜。2001年起，在少年儿童当中开始了经典诵读教育，台湾的王财贵教授做出了开拓性的贡献。2004年，我开始参与中国人民大学孔子研究院推广部的一些工作。你知道，今年是孔子诞辰多少周年吗？可能记不住，我告诉大家一个记住的方法，孔子诞辰呢，就是2500周年加上中华人民共和国国庆的周年数。今年是孔子诞辰2562周年。人民大学每年自9月28日孔子诞辰日起，举行一个月的孔子文化月活动。多年来，坚持倡议以孔子诞辰日作为中国的教师节，因为9月10日教师节没有文化含义。台湾和美国的一些州都把孔子诞辰作为教师节。另外，国学教育要推广、要深入，师资培训是关键。在参与了两年多国学教育实践后，我强烈地感悟到，要抓传统文化教育必须找到起点，起点在哪儿？起点在孝道。孝道是教育的起点。

《中国老年报》刊登了一则报道，黑龙江省的人大代表筹资十万块钱，调查了一万多个农村的老人，调查的结果在报纸头版头条公布，调查的结果是认为子女孝顺的占百分之十八，认为不孝的占百分之三十，认为子女对老人麻木的占百分之五十二。看了这则新闻，我很震惊，再加上耳闻目睹的不肖子孙的劣迹，以至于杀父弑母的兽行，我觉得搞国学必须从孝道抓起。现在这一期培训班正在学《孝经》，很好。孝经开宗明义说："夫孝，德之本也，教之所由生也。"即教育是从孝产生的，孝是教育的源头。

教育的源头在孝，教育就是传播孝道的文化活动。我在学校工作了几十年，读了《孝经》以后，我有了深深的忏悔，我在学校搞了很多教育活动，唯独没有搞过孝道的教育。因为我们生活的那个年代是讲究阶级分析的，"亲不亲，阶级分"。现在我才醒悟到，作为教师你不进行孝道教育，身为父母你不对儿女进行孝道教育，这就是失职。这是一个老教师的忏悔。

要进行孝道教育，还要进一步明确孝道在德育当中的地位。以《大学》为依据，我明确提出了"德育为首，孝道为先""孝德是评价人的第一标准"。我们怎么评价人啊，有很多标准，孝德是第一条标准。20世纪50年代我上小学的时候，住在四合院里。四合院里面就有一个标准，什么呢？看这个孩子好不好就看这个孩子孝顺不孝顺。这就是淳朴的民风。这孩子孝顺，大家都说他是好孩子，大家都喜欢。这孩子要是不孝，大逆不道，大家就不喜欢。所以孝道也应该是我们修身的起点。

人只有懂得孝道，才懂得怎样做人。平时你可能懂得很多道理，但是你没有懂得孝道，你就没有懂得人生。

人们有这样一种说法："1是健康，后面其他都是零。1没有了，就什么都没有了。"我借用过来说，1是孝道，人生的其他都是0。你的孩子学了奥数，学了钢琴，学了舞蹈，上学学了数理化了，学了文史哲了，又成了硕士，成了博士，出国了，多大的价值啊。但如果没有了孝道，这1没有了，就全都归零了。前不久，有一个日本留学回来的青年，在机场见到他妈妈向其要学费，没能如愿以偿，当时就拿出刀子捅了他妈妈九刀。这个新闻大家都看到过。这孝道没了，一瞬间，一切都没了。

所以我们得出学习孝道第一个结论：孝道是人生的第一基础课。

二、人生的命脉在文化传承

我们谈人生，谈的是中国人的人生。近年来我有这样的忧患，就是将来若干年后，我们的后代还是不是中国人？

让我们先来探讨一下中国人的基本特征。

人类文明起源的标志是文字的发明，文化传承最重要的工具和载体就是文字。对于中华文化而言，最根本的文化载体，就是汉字。有一本书叫《你是中国人吗？》，好像这个问题不屑一顾，当然是中国人。我看未必。特别是我们的后代。中国人是黑头发、黑眼珠、黄皮肤，这是中国人的一个特征。但现在头发变了，五颜六色的头发都有了。眼珠还不能变。中国人的饮食文化饮食结构是以五谷杂粮蔬菜为主，现在也变了，肯德基、麦当劳等垃圾食品盛行。为什么儿童当中胖墩儿这么多呢？我们念书的时候不存在这个。食品结构在变，我们小时候就喝白开水，现在有些孩子没有饮料他是不喝的。

最根本的是汉字，重点讲一讲。汉字是我们中华民族对人类的重大贡献。汉字是中华民族智慧的结晶。在联合国的文本当中，中文本是最薄的。输入计算机最快的文字是汉字。几乎每一个汉字都能启迪我们的智慧。现在好多人不会写汉字了，完全用电脑。

中国人和西方的不同还有什么呢？中华文化和西方文化更大的不同在于思维方式不一样。西方的思维主要是逻辑的。东方的、中华文化的思维是悟性的。逻辑思维的典范是《资本论》，就谈一个"资本"，几百万字还没有谈完。东方思维的代表作是老子的《道德经》，五千字把大千世界说得淋漓尽致。直觉的悟性思维是中华文化的根本特征之一。"道可道，非常道。名可名，非常名。无，名天地之始；有，名万物之母""两者同出而异名"。学《道德经》就抓住两个字，一个是"无"，一个是"有"。"无"是潜在的"有"；"有"是显现的"无"。"色不异空，空不异色，色即是空，空即是色"，你要研究哲学，你就要研究"无"和"有"的关系，研究

"无中生有"的规律。

东方讲悟性。我在有的场合讲课的题目是"德育国学孝道悟性"。我们要抓德育，国学是最好的教材；要抓国学，孝道是最好的起点；要能够学好孝道，关键在悟性。我在学校曾经做过这样的调查，每人发一张纸，就一个题目，"请你写出你对悟性的理解"。我在高一年级做了一个调查，初一年级做了一个调查。原来以为高一年级理解得深刻，恰恰相反，初一年级理解得更深刻。

什么是悟性呢？学生说了：悟性，是认识事物本质的一种能力。悟性不是老师教明白的，是我自己弄明白的，而且是脑子里突然一下明白的，这叫悟性。还有的学生说得非常好：悟性高的人，不点就透，有的人一点就透，还有的人反复点才透，最后有一种人是怎么点都不透。他把悟性分成四个层次。第四种人就是榆木疙瘩，是吧，怎么点都不透。

中国传统文化讲悟性，中国的这个思维方式你是不是传承下来了，这是中国人的非常重要的特征。

要推广传统文化，我们脑子里面必须有一个非常鲜明的信念，是什么呢？就是：越是民族的，越是世界的；越是经典的，越是前卫的。

我曾经搞过8年钢琴学校的教育，音乐学院的一个教授就跟我说了："我们参加世界上的钢琴比赛，人家外国人感兴趣的不是听我们弹肖邦、贝多芬、柴可夫斯基，你是中国人，人家要听什么？人家要听'梁祝'，要听'黄河'。中国人出去要演奏自己国家的、民族的音乐。越是民族的越是世界的。"在美国去签绿卡的，有一些大学生没有通过，见一位岁数很大的老太太，美国官员就问："您在美国怎么生活呀？"老太太说我会剪纸。美国官员说你剪我看看，老太太很快剪了一个中国图案的剪纸，马上绿卡就发下来了。这说明越是民族的越有价值。

现在我们的青少年，吃的、穿的、使的、用的、欣赏的、追求的，被洋文化包围着。所以说，我们的传统文化，再不坚守，不传承，拿什么来遗留给我们的子孙后代呢？

越是民族的，越是世界的，同时，越是经典的，越是前卫的。

经典是经过千百年来时间的考验，是永恒的。传统文化的精华，经过大浪淘沙，是永恒的。比如，从政治上来讲，孟子说"民为贵，社稷次之，君为轻"。教育上，孔子讲"有教无类"。两千五百多年以前提出来的，现在实现了吗？现在教育的均衡化实现了吗？为什么"小升初"成为这么难的问题？海尔的总裁张瑞敏特别推崇《道德经》，他读了无数遍，特别致力于研究"无中生有""有生于无"。可见，越是经典的，越是前卫的。学习中，有的时候我们思考问题，百思不得其解，有一天突然明白了："哦，这件事情应该这么看，应该这么理解。"当你回头一翻书的时候，我们的老祖宗早就说过。所以一定要坚守和传承我们自己的民族文化，要有文化自觉，要有文化自信。

命脉，讲的就是生命和血脉，对人、对民族都是至关重要的。我们说，黄河是我们的母亲，黄河是中华民族的命脉，那就是说黄河对于我们中华民族来讲是极其重要的，是我们生存和发展的决定因素。那么，决定一个人生存和发展的命脉是什么呢？就是文化的传承。

文化传承的关键，就在于孝道。对于此，大成至圣先师孔老夫子有一句著名的话，出自于《中庸》："夫孝者，善继人之志，善述人之事者也。"孝的内容除了对父母亲的奉养之外，更重要的是什么？是"善继人之志，善述人之事"，换成我们今天的话来说，就是文化传承。传承前人的心志，传承前人的事业，就是孝。这意义尤为重大。

我写过一篇文章《为世人留点文化记忆》。什么是文化记忆呢？就是当你想起了一件事情、一个事物的时候，不由得联想到了另一件事情、另一个事物。比如，我在学生当中做过这么一个调查："请你写出你所知道的花"。就这么一个题目，评分的等级一个是及格、一个是良、一个是优。什么是及格呢？有人马上就写了，春兰、夏荷、秋菊、冬梅、牡丹、芍药等等。后来我讲评，我说这种花你写得多比你写得少好，你的联想能力比较强，但是也只是及格。那么大家为什么只是及格呢？怎么样才能得到良呢？有一些学生的思维就扩展了，他写什么花呢？天上的礼花、木匠的刨花、水花、泪花等等。这个层次你写出来了，有花的特征，但它又不是实实在在观赏的那种花，这就得良。怎么能得优呢？得优的就比较少了，得优你就要写出来无形无象的花，什么花呢？心花。你回去测测你的孩子还有你的朋友，就让他写花，必然分这三个层次，有有形有象的，有无形无象的，这就是一种考察联想能力的方法。为什么我说人的价值，是要给世人留点儿文化的记忆？比如我说虾，就咱们吃的那个虾，我说虾你马上想到了什么？有人说我想到了油焖大虾，这里有没有文化呢，当然饮食也算一种文化，但是那个层次我认为比较低了。我说虾，你想到了齐白石，这就有点儿文化品位了，起码你知道齐白石是画虾的，对吧？我曾经给一些年轻人讲课，我说，齐白石画虾，徐悲鸿画马，李可染画牛，黄胄画驴，你是学国画的，你超不过这四位大师。如果有志的话，我建议你画什么呢？画哪个动物呢？画猪。起码到目前为止，我还没有看到中国第一猪。

这个联想，就看出你的文化素养了。改革开放初期，有一些先富起来的大款，相当一部分是没有文化的。他们出去旅游，找了最好的导游。结果想出去一圈，半圈就回来了，为什么呢？他们什么都不懂。你说这是赤壁，他只看见一山一河。他不知道苏东坡的赤壁怀古。是吧，他没有文化。那就是贫穷，没有文化的贫穷。我们想到北京，想到天坛；想到巴黎，想到巴黎圣母院，想到埃菲尔铁塔；想到埃及，想到金字塔。而且你联想得越多，可能文化品位越高。

我曾经跟学生家长讲，当孩子放假的时候，你要多带孩子去参观名人故居。北京有宋庆龄故居、郭沫若故居、徐悲鸿故居、老舍故居等等；不要总是带孩子去游山玩水。当然亲近自然也很好，但是你带孩子参与文化旅游，这对孩子养成健全的人格很重要。我的女儿在高一的时候，放暑假，我专门带她拜访郭沫若故居。郭沫若最喜欢的一个数是什么？一百〇一。一百〇一什么意思？百尺竿头，更进一步。参观回来，她就在书桌前，把一百〇一写上，勉励自己。参观名人故居，会给孩子一种形象的文化教育，文化含量很高。

三、以孝道引领人生

孝道是人生的第一基础课。中国人的人生要传承中国的文化。那我们就要用孝道来引领我们的人生。

以孝道引领人生，我想说的意思就是，从你幼儿懂事开始一直到老年，在你人生的各个阶段、各个方面，都要以孝道作为你的人生指南。我们这个年岁的人都熟悉，曾经阶级斗争是纲，纲举目张。现在我借用，孝道是纲，纲举目张。

孩子刚懂事，我们带他学《弟子规》，这是孝道的启蒙。孩子上学了，稍大一点，学习《孝经》。"身体发肤，受之父母，不敢毁伤，孝之始也。"父母给了我们生命，我们要爱护自己的生命，不敢毁伤，这是孝的开始。

在一所学校，我还做过一个调查。我说"请你写出，你认为对你长大成人最重要、最有意义的一个字"。这也是心理测验，就写一个字。班上 41 个人，我设计这个测验的初衷是，要看看学生当中有没有写孝的。天遂人愿。后来老师告诉我，有一个学生写孝。她认为对于长大成人最有意义、最有影响力的一个字是孝。这孩子什么家庭呢？说父母都是军人，家教比较严。每当她念书的时候，她就想到要回报自己的父母。我听了以后非常欣慰。后来我写了一篇文章《孝道是激发上进的动力》。一个人要有动力，激发我们上进非常重要的一个动力就是孝道。

我们在少年儿童时代没工作，不挣钱，怎么孝敬父母呢？《孝经》里面讲到："谨身节用，以养父母，此庶人之孝也。"说你还没有挣工资呢，孝敬父母就是"谨身节用"四个字啊。遇到任何事情要谨慎，要节约开支，不要追求名牌，为父母省钱，就是尽孝。我还写过一篇文章《孝道是预防失足的防线》。一次参加法院的座谈会，研究青少年的司法保护。我提出，孝道教育就是最好的司法保护。你到监狱里边去调查，包括那些大贪官在内的犯罪分子，在镜头前忏悔的时候，几乎百分之百首先想到的是对不起父母。当他被判刑的时候，当他走进大墙的时候，当他戴上手铐的时候，才良心发现，他对不起父母。所以《礼记》上讲，我们说话、做事，要时时想到父母，就能预防失足。

你大学毕业了，工作了。第一个月的工资给你的父母送去，很多人是这样做的。你要搞对象了，现在慢慢深入人心的，就是说首先要看对方孝顺不孝顺父母。我在底下跟朋友交谈的时候，朋友说我这是理想主义。现在哪有年轻人搞对象，先问对方孝敬不孝敬父母，先了解这个的。我说现在已经把这个提上日程了，先看对方孝不孝敬父母。我要说，我赞美理想主义者，社会进步都是由理想主义者开拓的。没有理想主义者，社会怎么进步？现在提拔干部，要看你孝敬不孝敬，要搞调查。如果不孝，一票否决。

结婚生子了，也要进行孝道教育。不要"娶了媳妇忘了娘"，要养儿更知父母恩。

现在中国孝道教育面临危机。一个是富二代危机。我有一个朋友，是首都师范大学心理学的教授，他经常接心理咨询电话。温州一个老板给她来电话，说我挣的钱能养活我孩子一辈子。房子车子都买好了，他就是不好好念书，怎么办呢？教授说，他要好好念书才怪呢！现在我们有相当一部分的家长，就一个孩子。他的理念是什么呢？我不需要孩子孝顺我。生了儿子，我是儿子，生了孙子，我就是孙子。现在整个的人伦都颠倒过来了，我不需要他孝顺我，我心甘情愿地养他。我说你能养活他，但是人生是有规律的，叫"富不过三代"。西方讲要培养绅士，得三代，没有三代人培养不出绅士。现在你养着他，富二代。他是啃老族，他没有生存的能力。他的下一代呢，你想没想呢？富二代就是啃老族啊。大学毕业了，工资不理想，不工作就在家里吃父母的。吃父母的，结婚都得靠父母。这个现象啊，是很悲哀的。我们念书的时候，受到的教育是什么呢？只要你一毕业一成人，你就得养活你的父母。你上大街卖白薯去，你也得养活你父母。富二代到第三代他没有自食其力的能力了。你想吧，这个家族就要衰落了。这是危机啊！

结婚生了孩子，你要常回家看看。我们听这首歌的时候，当时是热泪盈眶的。你要带着孩子常回家去看看。你今天怎样孝敬你的父母，将来你的孩子就会怎样孝敬你。这是铁的规律。你今天不孝敬你的父母，你的孩子将来肯定不孝敬你。我写过一篇文章《亲有疾，药先尝》。有人就说，老人有病，你怎么能让孩子尝药呢？这孩子要吃坏了怎么办？我说这人也太迂腐了。"亲有疾，药先尝"，什么意思啊？就是父母有病了，你先尝尝药汤的温度，另外你尝尝苦药汤子的味儿。你会更好地感谢你母亲对你的抚育。"亲有疾，药先尝"是这个意思。有些人说，你们现在整天讲孝道，你们现在讲的那些孝道都行不通。我就问他读过《孝经》没有，他说我没读过。我说没读过咱们免谈。对吧，有些人人云亦云，不学习就去抵制传统文化。《孝经》十八章就从来没有说愚孝。孔子一直提倡的是智孝。

我曾经做过调查，我说请你写出一段孝道的语录或者是名言。在座的学生都没写出来，俩老太太写出来了。一个老太太写"儿不嫌母丑"，另一个老太太写的是"顺者为孝"。这都是老百姓朴素的理解，很值得品味。学校提倡给妈妈洗脚。有一个小女孩给妈妈洗脚，嫌妈妈脚臭，戴上口罩。她爸爸给她讲了一个故事。说从前有一个年轻人不在家好好劳动，想出去成仙得道。出去了几年，也没有成仙得道。有一天，见一个老道就问："我出来这么多年，怎么没遇见观世音菩萨呢？"老道说："你将来啊，遇着这么一个人，披着衣服倒穿着鞋，就是你要找的观世音菩萨。"这年轻人就记住了。转悠转悠那天回家，在外面就喊妈。好长时间没回去了，妈一听，非常高兴，衣服都没穿好，鞋倒穿着就出来了。这孩子一瞧，这不披着衣服倒穿着鞋嘛。扑通一声就跪下了，说："妈您就是我的观世音菩萨。"从此，他在家好好劳动，孝敬父母。

人生有些事难以预料。2000 年，二十岁的外经贸大学二年级学生李蕾，得了鼻癌，已经骨转移了。这是晴天霹雳的事啊。但是李蕾这个孩子奇迹般地战胜了癌症。怎么战胜的呢？她巨大的动力就是"我不能离开我的父母"这一信念。她说："我不愿意，也不允许白发人送黑发人的悲剧在我们家发生。我不忍心看到我母亲以泪洗面的日子。我不能离开我的父母，我如果离开他们了，寒冷冬天的晚上，谁陪他们聊天给他们解闷？我如果离去了，谁给我妈妈在冬天买棉鞋？我如果离去了，别人家儿女与父母团聚，父母会捧着我的像流泪。我还没有尽到孝心。我必须战胜疾病。"三次住院，她不穿病号服，她相信她肯定能战胜癌症。她甚至中午出去游泳，增强自己的体质。她的父母都是很普通的工人，为了给她治病，花尽了家里所有的财产，变卖了所有的家电。"大宝真情互动"知道了以后，资助了她两万块钱。两年以后，她边治疗边回大学上课。经过七年，她终于战胜了癌症。医生说，从临床的检测来讲，她已经完全康复了。好心人又赞助她开了个小公司，这个公司的第一笔收入，她拿出了两万块钱，又到"大宝真情互动"去回报社会，资助残疾人。她写了一本书，叫《大美无言》。李蕾的事迹使我十分感动。中国人在危难的时候，就喊"我的天啊，我的妈啊！"是吧，天和妈是融为一体的。孝敬父母，你就会获得最大的动力。"苍天有眼，苍天有情"，甚至有不可思议的事情发生。应该告诉我们的孩子、我们的后代：孝道不是付出，不要认为我们为父母付出了金钱，付出了时间，付出了辛劳。孝道是福报，我的这个感悟写成了一篇文章《孝道是照耀人生的福星》。你只要诚心地尽孝，你会得到福报的。

现在生活条件好了，我们儿女尽孝，不一定是钱，不一定是房子、车子。要把父母的需求化作自己的孝行。父母需要什么？比如，有父子二人学了《弟子规》，俩人讨论，父亲对孩子说："怎么孝顺你爷爷呢？"他们俩就想，"爷爷最需要什么？"想来想去，爷爷爱看《参考消息》，但那《参考消息》呢，字儿比较小，爷爷眼神不好了。孩子说："咱们给爷爷订一份儿大字的《参考消息》吧。"我听了以后，觉得很好。尽孝道就是要看老人需要什么。

倪萍写了一本书，叫《姥姥语录》，可能在座的很多人看过。倪萍的姥姥活到九十九岁。倪萍尽孝，很有意思，很有情趣。她姥姥九十七岁的时候，嗜睡，岁数大了就爱睡。家里就一个人儿，白天呢，就在太阳底下睡，晚上再睡。倪萍呢，怕姥姥就这么睡过去了，就想办法。她发现跟姥姥聊天儿时，只要有事干，姥姥就不困，她就跟姥姥说："姥姥，咱家订了三份报，一份是《新京报》，一份是《南方周末》，一份是《北京青年报》。现在这个报社啊，回收旧报纸。您把这三份报，分着，叠整齐了，一天工资十五块钱，您干不干？"姥姥说："好啊，挣钱还不好。"这老太太就每天在家里叠报纸。《新京报》《南方周末》《北京青年报》，可是她不识字，毕竟糊涂，有时候这三个报都弄混了。后来倪萍告诉她："这三个字的搁一块，四个字的搁一块，五个字的搁一块。"老太太就重叠。一个月工资四百五，到月底呢，倪萍给她发工资。她说："姥姥，给您发工资了，四百五十块钱。"姥姥九十七了，一月挣了四百五，特高兴。然后叫那个小阿姨来，说："出去买西瓜去，买一个大点的啊，从我这儿拿钱。"后来，倪萍发现姥姥有时候叠报也犯困。叠了一段时间，倪萍说还得想办法。那天又跟姥姥说了，说："姥姥，我们电视台啊，现在回收这个瓜子仁儿，出口德国，葵花子仁儿，一瓶十五块钱。您剥瓜子，不许吃啊，不许嗑，只能用手剥，还出口呢，您看这怎么样？"老太太说："这不错。"姥姥就开始剥瓜子。头一天，倪萍买了五斤葵花子回来，老太太一天都给剥完了。倪萍说，我们家瓜子一瓶一瓶的，老拿班上去吃，给同事们吃，要不吃，就哈喇啦。老太太开始剥瓜子。这本书没看过的可以看看。我觉得这就是尽孝道，对不对？所以，你尽孝道，应当把老人的需求作为孝行。

我们明确了孝道是人生的第一基础课，人生的命脉在文化传承，要以孝道来引领人生。这样我们的人生就有价值，有品位。我的愿望，就是"孝行天下，德满人间"。2009 年，我出了一本书——《人生必修孝道十八课》。从 2006 年起，我在《当代家庭教育报》上开了个《范老师谈孝道》专栏。一个月写一篇，我写了两年半，写了三十篇。写了三十篇以后，出版社就找我，说要出一本书。我们这本书，旨在"用孝行净化心灵，用孝行唤醒良知"。在这本书里，我从《孝经》《论语》《礼记》中选了十八条语录，结合现实进行讲解。同时，我倡导十八种孝行，如给妈妈梳头、剪指甲、洗脚、做饭等等。这本书分为上篇和下篇，上篇是理论篇，下篇是实践篇。下篇是北京二中、国子监中学、西二旗小学、锣鼓巷小学，还有幼儿园、社区、社会教育机构等按照这本书的初稿，进行教育实践的成果。这本书是经过实践检验的，这些单位用这本书来教育孩子，都收到了良好效果。为什么我要安排十八课呢？因为作为校本教材，一周学一课，十八课正好一个学期。朝阳区有一个 119 中学，他们以此为校本教材，已经实验了两轮还是三轮了，还在继续实验，都收到了很好的成效。这本书得到了教育行政部门领导、教师、家长和国学研究者的普遍认可。这本书可以作为编辑传统文化推广教材的参考。

今年是辛亥革命一百周年。孙中山先生高瞻远瞩启示后人"革命尚未成功，同志仍需努力"。我借用先生的话，面对中华传统文化的推广工作，和大家共同勉励，就是"革命远未成功，同志需倍加努力"。

谢谢大家！

（2011 年 6 月 11 日讲于北京华藏图书馆）

启迪悟性

——主体教育中值得研究的一个课题

在实施素质教育中，增强教育（包括德、智、体、美、劳五育）的实效是大家关注的课题。为此，一要提高施教者教育的艺术性，讲究方式方法；二要提高受教育者接受教育的自觉性。二者紧密结合起来才能达到预期的效果。从根本上说，素质教育应是主体教育，受教育者树立了主体意识才能主动、自觉地接受教育。在这里，自觉性的核心可以说是"悟性"。研究悟性在教育过程中的作用和规律，实在是增强教育实效的保证。启迪悟性，是主体教育中值得研究的一个课题。

笔者在学校高一、初一两个班中，就"什么是悟性？"做了调查，学生们的认识是令人鼓舞的，现摘出其中的几段。

"悟性是人的一种思维、一种感觉，是人从某个事物或某种现象或某种行为动作中发现出一些规律，思考出一些道理的能力。"

"悟是感悟，性是性能、能力，合起来是对一个物体或一件事的感悟能力，也是看到表面能否感悟出内涵。"

"悟性是一种基于对某种事物外表的认识，对其不可见的一面、不知的一面发掘出东西的本领。"

"对某种事物，别人没有讲解，自己领悟出东西，这种领悟的能力叫悟性。"

"悟性分两种，一种是厚积薄发的，一种是一点就通的。这虽与人的智商有关，但悟性是可以靠自己的努力来提高的。而且人们在某一方面都有自己特殊的悟性；悟性又是可以触类旁通的。"

"悟性是人对事物认识的深浅、快慢：悟性高，不点就透；悟性较高，一点就透；悟性一般，不点不透；悟性较低，怎么点也不透。"

"悟性是一种把潜意识里面你已知道的东西上升到表面意识的能力。人们的潜意识有时能知道很多东西，但是表面意识没有意识到，或者由于人的大脑天生的、复杂的、让人难以理解的特性，通过让人难以理解的思维过程知道东西的能力。"

"悟性是不小心迸发出来的……"

学生们从多种角度来认识悟性，可以说是比较全面的。谈到悟性，自然会想到孙悟空。孙悟空是聪明绝顶、神通广大的化身。他之所以有超人的本领，首先由于他善于领悟师傅的教化，对师傅的点拨有高灵敏度的接收能力。

悟，就是对于老师的点拨、生活的体验在认识上瞬间的升华。也就是平常所说的"茅塞顿开""豁然开朗"。开窍了，立刻明白了某个道理。刘备三顾茅庐求见诸葛亮后曰，"先生之言，顿开茅塞，使备如拨云雾而睹青天"，正是开悟之感。经过别人提示或自己学习思索，突然明白一个道理，有如由狭小幽暗一变而为开阔明亮，称之为"豁然开朗"。"开茅塞""开朗""开窍"，都用到一个"开"字，作为学生由被动地"开"，到主动、自觉地"开"，就是培养"悟性"的过程。

谈到开悟，不能不想到孟母教子的故事，"昔孟母，择邻处。子不学，断机杼"，蕴含着丰富的育人哲理。孟子幼年丧父，家境贫寒，靠母亲织布为生。一次，孟子逃学被母亲发现，母亲气愤至极"断机教子"，宁肯舍弃生计也要儿子懂得用心读书的道理。"断机杼"使孟子猛醒，从此专心求学，终成大事。由此可见，"择邻处"只是创造了良好的教育环境，要懂得做人的道理，还必须开悟，悟性起到了关键的作用。

悟性是一种认识能力。"指人对事物的分析和理解能力"（《现代汉语词典》）。人们在一次生活经历和心理体验之后，由于用心感受、领会、思考而获得的认识和情感上的超越和升华。

悟性是一种境界。我们的祖先创造的"悟"字是由"心"和"吾"组成，寓意是"吾"与"心"完全合一时，便有悟的境界出现。

悟性是一种思维方式。可分为"渐悟"和"顿悟"两种。渐悟，靠积累；顿悟，有突发性，正如"踏破铁鞋无觅处，得来全不费功夫""蓦然回首，那人却在灯火阑珊处"。

"书里学来终觉浅，心中悟出始知深"，所以也必须说，悟性是一种真切的体验，没有体验不会有真知，不会有悟性。有人把理性与悟性做了比较：《资本论》是理性思维的代表作，数百万字写一个资本，还没写完；《道德经》是悟性思维的样板品，五千言说大千世界，已经淋漓尽致。

可见，悟性研究的意义之重大，任重道远。

本文仅就在教育、教学过程中启迪学生悟性的几种有效方法做简要论述，以期引起重视，加强研究。

【对比】

人对事物的根本认识方法是比较。真、善、美与假、恶、丑相比较而存在。在对比中，特别是在鲜明的反差中，人才能认识事物的本质和把握事物的规律。在教育过程中思想境界的高低相比，往往带来心灵的震撼。

一位母亲发烧躺在床上，对女儿轻声地说："真想吃口西瓜。"女儿却只是想有一堆数学题还没做，望着阴沉沉快要下雨的天，怕耽误时间不理茬儿。突然一阵急促的敲门声，她表姐急匆匆地闯进来："姨，姥姥又喘起来了，脸发白，昏过去两次了。"只见妈妈一愣，立即翻身下床，抄起大衣，拉起表姐就往外走，边走边嘱咐表姐去换氧气，竟没理会女儿递给的雨伞。妈妈急匆匆地走了，女儿举着雨伞站在雨里，好久好久。她的心怎么能平静呢？妈妈重病在身，可她为了母亲却不顾自己。她想吃一口西瓜，我却不敢接她的话茬儿……这位中学生在《西瓜代表我的心》的作文中写道："那雨夜好长好长啊！也就是自那雨夜以后，我惊异地发现我长大了，变成了懂事的大姑娘。在母亲节到来的时候，我要去买一个大西瓜给妈妈，西瓜代表着女儿一颗爱妈妈的心。"

这位学生在对比中悟到了"孝道"，难能可贵。

同龄人业绩和思想境界的对比是开悟的有效方法。桑兰和张穆然的乐观和坚强，给了同龄的花季少年巨大的精神力量，促使人在心灵深处思考：健全的人该怎样生活？同她们相比，一切艰难困苦都不在话下。

【联想】

联想，从甲事物想到乙事物，从具体的事物想到抽象的事物，由近的事物想到远的事物，由熟悉的事物想到陌生的事物，由古代的事物想到现代的事物，由表面的事物想到内在的事物，由微观的事物想到宏观的事物，由静止的事物想到运动的事物，由正面的事物想到反面的事物，由强大的事物想到渺小的事物……举一反三、触类旁通、不胜枚举。

郑板桥写过一副楹联"删繁就简三秋树，领异标新二月花"。无疑，写的是树，写的是花。什么时候的树？三秋时节、深秋时节的树，枝干疏朗了，犹如删繁就简。什么时候的花？二月的花、早春时节的花，寒气尚未退尽，争先开放的迎春花。那么，我们可以进一步问："是不是就写的树，写的花呢？"回答说："是，又不是。"可以说，这是倡导的写文章的章法：一是要简练，开门见山，使读者一目了然，如同鲁迅先生所讲，将可有可无的字、句、段删去，宁可将写小说的材料写成速写，万不可将写速写的材料拖成小说。二是要敢于标新立异，文章贵在创新。若再问："是不是就讲的文章的写法呢？"回答说："是，又不是。"此楹联亦可讲成做人的原则、为人之道。一要坦诚、开朗，如同三秋之树，"可有尘埃须拂拭，敞开心扉给人看"（谢觉哉语）；二要"敢为天下先"，在学习、工作、生活中要有创造性。人的本质和价值就在于创造。这副楹联，通过"似是而非"的联想，从写景想到写作文，从写景、作文，进一步想到为人，照此思路，还可以向时间和空间扩展。联想产生智慧，使人悟到了字里行间的东西，悟到深层次的东西。挖掘的深度则是由悟性决定的。

著名作家韩少华曾写过一篇散文《花的随笔》。通篇是花的联想。

他从漫天飞舞的"雪花"写起，进而联想到木匠师傅刨下来的散发着木香味的"刨花"，养蚕姑娘管蚕茧丰收叫"蚕花好"；过年了，人们贴吉祥的"窗花"，寄托美好希望的是人们的"心花"。

为了"心花怒放"的时刻，忘我劳动的人民迎来了节日的礼花："红的火红，绿的碧绿，白的雪白，黄的金黄。那是一股股珍珠的喷泉，是一阵阵琥珀的急雨，还是一颗颗水晶的流星。人们各有自己的想象。"

从此，礼花跟人们的心花连成一片了。这个美好的时刻，从心头荡起的泪花是闪闪发光的。

此文从"雪花"联想到"泪花"，通篇感悟的是美的生活、美的追求。这里，联想促使人悟到人生的真谛。

在教学过程中，教会学生联想，实在是开悟的基本功。专家指出，汉字从甲骨文算起，到现在至少已使用了 3600 年。汉字具有适应汉语"简短明确"的优点。汉字优势在于它是表形文字。汉字有音、形、义三个属性。汉字的信息量最大。据专家测算，在相同的时间内阅读中文的人比阅读英文的人多获得 60% 的信息。以汉字和汉语拼音相比较，汉字的信息密度是汉语拼音的 1.5 倍。现在联合国的每个决议都有五种文本（中、英、法、俄、西班牙），其中中文本最薄，人们只凭厚薄就可判定哪个是中文本。现在汉字的计算机输入速度远远超过英文，令世人叹服。著名学者、汉字现代化研究会会长安子介先生根据世界形势的发展和汉字的科学性，预言 21 世纪将是汉字发挥威力的时代。英国迈克·克鲁斯先生也指出："汉字将成为声控计算机的第一语言。"他相信总有一天，全世界的人将必修汉语，并以汉语语音来声控计算机。汉字的简明和高信息密度，使它成为世界上最成熟的语言，同时也是最智慧的语言。"汉字能使人联想，而联想是一切发明之母。"所以，有人称汉字是中国的第五大发明。汉字在中华文明的发展进程中，表现出极强的延续性与稳定性，正是这种特性，强烈地刺激了中华民族的思维和感官想象力，从而使中华民族具有一种独特的悟性。越来越多的中外有识之士提出"学习汉字会使人变得更聪明"。在汉字文化中，成语内涵丰富，对启迪悟性有很大魅力。如"心领神会""不可思议""妙不可言""只可意会，不可言传""心有灵犀一点通"……揭示了悟性思维的特有规律，对此可引导学生用心品味，往往会收到意想不到的效果。

【静思】

古人倡导每日"三省"，实在是开悟的保证。

著名作家刘绍棠写道：在中学读书时的大事小情，我都淡忘了，然而我忘不了在改建高楼之前，校门内过厅的那面镜子，这是一面比人还高的镜子，迎面而立，从头顶一直照到脚跟。镜框之上还有一位大书法家所写的校训。每个学生进校都要在镜子前站一站，整理一下穿戴，穿戴完毕，都免不了抬一抬头，挺一挺胸，便会看到镜子上的校训词句，入胸铭心，三省吾身，为人谋而不忠乎？与朋友交而不信乎？传而不习乎？我想悬镜高照必是从唐太宗的名言："以铜为镜可以正衣冠，以史为镜可以知兴替，以人为镜可以知得失"得到的启发。学校的校风表现为勤学、诚实、清苦、质朴，我深受熏陶，始终不变。

校园明镜高悬，寓意深长。催人静思，净化心灵。

现代社会生活中人心浮躁，再加上课业负担重，学生忙于往头脑中填装知识，很少有静下来思考人生的时间，在学习和生活中盲目性很大，效率低。社会上人们热衷的是包装和推销自己，反思自省、自我批评已不再是时尚，因此，自我完善的意识离人们越来越远。这些都对学校教育有腐蚀作用。现在倡导静思、自省，实在是提高人文素质之必须。混浊的水静放之后方见清澈，人们的心灵只有通过静思才能净化，才能开悟。

静思，使身心、头脑进入放松状态。而放松状态是提高脑功能的前提条件。思维科学研究指出，人的思维可分为逻辑思维、形象思维和顿悟思维三种形式。前二者研究得比较多，"顿悟"的规律和特点研究起来比较困难。已有的共识是，顿悟多是潜意识的活动。人脑是信息的存储和加工场。潜意识的活动是信息自动加工和优化组合。静思，使由于紧张浮躁调不出来的信息、堵塞了的渠道，在某一瞬间涌出了，开通了。于是，思维的火花迸射，构想、方案等恍然而出，百思不得其解的问题迎刃而解。静思引发的顿悟往往是创作的灵感，超常规思维，是可遇而不可求的，也如俗话所说"长期积累，偶然得之"。只有形成静思的习惯，才能大大增强这种可贵的偶然性，它表明了顿悟思维的规律之一。

【宽容】

纵观古今中外成功的教育故事，受教育者的开悟往往发生在意料之外的情境中。当学生们已听烦了唠叨、听惯了训斥的时候，理解和宽容反而具有开悟的力量。

对教育对象错误、过失产生的原因，给以充分的理解，使其在意想不到的宽厚态度、宽松环境中自省。"出奇制胜"的兵法运用在教育领域是教育方法的极致。教育者的宽容使教育对象无地自容，这是真正的教育诗篇。

一位学生的个人愿望没有得到满足，向教师说了一通尖酸刻薄的话。这位教师没有做任何解释，只是给她写了一首小诗：

土地宽容了种子，拥有了收获；
大海宽容了江河，拥有了浩瀚；
天空宽容了云霞，拥有了神采；
人生宽容了遗憾，拥有了未来。

学生收到后，沉思良久，突然笑了。她觉得生活真美好，自己很幼稚。

总结渐悟和顿悟的规律，可以概括为："道须渐修，厚积薄发孕育真知；理可顿悟，意料之外净化灵魂。"

人的成长显示出阶段性，施教者要善于发现增长点，把握时机开悟，促使后代长大和走向成熟。

素质教育是学做人的教育，教育的真正起点是人生的启蒙。如果我们辛辛苦苦做了许许多多的工作，但学生仍处于混沌状态，应该说这是教育者的失职。"混沌初开道为先。"道，就是开悟。悟性提高了，学生能自觉接受教育，那么，无论学校教育、家庭教育还是社会教育都会呈现生动活泼的新局面。

面向 21 世纪的教育是主体教育，启迪悟性涉及人文科学、传统文化诸多方面的问题，社会学、心理学、思维学等方面的研究都可以从这里找到可挖掘的课题。

多元智能与语文教学策略

本章首先论述多元智能与语文课程的辩证关系：语言智能是多元智能的核心智能；多元智能理论为语文教学增添了教育智慧；多元智能为语文教学融汇人文教育创造了条件。其次，通过教学案例的评析，介绍多元智能在语文基础能力训练、综合能力培养以及在研究性学习中的实践经验，体现教学策略运用的原则、途径和方法。最后，强调语文教师素养是多元智能与语文教学策略结合成功的保证，教师应注重提高综合素养，增强资源意识和提升人格魅力。

第一节　多元智能与语文教学理念

研究任何教学问题，无论是原则、途径、方法、策略，最终都要提升到教育理念的层面上。因为"具有明确和先进的教育理念，应该是基本的素质要求。教育理念一旦形成，就会成为相对稳定的精神力量，它会影响一名教师如何看待教育的意义，如何看待教师与学生的关系，如何处理教学中的各种矛盾"。

显然，教育理念是指导"处理教学中的各种矛盾"的灯塔，教学策略是从属于教育理念的。有什么样的教育理念，就有什么样的教学策略。

一、语言智能是多元智能的核心智能

语言（包括口头语言和书面语言）是人思维的载体和交流的工具。语言智能是指阅读、写作以及文字沟通的能力。语言智能和其

他七种智能都有密切关系。数学和各种智能的原理、法则的陈述需要靠语言；逻辑推理需要语言；音乐感受、人际交流、反思开悟、观察世界等各个方面都离不开语言。从根本上说，各种智能的开发，往往要由语言智能开发的程度来决定。思维混乱，想不透彻，说不明白，写不清楚，不可能呈现高智能。从这个意义上讲，应该说，语言智能是多元智能中的核心智能。

语言历来是人类社会不可或缺的一种"人类智能的卓越范例"，通过语言及其思维能力，使人类能够记忆、分析、解决问题、策划未来并进行创造发明。

从口头语言的构成要素来看，人的听、说与多种智能须臾不可分：

"在人们清醒的时间里，有80％的时间是进行人际沟通，其中45％的时间用于倾听。"

"人们在谈话时所表达的内容只有7％依赖于词汇，38％依靠声调，另外55％则是依赖于我们脸部表情及身体语言。由此说来，有效的说话涉及所有的智能。"

从书面语言——汉字的特点来分析，足以看出它启迪智慧的功能。

汉字从甲骨文算起，到现在至少已使用了3600年。汉字具有适应汉语"简短明确"的优点。汉字优势在于它是表形文字。如"即"字，古文字形为一个人坐在盛有食物的器具前，是"就餐""就位"的意思，而"既"字古文字形为一个人吃饱了，掉过头去言顾左右，表示已经吃过了，是"已经"的意思。汉字有音、形、义三个属性。汉字的信息量最大。据专家测算，在相同时间内，阅读中文的人比阅读英文的人多获得60％的信息。以汉字和汉语拼音相比较，汉字的信息密度是汉语拼音的1.5倍。现在，联合国的每个决议都有五种文本（中、英、法、俄、西班牙），其中中文本最薄，人们只凭厚薄就可判定哪个是中文本。现在汉字的计算机输入速度远远超过英文，令世人叹服。著名学者、汉字现代化研究会会长安子介先生根据世界形势的发展和汉字的科学性，预言21世纪将是汉字发挥威力的时代。英国迈克·克鲁斯先生指出：汉字将成为声控计算机的第一语言。"他相信总有一天，全世界的人将必修汉语，并以汉语语音来声控计算机。汉字的简明和高信息密度，使它成为世界上最成熟的语言，同时也是最智慧的语言。"汉字能使人联想，而联想是一切发明之母"。所以，有人称汉字是中国的第五大发明。汉字在中华文明的发展进程中，表现出极强的延续性与稳定性。正是这种特性，强烈地刺激了中华民族的思维和感官想象力，从而使中华民族具有一种独特的悟性。越来越多的中外有识之士提出："学习汉字会使人变得更聪明。"

一项最新研究指出：中国儿童比美国儿童聪明。这是中美两国专家经三年共同研究得出的结论。此项研究的对象是中美两国的幼儿园和小学一年级的学生。记忆测试要求学生背出数字串。中国学生比美国学生平均多复述 2.6～2.7 个数字。在加法测试中，中国幼儿园小班学生比美国学生多解 13 道题。密苏里大学心理学教授吉瑞认为，中国学生的教学优势得益于语音因素，因为中文数字发音比英语简单。因此，中国学生比美国学生能更快地掌握数学。中国小学生在数学技能上比美国领先三年。这项研究有力地说明了汉字文化为智力开发提供了优势。学好汉字，是智力开发的基础。

综上所述，事实表明语言智能是多元智能的核心智能，而且对于开发人的潜能有巨大的作用。

二、多元智能为语文教学增添教育智慧

在教学实践中，教学策略总体表现为教育智慧。一些学校以"让教育充满思想，让思想充满智慧"为题展开教学研讨，探索的正是在教育教学过程中讲究方式、技巧、实效的教学策略。

多元智能促使语文教师拥有智慧的头脑、策略的眼光。

首先，它为教学设计打开了创新的思路。面对教材和学生，摒弃了单一、单调的教学模式，通过深入挖掘教材的多元智能因素，设计多元的教学途径和方法。

教材中的课文有通过数字来说明的，可配合选编相关数学题材，使数学——逻辑智能的培养与语文智能培养融合起来。有的课

文蕴含音乐成分，教师可选取相关乐曲，或与音乐教师配合，通过音乐感受，加深对课文的理解。那些形象优美的散文，则可以调动学生的形象思维，不妨让学生画一画，或请教美术教师，与名画欣赏结合起来。有的课文可以侧重朗读，有的课文可以表演，有的课文还可以配合制作……多元智能使教学设计不拘一格，色彩纷呈，这就使创造教育在课堂中得以落实。

其次，它为学科融合提供了优化的条件。

科学教育与人文教育的融合是21世纪教育的发展方向，因此，在课程改革中要倡导学科教育的融合。理科要渗透人文，文科要追求交融。渗透，指的是理科教师要努力挖掘教材的人文要素，比如，学科发展史、科学家奋斗史、学科与人生和社会的关系等等，这些介绍都需要语文的介入。文科要追求交融，指的是文、史、哲学及艺术学科，相互补充，共同提升。教学要追求哲学高度和美学意境。

在教学过程中，语言智能的开发是与其他各种智能融合进行的。例如：朗读教学最适宜与音乐智能、肢体运动智能相融合。配乐朗读是加强感染力最常用的方法。朗读训练，不仅限于语气的抑扬顿挫，适当的动作、手势，还能加深对作品的理解。

这种智能融合还体现在作业上，使作业形式多样化，不仅限于传统的纸笔，可以是绘画、编辑报纸、录制磁带、制作网页等等。

多元智能为学科融合提供了优化的条件。

再次，它为学生的发展创设了广阔的舞台。

由于教学途径、手段、方法的多元化，为各种类型、各个层次的学生表现自己的才干、开发自己的潜能创造了条件。

在听、说、读、写的语文教学整个过程中，学生的练习、作业、考试，不仅仅限于统一、单一的模式。学生对课文的理解、运用，能和自身的优势条件相结合，采用多种形式构建答案来获取成功。学习过程成为体验成功的过程。

多元智能创设的广阔舞台，是一个三维的时空，它使每一个学生都能站立起来，个性得到张扬。

三、多元智能为语文教学融会人文教育创造条件

多元智能在教学实践中的核心是开发人的潜能、促进人的发展。语文教学的鲜明特征是"文以载道"。道,指自然、社会、人生的规律。可见,语文教学的任务可归结为一点,即教学生如何做人处世。可以说多元智能与语文教学有着一脉相承的血缘关系。"以人为本"是多元智能和语文教学共同的教育理念。

国家课程标准对学生在"知识与技能、过程与方法、情感态度与价值观"等方面都提出了新的要求,强调在培养科学精神的同时注重培养人文精神。

要培养人文精神,首先要弄清有关人文的基本概念。

"人文"一词最早见于《易经》:"文明以止,人文也。观乎天文,以察时变;观乎人文,以化成天下。"人文,就是要教化天下,就是"化成"人类"文明"。

通俗地讲,人文是指与人类社会有直接关系的文化,一般把文学、历史、哲学和艺术等统称为人文科学。

人文教育可分为两个方面,一是传授人文知识,二是培养人文精神。

传授人文知识,既要讲解文、史、哲及艺术诸领域的基本知识,又要介绍中国和世界历代人文领域代表人物的理想、追求及其主要贡献。

培养人文精神,要使学生既能运用人文知识来分析历史和现实,又能加强自身道德修养,以人文知识升华的理念、原则、方法去做人处世。人文精神,既体现情感、态度和价值观,又在实践中表现为解决现实问题的人文能力。

人文知识和人文精神的融合构成人文素养。它既包括知识体系,又包括价值体系和伦理体系。

显然,语文教学具有培养人文精神得天独厚的条件。无论是语音、词语、修辞,还是篇章结构、作品评价、人物分析,无一不是为人文基础知识奠基。无论是记叙文、议论文、说明文、诗歌、散文、小说、戏剧、文言文,无一不蕴含着丰富的人文精神。

同时，我们也特别注意到多元智能对语文教学培养人文精神的珠联璧合的作用。

多元智能认为"每个学生都是潜在的天才儿童"，这一理念体现了鲜明的人文关怀，这一关怀贯穿于它的整个教学实践中。在教学设计、方法、途径、环境、评价等诸方面都"以人为本"。多元智能的视觉空间智能、音乐智能、肢体运动智能的介入使语文教学更具艺术性和感染力，更有利于学生的自我表现和个性发展。它大大丰富了培养人文精神的手段，而且使这一过程能达到"润物细无声"的境界。同时，多元智能追求语文教学与文、史、哲和艺术等学科的融合，大大拓展了学生的人文视野。

可见，多元智能使语文教学在传授人文知识、拓展人文视野、陶冶人文情怀、锻炼人文能力、培养人文精神诸方面发挥了更大的作用。

多元智能与语文教学融会人文教育，相得益彰，提升了教学境界。

第二节　多元智能与语文教学实践

多元智能与语文教学相融合的实践，是在先进、科学的教育理念指导下的改革行为。

首先，这一实践追求的目标是学生的解放。伟大的人民教育家陶行知先生早在 1946 年就提出学生"六大解放"的目标："在现状下，尤须进行六大解放，把学习的基本自由还给学生：一、解放他的头脑，使他能想；二、解放他的双手，使他能干；三、解放他的眼睛，使他能看；四、解放他的嘴，使他能谈；五、解放他的空间，使他能到大自然大社会里去取得更丰富的学问；六、解放他的时间，不把他的功课表填满，不逼迫他赶考，不和家长联合起来在功课上夹攻，要给他一些空闲时间消化所学，并且学一点他自己渴望要学的学问，干一点他自己高兴干的事情。"现在看来，这"六大解放"的教育观念与多元智能理论是多么地吻合。在赞叹陶行知先生远见卓识的同时，我们则清楚地认识到，多元智能正是要使学生找到自信，摆脱形形色色束缚的桎梏，朝着个性解放的道路上迅跑。这"六大解放"正是为开发"八大智能"开辟道路。"六大解放"与"八大智能"异曲同工。

其次，这一实践追求的目标是学生的可持续发展。上好课的立足点不是教材、教法，而是学生的发展。多元智能之所以是先进的理念，正是它突破了传统智商选拔只有利于在校发展的学生的情况，变为立足于学生终身发展，为学生奠定终身发展的基础。

学生的可持续发展要素，至少可以概括为以下几点：自信心——可持续发展的起点；责任感——可持续发展的动力；意志力——可持续发展的保证；思维品质——可持续发展的核心；创新精神——可持续发展的灵魂。多元智能的基石是启迪学生自信，鼓励学生创新，倡导合作学习，促进人际交往，指导反思开悟，重视躬行实践，可见每一步骤、每一环节，都着眼于学生的可持续发展。

再次，这一实践追求的目标是学生的精神享受。文学泰斗冰心说："有了爱就有了一切。"教师对学生的爱不仅限于热心关怀、耐心教诲，最根本的是要满足学生的需求，这才是爱的真谛。

一堂好课，既要使学生获得知识，增长能力，更要使学生获得精神享受。

精神享受是值得回味的。要学习相声大师马三立的语言艺术，他在不动声色中使人开怀大笑，却又使听众反复回味。经得住品的教学才是有活力的。

"比较先进的教育理念应该是把教学过程视为：知识的建构＋情感丰富、细腻和纯化＋态度与价值观的形成和完善以及思想的升华＋智慧能力的培养，特别是学习策略和思考策略的培养＋健康丰富个性形成的过程。"

语言智能得到良好发展的人，可能显示出以下特征：

1. 能够倾听并反应口语的声音、节奏、色彩及变化；

2. 能够模仿他人的声音、语言、阅读及写作；

3. 通过倾听、阅读、写作及讨论来学习；

4. 有效地倾听，能够理解、释义、分析并记住别人所说的内容；

5. 有效地阅读，能够理解、概括、分析或解释，并记住所阅读的内容；

6. 能够结合不同目的针对不同听众有效地"说话"，懂得随机应变，简要、善辩、有说服力或热情地"说话"；

7. 有效地"写作"，能了解并活用语法规则、拼写、标点，也能有效地运用词汇；

8. 显示出学习其他语言的能力；

9. 运用听、说、读、写进行记忆、沟通、讨论、解释、说服、创造知识、建构意义以及对语言本身进行反思；

10. 致力于增强自己语言运用的能力；

11. 对新闻杂志、诗歌、故事、辩论、演讲、写作或编辑等有浓厚兴趣；

12. 创造新的语言形式、创作文学作品或口语沟通作品。

在先进理念和教学目标指引下，多元智能与语文教学的融合体现在基础能力训练、综合能力培养和研究性学习等诸方面。

一、多元智能与语文基础能力训练

在"听、说、读、写"四个方面，通过多元智能与语文教学相融合的方式、途径、方法进行基础能力训练。古人云："凡言职者，谓其善听也。"善听，是职业生活的核心要素。在当代社会，善听，可以理解为要善于把握信息——捕捉信息、运用信息。因此，语文教学要把启迪学生善听放在第一位，要教学生在课上会听讲，在课下善于与人交流。

听讲的方式有边听边记、先听后记、按教师要求抄写要点等多种方式。有的教师主张以听为主，或者只听就行。这种方式的理论支撑是："平均而言，人们每分钟说话的字数（200 字）与每位听者能够处理的字数（300 至 500 字）有特定的时间差，积极的听众可以利用这额外的时间活跃自己的思维……利用这种时间差辨认说话的内容、重点和中心议题。评价所说的内容，预测下面要说的内容，思考哪些内容对自己有重要价值。"

可见，人只有善听，在听的过程中主动、积极地思维，才能正确、有效而生动地把握语言。

善听，既要用心领悟语音、语义，又要注意讲授者的眼睛、表情、手势、体态，把语言思维与视觉思维（从属于空间智能）结合起来，这样才有助于理解与记忆。有人称这为"心灵黑板"。

正如白居易诗曰："别有幽愁暗恨生，此时无声胜有声。"鲁迅诗云："万家墨面没蒿莱，敢有歌吟动地哀。心事浩茫连广宇，于无声处听惊雷。"于"无"中听出"有"来。这可称为听的智慧。

为了提高课堂教学中"听"的质量，可以采用播音员录制的课文录音带，使课文化成声情并茂的语言，增强感染力。教师的范读、学生的朗诵，使大家觉得亲切、生动，亦要做好准备。

要提高学生说的技巧、口头语言表达能力，可通过即席发言、演讲、交谈、采访、讨论、表演（对白）、辩论等多种口语样式，来掌握口语交际技巧。这里既有语言智能，又有人际关系智能。

感觉是很微妙的东西。据报载，有一篇通讯《闭着眼睛训练出来的射击冠军》，揭示了一个训练奥秘。人们常认为射击运动员视力是最好的，其实不尽然，他们在扣动扳机的一瞬间，往往是凭感觉。有时训练是闭眼射击。这被他们称作"枪感"。这里有相反相成的哲理。人们进入创造领域，往往是找感觉；有了感觉，才会有好的创造。

浙江省慈溪市宗汉街道第三小学施静毅老师注重调动多元智能，培养学生语感：

1. 启动空间智能，增强语感的丰富性

启动学生的空间思维智能，运用图像对文字和口头语言的支持作用，能有效地帮助并强化多数学生的学习。如：在理解《瑞雪》中"笼罩"一词时，欣赏了几组雪景图，使学生对语言的感悟获得了丰富形象的支撑。

2. 调动运动智能，提升语感的独特性

有时一个简单的动作就能很好地理解和表达言语。如：在学习《瑞雪》下雪一段时，让学生动手撕"雪花"。在一"撕"一"撒"之间，加深了学生对课文语境、语情特殊性的感受。

3. 借助逻辑智能，发展语感的深刻性

对言语的深刻感悟在某种程度上也是对于生活的深刻理解。语感的深刻性训练，必须与生活紧密联系，进行合理的逻辑推理。如：《翠鸟》一课中，在理解"水波还在荡漾，苇秆还在摇晃"时，测了一根枝条（回忆了水波）拨动后恢复静态所需的时间，从而推测出翠鸟行动的敏捷。

4. 唤起音乐智能，提高语感的敏锐性

音乐是强有力的沟通方式，可以创造一个有益于学习的积极情绪环境，能帮助学生体会语言的细微差异、情思的微妙变化。

他总结的提高语感的丰富性、独特性、深刻性、敏锐性很有特色。

关于阅读，古人教诲"熟读精思""读书百遍，其义自见""深思立身道，快读有用书"，实在是至理名言。

阅读分课内阅读、课外阅读两部分。课内，侧重精读；课外，侧重泛读。"熟读精思"，现举一例。一位老师谈讲授《孔乙己》的体会，先不看任何教材，捧着原著，一遍一遍地阅读，深入挖掘原著立意、谋篇、遣词、造句……这样，得出的是原汁原味的《孔乙己》。这样的阅读，自然挖掘出具有特定角度、深度、高度的认识，在此基础上，研读大纲，研究学生，设计教学，才会有高品位的教学。这位教师紧紧抓住小说结尾最后的一句话"孔乙己大约的确死了"，揭示"大约"与"的确"的矛盾，分析全文和孔乙己不可避免的悲剧命运。他讲授的《孔乙己》使学生终生难忘。

关于阅读教学，山东诸城龙源学校王新屏老师总结出"以阅读教学为基点，多途径开发学生阅读潜能"的可贵经验：

将语文课堂还给学生，让学生自主学习，把教学重点放在教给学生阅读方法、培养良好的阅读习惯、把握阅读规律，从而开发学生阅读潜能上。

1. 教给学生良好的阅读方法

如：①情境阅读法。在读书的过程中让学生将自己融入文学作品所创设的特定的情境中，激发学生阅读的兴奋点。②问题阅读法。在读的过程中让学生自己提出问题，自己从书中寻找答案，激发学生积极思维。③想象阅读法。在阅读文章之前，先想象书中的内容，然后在读的时候与自己想象的做比较，深刻地把握书的内容和精神。④快速阅读法。对于报纸之类，快速阅读，去粗取精。⑤三步式阅读法。第一步，整体感知，弄明白"写的是什么"；第二步，形神合一，理解"为什么写"和"怎样写"；第三步，评价创造，思考"为什么要这样写"或"还可怎样写"。⑥创设比较阅读法。创造性地巧妙设置不同于作品内容的"比较体"，将它与作品本体相比较，从而更深入理解作品中人物性格和作品主旨。

2. 培养学生养成良好的阅读习惯

采用"六段式"阅读教学模式，以学生自学为主，让学生养成良好的阅读思考习惯。"六段式"具体指：定向：确定本课的重点难点；自学：学生针对重点难点自找答案；讨论：解决自学遇到的问题；答案：老师引导解决讨论未解决的问题；自测：学生自拟题测验；总结：下课前由学生总结本节课学到了什么。其次，让学生养成合作阅读的习惯。以合作小组为单位，阅读不同书籍，然后把学到的知识讲解给小组其他成员。这样能够大大激发学生的阅读积极性。

3. 举一反三，让学生把握阅读规律

较好地使用课本与课文，让其充分发挥"例子"的作用。以一篇文章的阅读延伸到一类文本的阅读，以课本所选名著片段的阅读延伸到对中外名著的阅读。做到以点带面，课内辐射课外。

以人文教育闻名全国的北京师大二附中规定学生课外必读书目很有参考价值。

高一年级必读	尝试集
△三国演义	毛泽东诗集
水浒传	革命烈士诗抄
西游记	草叶集
东周列国志	△普希金诗选
△红楼梦	△泰戈尔诗选
儒林外史	△雷雨
老残游记	△哈姆雷特

△呐喊   △巴黎圣母院
　朝花夕拾   △欧也妮·葛朗台
△子夜   △欧·亨利短篇小说选
△家   △复活
　骆驼祥子   　牛虻
△围城   △约翰·克利斯朵夫
　林海雪原   △老人与海
　青春之歌   　钢铁是怎样炼成的
△堂·吉诃德   　高三年级必读
　高二年级必读   　我的大学
△论语   △谈美书简
　古文观止   △歌德谈话录
△女神   　傅雷家书

（注：带△的是部颁高中语文大纲规定篇目）

写作水平是"听、说、读"能力综合训练的成果，也是评价教学效果的重要尺度。

写作可以分为以下四种：

第一类是机械类写作，如多选题、填空、简答、数学计算、抄写书面或口头的资料以及翻译。这种写作形式在很多班级中很受欢迎并广为运用。

第二类属于信息类写作，如做笔记、记录经验（如写报告或日记）、摘要、分析、理论或用来说服别人的写作。

第三类是关于个人类写作，如日记与日志、信件或心得笔记。

最后一类则是想象类写作，例如故事和诗词。

虽然学生正确而恰当地写好第一类作业至关重要，但是不应忽视其他三类写作经验，因为，这些类型的写作对语言智能的训练与培养具有重要价值。

人民教育家陶行知指出"生活即教育"。因此，可以说，有什么样的生活，就有什么样的写作激情、能力和水平。要引导学生成为社会生活、学校生活和家庭生活的敏锐观察者和积极参与者。只有在生活的激流中，才会孕育文采。

学生作文的思维过程，一般包括立意、选材、行文三个环节，其中立意、选材两个环节是学生在大脑中操作的隐性行为，教师只能在学生作文完成之后，根据文章去理解他们的立意与选材，学生的表达与教师的理解又很容易产生偏差，因此，教师的作文指导不仅很难与学生的操作同步，又如同隔靴搔痒，实效性较差。

要提高写作水平，激发联想是一条有效的途径。联想作文就是以激发学生联想活动为基础而进行的口头或书面的作文。联想作文的形式很多，实物联想、图形联想、声音联想、词语联想、人物联想均可成为联想作文的内容。

北京建华学校牛玉玺老师总结出"导、议、说、写"——联想四步作文教学法。这个教学法将学生作文的构思过程外显化，提高了教师的指导和学生评议的实效性。在这个过程中生动、形象地运用了多元智能要素。

以"图形联想作文课"为例，这一教学法分为四步：

1. 导

联想作文需要教师在教学中做恰当的引导，使学生有章可循、有法可依。在一堂图形联想作文课上，我首先在白板上出示一个圆，问学生由此想到了什么，同学们联系自己的生活实际，回答五花八门，太阳、饼干、足球、头、月亮……在此基础上，在圆上我又加了一笔，问同学们又想到了什么，这下难度增加了，但同学们的回答依然很热烈，有的说像苹果、有的说像小孩的小辫、有的说像投石水中、有的说像卫星发射……学生议论纷纷，思路开阔。我因势利导，把同学们这种联想的热情化作写作的动机，进一步提出："你能由此编一个故事吗?"这下可激发了大家的写作欲望，紧跟着教师提出联想作文的三点要求：（1）说明道理（立意）；（2）围绕画面（取材）；（3）故事具体、完整。

2. 议

在简单习作的基础上，我向学生出示了四个几何图形，要求学生组合成一幅画面，并编一个小故事，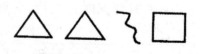
说明一个道理。采用小组合作的方式，好中搭配，有议有论，有说有画，取长补短，优势互补。同学们四人一组，有分工、有合作，积极讨论，集思广益，画出了十几幅别出心裁的画面，编出了十几个联想丰富的小故事。图形举例如下：

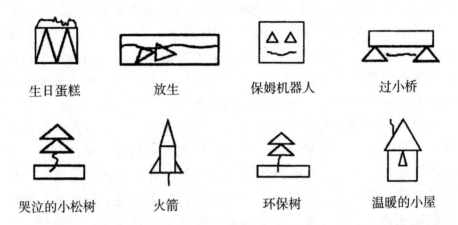

生日蛋糕　　　　放生　　　　保姆机器人　　　过小桥

哭泣的小松树　　火箭　　　　环保树　　　　温暖的小屋

学生组画，将他们选题和选材这个大脑中隐形的活动外显出来，主题选择得好不好、材料组织得好不好，在作文的过程中就给予了评价和指导，针对性强，又及时，学生收获显著。

3. 说

在学生充分讨论的基础上，每组派一个代表到前面说。讲完后，本组同学还可以补充，其他组同学要按上面的三条标准进行评价，指出优点，提出不足。在这个过程中，学生互评互议，共同提高。在这个过程中，教师对学生的创作进行指导、矫正，肯定优点提出修改方向。

4. 写

在学生画、议、说的基础上，再动笔把它写出来。在写的过程中，学生还可以修改润色，这样一篇成型的联想作文就诞生了。

这样的联想作文设计体现了以下几个特点：

第一，教师的指导贯穿学生创作的整个过程。以往的写作指导，只重视写前写法的指导和写后习作的讲评，忽视了学生创作过程中的指导。四步联想作文对学生命题、选材、组织素材的创作过程中出现的困惑，及时给予指导。这样，就把学生创作中遇到的种种问题做到了及时预防。

第二，把培养语文学科能力和创新思维结合起来。语文学习更多地与形象思维和逻辑思维相联系，这往往要借助于联想、想象。因此，语文学习能力的发展依赖于思维能力的发展，而思维能力的发展反过来又促进了语文学习能力的发展，二者相辅相成，而联想作文课就巧妙地把二者有机地结合起来了。在课堂上学生展开联想，勇于创新，发散思维得到了充分的发展。一篇篇故事无不折射出学生的奇思妙想。在课堂上，学生的听、说、读、写的语文学科能力与创新思维得到了同步发展和提高。

第三，在设计理念上充分体现了以学生为主体。白板教室没有讲台，没有桌椅，学生可席地而坐，四周除去门窗，都是白板。这样的设计便于小组合作，体现了师生平等。在白板教室上课，不仅仅是形式上的改变，它更适合学生的心理。学生在上面用彩色画笔自由地驰骋自己的想象。更能调动学生学习的积极性，更适合学生思维的发展，它对激活学生的思维、写好作文起到了催化剂的作用。

多年的经验表明，写日记是提高写作能力和开发语言智能的有效方法。山东诸城龙源学校李玉莲老师指导学生写日记很有独创性。

这里所说的日记，不是那种为练习写作、提高写作水平而设的单纯写作意义上的日记，它类似于速记本之类随身携带、随时记录的一个本子。这种日记区别于一般意义日记的有以下几个方面：

内容上是宽广的、无限制的，称它包罗万象，一点也不过分，因为它可以记下你一天中的任何想法和感觉。如可记录课堂上的突发奇想；可记录你课堂上的解题思路或方法；可记录你做的实验、假设，以及你的预测；可记录体育课上你是如何标准、漂亮地完成某个动作；可记录你对某个老师、同学偶然中发现的特点；可记录你读了一篇文章的感想；可记录你对时事的独特看法；可记录你吃某道菜的感受……可以说，你爱写什么就写什么，你有多少想法，就有多少篇日记，哪怕是瞬息即逝的闪念，只要你留心。

表现形式上是异彩纷呈、五花八门的。可以是最普通的文字记录方式，如内心独白式、小说式、对话式、评论式等，兴之所至，完全可随心所欲，不必考虑什么章法、规则；可以是画图式，如素描、漫画、照片；可以是一首歌、一段音符；可以是一个图表，甚至是只有自己才能看懂的符号；可以是剪贴，报纸、杂志上的文字、图片都可以成为日记的内容。

篇幅可长可短，长时可洋洋洒洒，"长篇大论"；短时可一句话、一个符号、一幅图片、一段音符。完全根据心情、表达需要而定，不必拘泥。

保存方式可以是纯私人的、保密的，也可以拿出来与老师同学交流，甚至是在班上宣读。

一本日记，既记录了成长的轨迹，又发展了语言、逻辑——数学、空间思维、肢体动作、音乐、交际、内省等多项智能。但除要做到"三勤"——脑勤、眼勤、手勤外，关键一点是持之以恒。

在学校丰富的教学实践中，师生靠多元智能打开思路，不断创造着鲜活的提高写作能力的教学方式、途径和灵活多样的方法。

二、多元智能与语文综合能力的培养

国学大师季羡林指出："21世纪将是中国文化（东方文化的核心）复兴的世纪""从世界文化的发展趋向看，中国文化包括中国道德的精华，在21世纪的将来，会在人类精神文明的发展中，发挥重要的作用"。

为了更深刻地认识东方文化，需要从根本的思维方式上认识东西方的区别。季羡林认为"西方的思维方式是分析的，而东方的以中国为代表的思维方式则是综合的"。

看一个国家要看"综合国力"，评价一个人才，自然要看"综合能力""综合素质"。显然，综合思维是一切发展的灵魂。应该认清，我们的教育正走向"综合"。以"综合"为龙头，综合性备课、综合性教学手段、综合性作业、综合性试卷，这一系列的改革，才能真正实现"学习的革命"。

多元智能与语文教学相融合，正是综合思维方式的生动体现。"听、说、读、写"能力综合成为语言智能。

要提高语言智能，思维训练、朗诵活动和戏剧表演是行之有效的方式，应重点进行研究和实践。

思维训练涉及面很广，这里重点讲联想能力训练。

联想，从甲事物想到乙事物，从具体的事物想到抽象的事物，由近的事物想到远的事物，由熟悉的事物想到陌生的事物，由古代的事物想到现代的事物，由表面的事物想到内在的事物，由微观的事物想到宏观的事物，由静止的事物想到运动的事物，由正面的事物想到反面的事物，由强大的事物想到渺小的事物……举一反三、触类旁通、不胜枚举。

联想训练，要不断提出纵深的问题。例如，郑板桥写过一副楹联"删繁就简三秋树，领异标新二月花"。无疑，写的是树，写的是花。什么时候的树？三秋时节，深秋时节的树，枝干疏朗了，犹如删繁就简。什么时候的花？二月的花、早春时节的花，寒气尚未退尽，争先开放的迎春花。那么，我们可以进一步问："是不是就写的树，写的花呢？"回答说："是，又不是。"可以说，这是倡导的写文章的章法：一是要简练，开门见山，使读者一目了然，如同鲁迅先生所讲："将可有可无的字、句、段删去，宁可将写小说的材料写成速写，万不可将写速写的材料拖成小说。"二是要敢于标新立异，文章贵在创新。若再问："是不是就讲的文章的写法呢？"回答说："是，又不是。"此楹联亦可讲成做人的原则、为人之道。一要坦诚、开朗，如同三秋之树；二要"敢为天下先"，在学习、工作、生活中要有创造性。这副楹联，通过一层层的联想，从写景想到作文，从写景、作文进一步想到为人，照此思路，还可以向时间和空间扩展。

另外，发散思维能力训练也是很重要的。例如，这样一个问题："写出你想到的花。"评判学生答案，可分三个层次：第一层次：写出了兰花、荷花、菊花、梅花、芍药、牡丹……一批实实在在的花，当然写得多比写得少好，但都只能评为"及格"；第二层次：写出了一些具有花的特征，但是花的变形的花儿，如雪花、礼花、刨花、窗花、灯花、泪花……这些也是有形有象的花，这可以评为"良"；第三层次：写出了具有花的特征，但是无形无象的花，如心花，成语中有"心花怒放"。只有到了这个层次，才能评为"优"。

经过多个学校、多次测试，结果是大多数学生只能得"及格"，少数学生能得"良"，得"优"的学生很少。这也表明思维训练应大大加强。

著名作家韩少华曾写过一篇散文《花的随笔》。通篇是花的联想。

他从满天飞舞的"雪花"写起，进而联想到木匠师傅刨下来的散发着木香味的"刨花"，养蚕姑娘管蚕茧丰收叫"蚕花好"；过年了，人们贴吉祥的"窗花"，寄托美好希望的是人们的"心花"。

为了"心花怒放"的时刻，忘我劳动的人民迎来了节日的礼花："红的火红，绿的碧绿，白的雪白，黄的金黄。那是一股股珍珠的喷泉，是一阵阵琥珀的急雨，还是一颗颗水晶的流星。人们各有自己的想象。"

从此，礼花跟人们的心花连成一片了。这个美好的时刻，从心头荡起的泪花是闪闪发光的。

此文从"雪花"联想到"泪花"，通篇感悟的是美的生活、美的追求。这里，联想促使人悟到人生的真谛。这篇散文可作为启迪发散思维的经典之文。

朗诵是提高语言智能的有效活动。

朗诵是一种以明亮的声音、按一定规律将书面语言变为口头语言的表演形式。朗诵是集文字学、语言学、音韵学等于一体的综合艺术形式。

朗诵有利于提高人的思维品质。朗诵是把作者书面语言变为朗诵者口头语言的再创造，是一种再创造的思维活动。首先要理解作品，必须理解作品的体裁、主题、结构、特色，甚至从谋篇到遣词、造句、修辞手法，都要有自己的理解。作品分析，是朗诵活动的基础。这一过程是朗诵者逻辑思维、形象思维的提高过程。

朗诵有利于大脑功能的开发。脑科学研究告诉我们：大脑分为左右两个半球。左脑是语言脑，右脑是音乐脑。左脑操作语言，具有逻辑思维功能；右脑产生直观、形象、想象思维，具有非逻辑思维功能。但左右脑分工又不是绝对的，左右脑都有语言功能和指挥人类语言表达的语言中枢，但左脑主要负责语言的语法、语意和语言逻辑性，而右脑有着语言的情感、情调和语言节奏的功能。就情感来说，左脑控制情感，右脑表达情感。根据以上原理，人参与朗诵活动，有利于激活左右脑的联系，促进脑功能的开发。古人读书时的吟诵，语言的抑、扬、顿、挫，大大有助于学习，正是应借鉴的历史经验。

朗诵有利于人意识素质的提高。朗诵既是表演，则必须涉及表演艺术的诸多方面，除口头语言表达要字正腔圆这一基本条件外，还必须把握好节奏、重音、语调，还要有得体的姿势、恰当的手势和丰富的眼神等等。实践还表明，较高的音乐、美术、舞蹈修养，都有助于朗诵者走向成功。

另外，朗诵在提高人的理解能力、表达能力的同时，自然也促进人际交往能力，促进多元智能的发展。

朗诵被诗界泰斗艾青称为"诗的飞翔"。朗诵是学校和社会文化生活的一种艺术活动形式，它简单易行、声情并茂，为群众喜闻乐见，易于推广。

回顾历史，群众的朗诵活动总是伴随时代的步伐，形成不同的特色。新中国成立以来，显示出不同的阶段性。20世纪50年代，大多爱朗诵苏联高尔基、马雅可夫斯基等的诗篇，随后是朗诵《革命烈士诗抄》《雷锋之歌》等的热潮；"文革"期间，毛主席诗词朗诵响彻大江南北，空前大普及；"四五运动"时，天安门广场汇成诗歌的海洋，诗朗诵成为声讨"四人帮"的有力匕首和投枪，人民的呐喊惊天动地，"四五"诗篇和广场朗诵竖起了一座丰碑。改革开放以来，诗作和朗诵活动呈现多元化。近几年，唐宋诗词名篇朗诵，把诗歌朗诵活动推向高雅的新阶段。这些已引起社会多方关注。语文教学要搞得生动、有声有色，应该善于在课内外开展多种形式各种规模的朗诵活动。

戏剧文学和小说是高中教材中的重要组成部分。贯彻以学生为主体的教学，长期以来运用复述或课上分角色朗诵的教法，已远远不能满足在信息时代多种传媒传播环境中成长起来的学生的需求了。

怎样通过戏剧单元的教学，使学生对戏剧文学的特点、人物的性格特点有较深入的把握；学生有没有这样的能力通过语言去把握人物活动的内心变化；通过表演的形式能否培养学生认识、分析问题的能力。北京二中教师范锦荣在教学中进行了连续九年三轮尝试，由学生将小说改编成舞台剧，通过身临其境的感受、体验去认识作品中的人物，去挖掘人物内心的活动，取得了成功的经验，同时也尝到了大胆创新、开放式教学的甜头。她把学生分成若干小组，将小说改编，每组设编剧、导演、主配角色。为了鼓励、激发情绪，演出时请家长观看，设编剧奖、导演奖、表演奖、配合奖。这样的设想刚一提出，就立刻得到了学生的强烈反响，他们不满足于只演教科书上的几篇小说，还选择课外的。于是课本剧由课内的几篇短篇小说向课外延伸，包括莎士比亚的戏剧《威尼斯商人》、普希金小说《驿站》、希腊悲剧《俄狄浦斯王》、契诃夫小说《一个小公务员之死》、莫泊桑的小说《项链》、欧·亨利的小说《警察与赞美诗》、胡适的剧本《婚姻大事》、曹禺的剧本《雷雨》《日出》，还有音乐故事《音乐之声》、电视剧《十七岁不哭》都成了选定篇目。

　　组织这样的教学活动，实际上给老师和学生出了个共同的难题。剧目演出没有可参看的现成的标本，老师要对各组和个人进行指导，甚至表演示范。这对学生甚至是老师来说都是一个能力素质上的检验和提高。一句台词反复念很多遍，几个人的对白怎样衔接才最好，这个角色与那个角色用什么眼神、什么动作相互配合，大家反复琢磨、反复排练，这其中既贯穿了对作品人物的理解、分析，也有对人物性格形成、发展的把握，这个能力的提高是学生在实践中获得的。语气的把握、音量的大小、速度的快慢，也是在精心揣摩了情境、反复多少遍之后确定下来的，这个能力在学生的亲自实践、参与中提高了。上下场顺序、音乐选用烘托怎样的气氛、道具的摆放位置、刮风下雨产生的效果、舞台上灯光明暗的时间、布景装饰的层次颜色等等，这一切要听从"导演"的调遣、发挥集体的智慧，要从全局出发，互相协作，共同创设一个完美的立体的形象。学生的情感、意志、信念在自觉的活动中凝聚起来、发挥出来。

戏剧属于舞台表演艺术，它综合了文学、美术、音乐、舞蹈等多种形式，形成了一种立体的艺术。它对中学语文教学的分散训练形式听、说、读、写做了一个综合的体现和检阅。

戏剧表演做到了学生的全员参与。在参与之中培养了协作精神，在参与过程中有了对自身能力的确认。排练过程中，小组的组合、选定合适的剧本、选定合适的演员、编排、对词、配合演出，这都是第一次，在参与之中让学生自己发现了个人的特质，也让老师了解了仅凭课堂发言了解不到的学生的特点。哪个学生有组织能力，哪个学生的朗诵声音好，哪个学生在理科学习上不行，但在表演上却有天分，也让学生知道即使在学习上不是尖子，在集体活动中却可以做一个活跃分子；学习上可能在班里处于"抬不起头"的地位，在舞台演出中却可以大放异彩；让学生认知自己，找到一个自信的真实的自我。这些都体现了多元智能开发综合潜能的精神。

三、多元智能与研究性学习

人民教育家陶行知先生指出："发明千千万万，起点是一问。禽兽不如人，过在不会问。智者问得巧，愚者问得笨。人力胜天工，只在每事问。"显然，问题是创造的起点。可以说创造教育、研究性学习，正是从这个理念引发的。爱因斯坦说过："提出一个问题，往往比解决一个问题更重要。"诺贝尔奖获得者李政道先生概括他毕生做学问的体会为："求学问，需学问；只会答，非学问。"即：在学习过程中，应当学会问；只学习回答，并不是真正的学问。学问就是要学会问问题，而不是"学答"。显然，这是教学的真谛。没有问题就没有发展。

问题的解决是新世纪教学理念的核心。在教学实践中，我们应弄清什么是问题？由谁提出问题？怎样解决问题。

问题是探索未知领域的。问题首先应由学生提出。解决问题要靠多元智能提供的多条途径、多种手段和方法。问题可以是多层次的，答案可以是一元的、系列的，也可以是多元的、开放的；答案可以是已知的、明确的，也可以是未知的、尚未有定论的。

美国亚利桑那大学琼·梅克教授以多元智能理论为指导，经过

15 年实验，在 1998 年创立了以培养学生能力为目标的"问题体系"。这个体系以"问题"为中心，以"方法"为中介，以"答案"为结果，根据教师和学生双方对问题、方法、答案已知与未知的情况，构建了由易到难的五个层次的练习，称之为"问题体系"（见下表）。

问题体系表

问题		方法	答案
第一类	教师	已知	已知已知
	学生	已知	已知未知
第二类	教师	已知	已知已知
	学生	已知	未知未知
第三类	教师	已知	一系列的一系列的
	学生	已知	未知未知
第四类	教师	已知	开放的开放的
	学生	已知	未知未知
第五类	教师	未知	未知未知
	学生	未知	未知未知

北京市东城区和平里第四小学陈燕老师以"春天"为主题的单元综合实验课的教学设计：

"首先引导学生观察春天，提出有关春天的问题，确定研究主题后组织学生到八大处公园'找春天'，给学生以亲身体验。然后在校园内组织学生进行了'寻宝'活动，帮助学生积累描写春天的词句。最后整合第四册语文教材，选择了几篇与主题相配的内容，进行了一周以'春天'为主题的教学实践。在初步理解文章内容，受到情感熏陶，学习不同文体的写作方法的基础上，让学生自命题写作。课上，教师注重跨学科的学习和现代科技手段的运用，注重让学生运用多种智能进行独立学习和合作学习，学生学习兴趣浓厚，思维活跃，学习效率高。"

主题综合课实践，为学生创设了探究、合作、自主学习的平台，打开了学生表达真情实感的大门。与此同时，教师也进一步认识到语文课应着重培养学生的语文实践能力，植根于现实，面向未来，关注学生的个体差异和不同的学习需求。

以北师大二附中高利霞老师《念奴娇·赤壁怀古》教学为例，探索实施新课程理念，多元智能与研究性学习融合的规律。

她最初的设计是：设定四个方向的研究问题，一是作家、作品、背景介绍；二是分析鉴赏，包括感受形象、品味语言；三是直接感悟，结合现实生活，领悟内涵，探讨主题；四是延伸拓展，结合其他赤壁怀古诗进行比较鉴赏，深化认识。按这四个板块，学生分四组课下进行研究，制作课件，教师指导，课上分组汇报。

这样的设计，问题是由教师提出的，而且只是让学生展示研究后的结果，对研究过程缺乏分析、指导。

经过进一步学习，她明确地认识到：学生研究性学习的第一步是自学质疑，发现问题。于是，不再由教师布置研究任务，而由学生提出质疑，然后归纳出这样十道题：

1. 念奴娇词牌名的来历、有何特别意义？

2. 这首词写作背景是怎样的？

3. "乱石穿空"怎么理解？"卷起千堆雪"是比喻浪花吗？

4. 羽扇纶巾是周瑜的形象吗？不是诸葛亮吗？

5. 上阕写景与下阕写周瑜有何联系？

6. 写周瑜为何又写小乔？

7. 为何以周瑜为主要抒怀对象？苏轼对周瑜是什么态度？

8. 为什么说"多情应笑我，早生华发"？这与上文有何联系？

9. 结尾"人生如梦"的感叹与前面的豪放是否矛盾？洒酒酬月寄托了怎样的感情？

10. 这首词感情时而激昂，时而消沉，跳跃性很大，该怎样把握呢？

在此基础上，提炼出三个问题：

1. 为何以周瑜为主要抒怀对象？苏轼对周瑜是赞叹、羡慕，还是惋惜？

2. 为什么面对壮阔景象和对古代英雄人物神思遥想时忽生"多情应笑我，早生华发"的自嘲？诗人究竟在自嘲什么？

3. 结尾"人生如梦"的感叹是消极还是积极？是无奈还是洒

脱？洒酒酬月寄托了怎样的感情？

由学生中汇集的问题，经学生合作学习、分组研究，再课上集中研讨，包括听朗诵、放映幻灯片和网上查阅资料……这样的研究性学习，既符合学生的认知规律，也使教师"成了学生学习的组织者、引导者和帮助者"。在研究课结束时，教师作为研究性学习的一员谈出自己的学习过程和感悟：

五读《念奴娇·赤壁怀古》

第一遍：读出了壮阔的景象，激情澎湃

第二遍：读出了豁达的胸襟，豪情满怀

第三遍：读出了历史的沧桑，沉静思索

第四遍：读出了人生的无奈，唏嘘怅惘

第五遍：读出了江月的永恒，清旷超越

还有根据苏轼其他诗词名句自己攒作的七律：

自语东坡

天涯流落思无穷，自言其中有至乐。

拣尽寒枝不肯栖，觉来幽梦无人说。

且将新火试新茶，休对故人思故国。

回首向来萧瑟处，江南江北青山多。

课上，学生对老师的学习示范非常敬佩，师生对苏轼的解读达到了高潮。高利霞老师设计和实践的这一研究性学习课程，融"知识和能力、过程和方法、情感态度价值观"为一体，多元智能参与，合作学习与信息技术相整合，师生平等对话和教师示范相呼应，既有认知的深度，又有情感的升华，是很好的一个课型。

探索研究性学习的规律，对美国教育家杜威强调的"使传授知识的过程成为掌握科学研究方法、开发学生智慧的过程"的相关论述应予以重视。杜威分析了人们思维的过程不外乎这样五个步骤：感觉到问题；思考问题的性质和个体特征；设想解决问题的可能途径和方法；通过推理确定哪一个假设能解决问题；通过观察和试验，证实结论是否可信。他认为，教学的方法与思维的方法应该是一致的，为此，他提出了相应的五个教学步骤：

设计问题情境；

产生一个真实的问题；

占有资料，从事必要的观察；

有条不紊地展开所想出的解决问题的方法；

检验或验证解决问题的方法是否有效。

这里关键的一步是产生一个真实的问题。所谓真实的问题，就是学生自己产生的问题，而不是教材规定的问题，不是教师主观的问题，更不是为了提问题而提出的问题。杜威早就意识到，任何知识的学习，既是为某一理论提供依据，又是形成新理论的素材。美国学者福克斯指出："在了解杜威对'知识是什么'的回答时，我们记住的重要的事情是，除了过程，这个问题是没有意义的。杜威认为，除了探究，知识没有别的意义……当指出那种未确定的情境中的各种要素，使它们成为一个确定的情境，最后成为一个统一的整体时，经历这个过程的探究者就获得了知识。"

以问题为纽带进行教育，就是以激发学生产生问题始，以产生新问题终，在这样的过程中，培养学生的问题意识，帮助学生掌握解决问题的知识、程序、方法，培养学生的怀疑精神和创新精神。这应该是研究性学习的真谛。

第三节　多元智能与语文教师素养

要实施多元智能与语文教学的融合，语文教师要树立"大教育观"，冲破课堂教学的局限，放开视野，立足创新，提高综合素养，在提高开发和运用教育资源的能力和自身人格魅力诸方面下功夫。

一、综合素养是成功实施教学策略的基础

教学设计体现着教师的综合素养。教学设计要考虑的主要问题是：

支撑课程的哲学理念是什么？

课程的假设是什么？

课程的主要组成要素有哪些（例如：程序、评价、材料）？

这个方案强调了什么智能？

要达到成功，学生必须具有哪些智能？

教师必须具备哪些智能？

忽略了哪些智能？

如何对课程进行修改，使之能包括八种智能？

综合考虑这些问题，要认真分析教师自身的智能优势，注重发挥这些优势，形成教学风格。另外，"优秀的教师应该是能够就一个概念打开多扇窗户的人"，对"每一个领域的重要概念的阐述，都有多个'切入点'……有了多种多样的切入点，至少可以找到一个适合某一个学生。"这样才能满足不同层次学生的需求。

作为语文教师，在现代，应当对"语文"有新解。所谓"文"，不能局限于"文字"，而应拓展为"文化"。文化是指人类在社会历史发展过程中创造的物质财富和精神财富的总和，特指精神财富，如文学、哲学、史学、艺术、教育、科学等。常言说"文史哲不分家"包含了这个意思。人们批评一些学生"有知识没文化"的现象直指的正是当前教育的弊端。

要实施多元智能与语文教学的融合，教师必须把提高自身的综合素养放在首位。要学习哲学、史学、法学、音乐、美术……多种学科的基本知识。这样，就会在《论语》《孟子》教学中注重哲学启迪，在《左传》《史记》教学中渗透文学欣赏，在《再别康桥》教学中展示语言美、音乐美、绘画美……

融入音乐，是语文教学实施多元智能常用的、有效的手段。音乐具有启迪智慧的功能。正像贝多芬曾说过的："音乐能使人类的精神爆出'火花'。这'火花'就是智慧，就是灵感。"德国诗人歌德也称音乐"是进入更高的知识世界的唯一的、非物质的方法"。音乐能渗透人的灵魂深处，使人得到比书本更高的启示。

在听赏音乐的过程中，音乐信息（包括节奏、旋律、和声、音色等）对疏导大脑的整个生理功能起着良好的作用。由于想象力的增强，使彼此分散的潜意识和众多孤立的信息组合起来，推动人的创造性思维。音乐诱发出人们心中潜在的巨大力量，使思维活跃。

把音乐引入学习过程，使学习方法和记忆方法产生变革。

二、资源意识是成功实施教学策略的关键

多元智能融入教学是一个开放的理念，是立足课堂、校园，面向社会、世界的教学设计。因此，教师要有教育资源的意识。

什么是教育资源？应当说，凡可用来辅助于教学和教育活动的书籍、人物、声像资料、设计、环境、景观……校园内部和外部的一切，均可称为教育资源。

首先，要开发校本资源。例如，北京二中在社会上被誉为"作家摇篮"。著名作家从维熙、刘绍棠、舒乙等几十名作家都曾就读于这所学校。从 50 年代至今的半个多世纪中，学校的"作家群"现象一脉相承，大作家、小作家层出不穷，不少在校的中学生就已发表专集。学校充分利用这一独特的教育资源，文学社办得红红火火，以"雄鸡""春柳""绿岛"命名的文学社薪火相传。请著名作家到校，举办文学讲座指导写作，北京二中有得天独厚的优势。

每所学校都有可利用的教育资源，校友、家长就是宝贵的人力资源。

社会上的博物馆、科技馆、图书馆、文化馆、名人故居、历史遗迹等都是教育资源。

旅游界的有识之士，正在开辟"课文旅游"的新项目。课文旅游的创意，可以说正是多元智能与语文教学融合的产物。

课文里联系着许多景点，但如果孩子通过凭空想象去感受，毕竟比较抽象，而且对于一些历史性的事件或人物，如地道战到底是怎么回事，孩子们难以理解，（《地道战》是小学四年级的课文，一般老师要花半个星期到一个星期去讲授这篇文章），其实地道战所提到的焦庄户就在北京的郊区，如果能实地去看一看，结合旅游，只要一天下来，学生们就可以理解了。所谓课文旅游，就是根据小学或中学的语文课文设计出来的旅游线路，每一条线路都有其相对应的教学线索，如"访江南，忆名人"，即游览苏州、杭州、绍兴等地，追忆江南名人，或者课文作者，实地重温《苏州园林》《从百草园到三味书屋》《故乡》《孔乙己》等名篇佳作，探究名人的成

长历程及名篇的产生环境。另外"济南的冬天",就是让学生通过游大明湖、登泰山、赏趵突泉,访齐鲁文化,寻深厚渊源,体会《登泰山记》《济南的冬天》《大明湖》等课文中的意境。再如,根据小学语文课本《颐和园》设计的"从颐和园的建筑,看中国古典园林",以及根据小学课本《詹天佑》《信息传递的变化》《万里长城》等设计的"登古长城、访詹天佑、寻居庸叠翠"等等。

跟着课文去旅游,使学生对教材的感受多元化,做到"百闻不如一见"。在旅游中,视觉空间智能、自然观察智能、肢体运动智能、人际关系智能得到开发,旅游感悟自然成为写作的素材,可以说收到了课堂教学求之不得的润物细无声的效果。

还有一种教育资源别具一格,它是相辅相成的一种资源,这就是在社会上和媒体上经常出现的语言文字使用不规范、不准确的现象,如错别字、概念混淆、任意简化或歪曲语言文字本意等等。引导学生关注语言规范化,可以从根本上提高语言文字应用能力。

上海市金山中学成立了"语言文字研究性学习"课题组,该校师生积极开展学习、宣传《国家通用语言文字法》的活动,并参与社会实践。

该校师生给教育部前部长袁贵仁同志寄上了《切实贯彻〈国家通用语言文字法〉贵在"用"上》的一封信。袁贵仁同志在回信中赞扬了他们的行动,并提出了语文研究性学习的指导意见:"你们能把课内知识的学习和对《国家通用语言文字法》的学习、宣传有机结合,关注社会语文生活,体现了新世纪青年的社会责任感。""语言文字知识和应用能力是构成人的整体素质的一个重要方面,是学习各种知识,提高思维和表达能力、创新能力的基础。你们能够认识到这一点,运用所学的语文知识观察、解决社会语文生活中的实际问题,不但有助于巩固、提高你们的语文知识和应用能力,也有益于你们更深入地接触社会,提高观察、研究、解决问题的综合能力。""江泽民同志说过:'千百万青年的创新实践,必将汇聚成推动我国先进生产力和先进文化发展的奔涌洪流。'研究性学习是培养创新能力的重要手段,希望你们能始终坚持学习、实践、创新,并通过你们的行动带动更多的青年学生注重语文应用能力的提高，关注社会语文生活，参与到语言文字研究性学习活动中来，在学习和实践的过程中不断提高自己的创新精神和实践能力。"

三、人格魅力是成功实施教学策略的灵魂

人民教育家陶行知指出："教育就是力的表现，力的变化。"这"力"，包括说服力、感染力、感召力等。在教学过程中，在这些无形的教育影响力中，最具有潜移默化作用的是人格魅力。教师对学生的影响，归根结底是人格的影响。

教师的人格魅力，表现为他的职业活动和生活中的性情、气质、能力等对学生产生的极强的吸引力，可包括教师的博学、思维的活跃、胸怀的开阔、交往的坦诚以及晓之以理、动之以情的严格要求和善解人意、无微不至的关怀等。

教师人格魅力对学生的影响，至少可表现在智慧启迪、心灵呼唤和情感共鸣三个方面。

首先，教师对职业的热爱是最好的示范作用。当学生看到你视自己的工作为崇高的事业，全身心地投入时，你的一言一行就都有教育作用，你以自己的事业心赢得学生的敬仰。同时，以你对所教学科的热爱，唤起学生对学科的热爱。学生盼望上语文课，因为你教他，使他爱学语文，这是人格魅力的首要标志。

其次，在教学全过程中，教师要尽力使自己具备"学生的心灵"——用"学生的大脑"去思考，用"学生的眼光"去观察，用"学生的情感"去体验——只有这样才能发现每个学生的兴奋点、闪光点、支撑点、生长点。这些点正是多元智能的基点。抓准学生的点，才能与学生沟通，才能用心灵塑造心灵。

第三，教师要力争与学生的"零距离接触"，力求情感的共鸣。

宋代诗人苏轼说得好："若言琴上有琴声，放在匣中何不鸣？若言琴在指头上，何不于君指上听？"它启示我们：只有共鸣，才会有美妙的琴声。同理，学生只有觉得教师不仅"可敬"而且"可亲"的时候，师生间能无话不谈的时候，教育才会达到美妙的境界。

人格魅力的影响是心灵的播种。当学生崇拜自己的老师，从心里觉得应当"像他那样生活"的时候，这位老师事业成就和人格完

善才实现了融合。

由于语文学科的人文性，语文教师的人格魅力影响大大高于其他学科；同时，在这方面也为语文教师提供了展示的舞台。

魅力总是有个性的。语文教师可能由于擅长朗诵或书法，通晓音乐或绘画，为讲课平添了神采而使学生痴迷。曾任北京二中教师的潘逊皋学识渊博，被称为"活字典"，他说文解字，滔滔不绝，口若悬河。著名作家刘绍棠少年时代颇得潘老师的真传。同时，潘先生秀美的书法也使学生们倾倒：因为喜爱他的字，而爱上语文的不计其数。著名散文作家韩少华曾多年任语文教师，他上课时语言简练，没有口头语，没有啰唆话，出口成章；他的朗诵声情并茂，动人心弦。一节课下来就像听一篇优美动听的散文，学生们总是怀着崇拜的心情听课，怀着美的享受回味。

显然，这样的教师不仅是在讲授语言文字，也是在传播文化。有人格魅力的课是课前令人神往，课上令人陶醉，课后令人回味甚至终生难忘。教育的真谛在于：将知识转化成智慧，使文明积淀成人格。

要实现课程的文化品位，就要下功夫提升自己的人格魅力，依靠充实人文知识、扩大人文视野、陶冶人文情怀，使教学达到令人神往的佳境。

为世人留点"文化记忆"

想起某一时代、年代、时间、地点，脑海中不由得浮现出来的人物、场景、建筑等，可以称为"文化记忆"。比如，想到唐朝，即想起李白、杜甫、白居易；想到1976年，即想起三位伟人的仙逝、唐山大地震；想到巴黎，即想起雨果；想到伦敦，即想起狄更斯；想到北京，即想起故宫、天坛、颐和园、天安门；想到埃及，即想到金字塔……

不同的国籍、民族、阶层、经历、文化素养，人的"文化记忆"是不同的。文化修养越高，"文化记忆"越丰富。人生经历越坎坷，"文化记忆"越深刻。

我们六七十岁的人，年轻时是"座右铭时代"。几乎每个人都在书桌上或在笔记本中，工工整整地抄录名人名言，作为人生指南。保尔·柯察金的"人最宝贵的就是生命"的格言和雷锋语录，深深铭记在心，几十年不忘。这成为那个年代众多人共同的珍贵的"文化记忆"。

作为人，他的价值不是给家人留下什么，而是给世人留下什么。我始终赞同"雁过留声，人过留名"的人生指南。无论你做什么工作，任什么职位，都要有成果意识，不能埋没在事物堆里。应当认真想好：当你离开这个岗位后，人们想到你的时候，首先能想到你什么，杭州有苏堤，多少年来，人们一想到苏堤就自然想起苏东坡。这就是他留给世人的"文化记忆"，千古永流传。

人生的可悲之处，是当他离开那个岗位后，人们就把他遗忘了，像孔乙己一样不再有人问津。所以，在岗在位时，最好有标志性成果留下，就像掘一口"井"、栽一棵"树"给后人。

伟大的人民教育家陶行知引导后人说："人生为一大事来，做一大事去。"什么是大事？不是挣大钱、做大官，而是以自己的一生为世人做有存在价值的事。

我们的手该怎样把握住属于自己的时光、来之不易的权利、稍纵即逝的机遇——为世人留点什么？

后 记

翰墨留香 感恩怀德

本书得以出版，我要深深感谢我的家人和新闻界的朋友。

首先，我要感谢老伴的切实支持。她一身多病，以顽强的毅力和智慧倾心操持家务，使我得以有精力和时间构思、写作。我的一些篇章就基于她的命题作文而写成。她可谓是我的文化知音。

女儿自强不息，求学治业，卓有成效，不用我操心，亦给了我写作的动力。

我的文字第一次变成铅字，是 1960 年发表在《辅导员》杂志上的文章。

此后，开始了半个多世纪的笔耕。

北京二中同窗好友、作家尹世霖几十年来引领和指导我的写作，深深受益。

我的文章先后在国内多家报刊发表。对我多有指导的报刊编辑主要有：《北京晚报》前副总编辑刘霆昭、《北京教育》前主编卢霞、《当代家庭教育报》总编辑李国琴、《基础教育参考》前主编陈海东、《中小学信息技术教育》前执行主编李朝军、《晚晴》编辑李聪、《北京晨报》"未晚亭"主编李海霞、《金融街周报》执行主编周新等。

人民日报社主管主办的《民生周刊》副总编辑任怀民，引领我关注民生的重大选题。中国文物报社副总编辑王晓执笔与我合写文章，获益匪浅，是我编辑成书的直接推动力。

笔者的学习和写作，多年来得到众多友人的指导和帮助，无法一一致谢，谨以此书的出版向他们呈上深深的敬意，并真诚地为他们祈福！

内容简介

　　知名老教师范基公先生从教 60 周年，一直笔耕不辍，先后发表了很多有影响的文章，其中既有宣扬其教育理念的经验之作，也有抒发教育意气、人生感怀的至性之文。本书收录了范老师数十年写作的文章，分为三部分：初心篇展现文化名人与有志之士的精神追求，求真篇抒发人生"真、善、美"的情感体验，育人篇展示其从教经验和育人感悟。范老师"翰墨留香，感恩怀德"的高尚情操可谓跃然于纸上。